# Wertemanagement

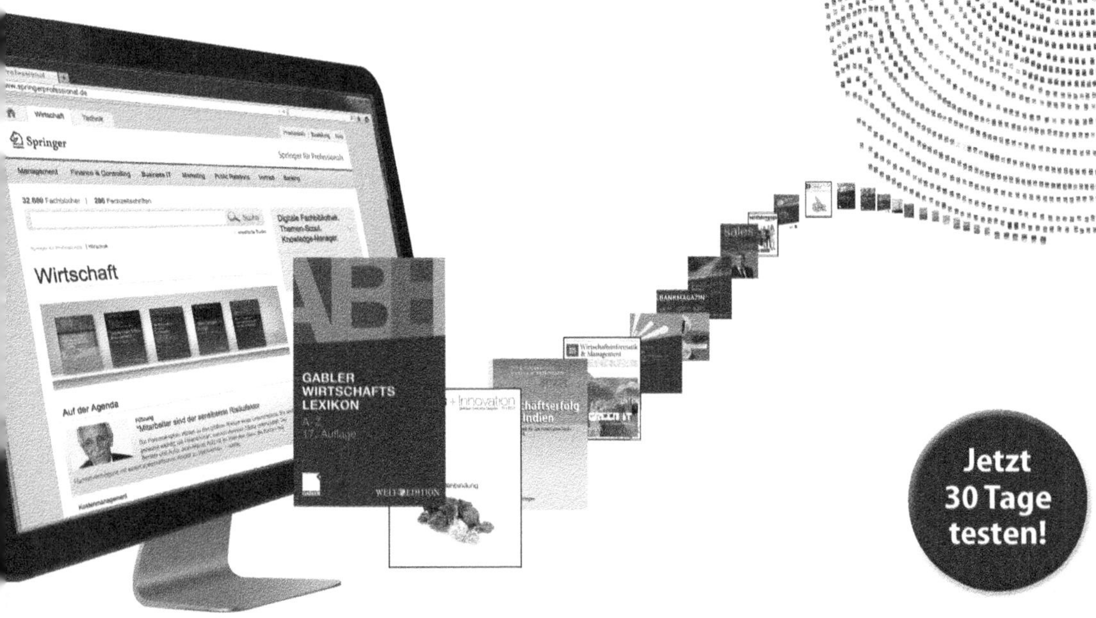

Katja Girbig

# Wertemanagement

## Unternehmenssteuerer und ihre Anker

Katja Girbig
Hamburg, Deutschland

ISBN 978-3-658-02615-8          ISBN 978-3-658-02616-5 (eBook)
DOI 10.1007/978-3-658-02616-5

Die Deutsche Nationalbibliothek verzeichnet diese Publikation in der Deutschen Nationalbibliografie; detaillierte bibliografische Daten sind im Internet über http://dnb.d-nb.de abrufbar.

Springer Gabler
© Springer Fachmedien Wiesbaden 2014

*Lektorat*: Stefanie Brich, Carolin Wolfram

Gedruckt auf säurefreiem und chlorfrei gebleichtem Papier.

Springer Gabler ist eine Marke von Springer DE. Springer DE ist Teil der Fachverlagsgruppe Springer Science+Business Media
www.springer-gabler.de

# Vorwort

## Die Buchidee

Seit vielen Jahren begleite und coache ich Teams und Einzelpersonen in Veränderungsprozessen. Die Faszination und der Wunsch sich intensiv mit Wertemanagement auseinander zu setzen, wuchs evolutionär. Die initiale Berührung mit dem Stoff gab es im Einzelcoaching von Führungskräften. Besonders fielen mir Coachees auf, die sehr aufgeräumt wirkten, in ihrem Umfeld integriert und akzeptiert waren und durchgehend hohe Leistung erbrachten. Dennoch zeigten sie eine tieferliegende, schwer zu greifende Unzufriedenheit mit ihrer Gesamtsituation. Die klassischen Coaching- und Arbeitsansätze halfen in diesen Fällen nur mäßig. Es ging weder darum zu schauen, was gut oder schlecht lief, sondern was für die einzelnen Personen in ihrem Arbeitsumfeld wirklich Sinn machte, was sinnstiftend war.

Auf der Suche nach Antworten kreuzte Viktor Frankl meinen Weg. Der Wiener Psychiater erkannte, dass die Sinnerfahrung mit der Verwirklichung der eigenen Werte einhergeht. Im Leben des Sinns sah er den stärksten Motivationsfaktor. Doch bevor dieser erlebt und gelebt werden kann, ist es notwendig die individuellen Leitgrößen zu kennen und sich der eigenen Wertestruktur gewiss zu sein. In meiner Arbeit sah ich dies bestätigt. Die Bewusstwerdung des eigenen Wertesets in seiner Differenziertheit ist ein grundlegender Schritt und Voraussetzung für Sinnerleben.

Neben den Erfahrungen auf individueller Ebene machte ich auf kollektiver Ebene zwei entscheidende Beobachtungen:

1. Bestehende unternehmerische Wertesets werden oftmals nicht mit Eigensinn gefüllt, was für eine Identifikation des Einzelnen mit den Unternehmenswerten und der Unternehmenskultur allerdings relevant ist.
2. Die Passung des persönlichen und organisatorischen Wertesets spielt eine wesentliche Rolle für die individuelle Zufriedenheit.

Meine persönlichen Eindrücke führten mich zu Fragen wie: Welche Relevanz hat Wertemanagement tatsächlich im Arbeitskontext? Wie und vor allem wie bewusst wird Wertemanagement in der Unternehmenspraxis tatsächlich betrieben? Wie können Werte nachhaltig Eingang in das Handeln der Gemeinschaft finden? Welche Möglichkeiten der Steuerung und Beeinflussung sehen und nutzen Top-Entscheider für sich und ihre Mitarbeiter?

Das Buchprojekt, als persönlicher Herzenswunsch, entstand aus dem Bedürfnis, mehr darüber zu erfahren, wie Unternehmenslenker in ihrer exponierten Position, Werte reflektieren und in ihrem Alltag praktisch umsetzen. Abseits von theoretischen Idealen war dabei entscheidend, welche Gedanken und Gefühle Unternehmensentscheider mit der Materie assoziierten und mit welchen kleineren und größeren Hürden sie sich auseinandersetzen müssen.

## Darum jetzt

Wir werden mit einer Vielzahl von Studien konfrontiert, die aufzeigen, welche Auswirkungen Unzufriedenheit am Arbeitsplatz hat. Neben ansteigender Komplexität und Leistungsintensität liegen die Ursachen hierfür häufig darin, dass Mitarbeiter sich und ihre Leistungen nicht gesehen und damit nicht adäquat anerkannt und wertgeschätzt fühlen.

Die Lösung für diesen Sachverhalt ist scheinbar einfach: Man lebe die wohlklingenden Sätze und Gedanken der Unternehmensleitbilder konsequent. Fast jedes Unternehmen hat sich beispielsweise Partnerschaft, Respekt und Qualität auf seine Fahnen geschrieben. Aber selbst wenn jeder das gleiche unter diesen Begriffen verstehen würde – was erfahrungsgemäß mitnichten der Fall ist – so steht die konsequente Umsetzung im Arbeitsalltag auf einem ganz anderen Blatt. Auch Vertrauen ist ein vielbemühter Leitstern, der nur langfristig zum Leuchten gebracht und in wenigen Momenten nachhaltig zerstört oder zumindest irritiert werden kann.

Für eine emotionale Identifikation muss eine Arbeitsstelle mehr bieten als reinen Broterwerb. Gut ausgebildete und begehrte Nachwuchskräfte erwarten immer weniger eine sichere Landezone für ihre restlichen Lebens- und Arbeitsjahre. Stärker als die materiellen Bedürfnisse wachsen die Anforderungen an Firmen Antworten auf grundsätzlichere Fragen zu liefern. Die Sinn-Dimension wird in diesem Zusammenhang künftig an Bedeutung gewinnen. Daraus resultiert ein veränderter Anspruch an die Führungskräfte. Um diesem gerecht zu werden, wird ihre Rolle stärker definitions- und gestaltungsbedürftig.

## Zum Buchformat

Die Hansestadt Hamburg gilt als eine Geburtsstadt des Leitbildes „Ehrbarer Kaufmann". Hinter diesem Ideal verbirgt sich ein komplexer Regelkanon, der auf verantwortungsvolles und nachhaltiges Arbeiten im wirtschaftlichen und gesellschaftlichen Kontext abzielt.

Dies war der maßgebliche Grund, warum ich in der Hansemetropole gezielt nach Antworten gesucht habe. Über zwei Jahre lang traf ich mich zu Gesprächen mit Hamburger Unternehmensführern und Klienten, um deren Wertepraxis kennen und verstehen zu lernen. Entstanden ist ein lebendiger Bericht, ein Buch von der Praxis für die Praxis. Es liefert keine Patentrezepte, sondern bringt alltäglich erfahrene Schätze zum Vorschein. Die große Freude und Resonanz an der Materie zeigte sich in dem hohen Interesse und der beachtlichen Vielfalt der portraitierten Personen.

Die Gesprächspartner stammen aus unterschiedlich großen Unternehmen und wurden branchenübergreifend ausgewählt. Ihnen allen ist gemein, dass sie eine bzw. die entscheidende Führungsrolle innehaben. Leitfragen dienten mir im Dialog als grundsätzliches Gerüst. Das Buch wird gerahmt von einem Einführungstext und einem Resümee, indem ich Extrakte aus den Gesprächen aus meiner Coaching- und Beraterperspektive zusammengefasst habe. Mit dem abschließenden Ausblick möchte ich zum Nach- und Weiterdenken einladen. Der Hauptteil dieses Werkes gebührt den Gesprächspartnern und ihren Reflektionen, die authentische Einblicke in den Managementalltag geben. Jedes Gespräch wird mit einer kurzen Zusammenfassung abgeschlossen.

Das Werk richtet sich an Menschen, die Interesse am angewandten Wertemanagement haben, die selbst werteorientiert führen wollen oder an Personen, die kulturelle Einblicke in verschiedene Firmen erhalten möchten.

## Ein herzlicher Dank

Das Buch ist neben meiner Beratungstätigkeit entstanden. In dieser sehr intensiven Zeit und den vielen emotionalen Begegnungen haben mich Familie, Freunde, Kollegen und Mentoren in dankenswerter Weise unterstützt und mein Werteset – wenn notwendig – auf behutsame Weise aktiviert.

Besonderer Dank gebührt an dieser Stelle allen meinen Gesprächspartnern. Durch ihre bemerkenswerte Offenheit, Reflektion und gehaltvollen Erfahrungswerte war es erst möglich dieses Buch zu schreiben.

Nicht zuletzt ist dieses Buch eine Würdigung an alle meine Klienten, die mir mit ihren Anliegen den eigentlichen Anstoß zu diesem Werk gegeben haben.

Hamburg, im Oktober 2013                                                 Katja Girbig

# Inhaltsverzeichnis

# Einführung

## Werte – was bedeuten sie und wie beeinflussen sie uns?

Jeden Tag bewerten wir Personen und Situationen. Jeden Tag werden wir bewertet. Doch was ist das Maß und die Grundlage unserer Entscheidungen? Wann finden wir etwas schön, definieren es als gut, hilfreich und konstruktiv? In emotional berührenden Momenten ist unser inneres Wertesystem involviert, eine individuelle Instanz, die den Daumen hebt oder senkt, wird aktiviert. Einfach formuliert, sind Werte eine feste Richtschnur in unserem täglichen Handeln, die wir durch Erziehung und Erleben vermittelt und bestätigt bekommen. Durch eine gemeinsame Sozialisation gibt es ein ähnliches Verständnis darüber, was kollektiver Konsens ist.

Ihre herausragende Bedeutsamkeit erhalten Werte dadurch, dass sie uns im turbulenten Lebens- und Arbeitsalltag ein hilfreiches Geländer sind. Damit erfüllen sie eine grundlegende Orientierungsfunktion. Situations- und zeitstabil tönen sie durch unser Leben. Für einen Menschen, der beispielsweise Ehrlichkeit als hohes Gut schätzt, ist es egal, ob er als Mitglied im Sportclub oder in seiner Rolle als Führungskraft Offenheit und Transparenz zeigt.

## Werte im Arbeitsleben

Das Wichtigste zuvor: Eine sinnerfüllte Arbeit befähigt und motiviert nachhaltig.

Können Werte glaubhaft und authentisch gelebt werden, wird Sinn erlebt. Sie sind sozusagen das Transportmittel für das Sinnerlebnis. Dieses wird häufig als gehaltvolle, substanzielle Erfahrung beschrieben, die kaum einer Erklärung bedarf. Sinn kann jedoch nicht einfach erzeugt oder verordnet werden. So sehr dieser direkte Weg auch gewünscht wird, so wenig realistisch ist dieses Unterfangen. Mit dem Anspruch an eine Machbarkeit und Linearität enden Versuche in dieser Richtung oftmals in Frustration. Doch wie schaffen

K. Girbig, *Wertemanagement*, DOI 10.1007/978-3-658-02616-5_1,
© Springer Fachmedien Wiesbaden 2014

es Unternehmensentscheider, nicht der Verführung einer Instant-Sinngebung zu erliegen? Und wenn Sinnerleben so relevant ist, wie gelingt es dann, dieses zu fördern?

Im Gegensatz zu Verhalten, Kommunikation und Einstellungen werden Werte im Alltag in der Regel nicht bewusst reflektiert. Eine Führungskraft z. B., die ihr Licht permanent unter den Scheffel stellt, ihrer Weiterentwicklung systematisch im Weg steht und letztlich beruflich stagniert, kann hierfür scheinbar plausible Begründungen finden. So können Andere die vermeintlich bessere Expertise, das tragfähigere Netzwerk oder einfach nur das Glück haben zur rechten Zeit am rechten Ort zu sein. Es ist nicht auszuschließen, dass diese Anlässe die tatsächlichen Ursachen für den professionellen Stillstand sind. Letztlich begründen sich Verhalten und Einstellungen aber auf eine früh vermittelte und entwickelte innere Wertebasis. Diese nimmt die Person in der Regel nicht wahr, da sie sich dem Bewusstsein entzieht. Wenn im beschriebenen Fall Kernwerte des Miteinanders wie Bescheidenheit, Zurückhaltung oder Harmonie bei einer Person angelegt sind, so wird sich auch nach einem Unternehmenswechsel in der Berufsbiografie wenig Änderung ergeben.

Oder nehmen wir Wertesets, die in Subkulturen von Unternehmen gelten, z. B. das scheinbar naturgegebene gegenseitige Misstrauen zwischen Einkauf und Vertrieb. In diesen Unternehmensbereichen richtet man die Alltagsaktivitäten und Kommunikation an teilweise gegensätzlichen Werten aus. Zieht der eine Bereich in Richtung Nüchternheit, Sicherheit und natürlich Sparsamkeit, fordert der andere Bereich in Richtung Pragmatismus, Schnelligkeit und Enthusiasmus zum Duell. Dies kann neben harmlosen Betriebsspäßen – auf Kosten der Anderen selbstverständlich – auch zu kleineren oder größeren Stellungskriegen führen. Zumindest stellt diese Sachlage ein auszutarierendes Spannungsfeld im täglichen Miteinander dar. Die Folgen können aber auch durchaus dramatischer sein und großen wirtschaftlichen Schaden verursachen. So kann ein gegenseitiger Vertrauensverlust bis hin zur intensiven Sabotage führen. Lebhaft in Erinnerung ist mir hier ein Beispiel aus meiner Beratungspraxis, in dem am Ende der Negativspirale selbst die Bereichsleiter nicht mehr miteinander kommunizierten.

Im unternehmerischen Kontext werden häufig ähnliche Werteideale und Wertesets beschrieben und angestrebt. Dies führt auf den ersten Blick zu gefühlt austauschbaren Leitbildern und dem Code of Ethics. Interessant ist, dass es im deutschen Sprach- und Kulturraum mehrere hundert Werte gibt, die in ihrer Differenziertheit auf der subjektiven Empfindungs- und Erlebnisebene durchaus Relevanz haben. Eine praktische Strukturierungshilfe dieser enormen Wertelandschaft bietet das Werteviereck. Es clustert die Werte in vier Felder: Leistungs-, Kommunikations-, Kooperations- und moralische Werte.

Im beruflichen Alltag werden zumeist die Leistungswerte betont und kontinuierlich an die Mitarbeiter zurückgemeldet. Dementsprechend stehen in den Unternehmen für diesen Wertebereich fundierte Mess- und Prüfinstrumentarien bereit und unterstützende Prozesse sind eingerichtet. Wie viele Untersuchungen bestätigen, tragen gut umgesetzte Kooperations-, Kommunikations- und moralische Werte, jedoch mindestens genauso zu einer langfristigen Zufriedenheit und emotionalen Bindung der Mitarbeiter bei. Im Grunde sind es doch die Verbindungen mit Menschen, die dem Leben seinen Wert geben – das wusste bereits Wilhelm von Humboldt. Der Hebel hierzu scheint derzeit allerdings eher

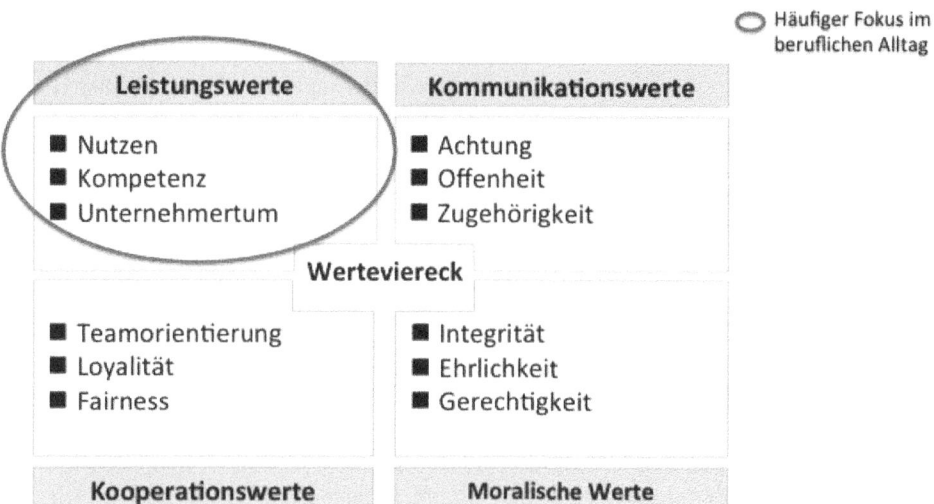

**Abb. 1.1** Werteviereck Beispiel angelehnt an Manifest Globales Wirtschaftsethos, Hans Küng, Klaus Leisinger, Josef Wieland, dtv

in der subjektiven Beurteilungskraft und Handhabe der direkten Führungskraft und deren Werteverständnis zu liegen. Fehlt die organisatorische Verankerung für werteorientiertes Verhalten und Führen, stößt der Einzelne jedoch schnell an seine Grenzen.

Es lässt sich nicht darüber streiten, ob wirtschaftliche Ziele eines Unternehmens erreicht wurden. Es gibt schlicht weniger Diskussionsbedarf über Zahlen: Ein Vertriebsmitarbeiter kann schwarz auf weiß die Anzahl der Neukunden nachweisen, ein Callcenter-Leiter den in Zahlen ausgedrückten, konkreten Rückgang von Beschwerden, ein Controlling-Manager das betriebswirtschaftliche Ergebnis usw. Wenn wir an den Kooperationswert Fairness denken, sieht das schon anders aus. Wer oder was fair ist, sieht jeder anders. So wird auch jede Führungskraft gerechtes Verhalten aus ihrer Brille unterschiedlich einschätzen und handhaben.

Das gleiche gilt für die vielen Kommunikationswerte. Nehmen wir den Wert der Achtung. Führungskraft Müller und Führungskraft Meier können hier völlig verschiedene Ansichten haben, wie dieser Wert gelingen kann. Erwartet Müller, dass Geburtstage gefeiert werden, dass man sich grüßt und den anderen – ungeachtet der Beitragslänge und -relevanz – aussprechen lässt, so bringt Meier diese Einstellung möglicherweise gar nicht mit Achtung in Zusammenhang. Meier könnte sein Verständnis zur Achtung durchaus anders leben, z. B. wenn er seinen Dank für fachliche Höchstleistungen ausdrückt. Dies tut er, indem er seinen Mitarbeitern zu Erfolgen gratuliert, auch vor versammelter Mannschaft. Dies könnte Müller wiederum vielleicht gar nicht so wichtig sein.

Die inhaltlichen Aspekte – das individuelle Füllmaterial von Werten – ist wie gesehen höchst unterschiedlich akzentuiert. Dies führt im Miteinander zu verschieden gearteten Erwartungshaltungen und ist oft Anlass für Missverständnisse. Der inhaltliche Diskurs über die Wertbegriffe ist aus diesem Grund einer der wichtigsten Momente im gemeinsamen Leben von Werten. Es ist daher besonders interessant zu erfahren, wie Unternehmenslenker über Werte reflektieren und diese in der täglichen Arbeit etablieren und entwickeln.

## Vorgehen in den Gesprächen

Am Anfang meiner Studie hatte ich nicht mit so vielen positiven Rückmeldungen und dieser starken Resonanz gerechnet. Ganz offensichtlich hat das Thema den Zeitgeist angesprochen – Fragen oder Gedanken, die substanziell für die Führung eines Unternehmens sind oder sein können.

Die Gespräche fanden alle vor Ort statt und waren durch ein hohes Maß an Vertrauen und Offenheit gekennzeichnet. In einigen Punkten gab es eine gemeinsame oder ähnliche Sicht der Dinge bei den unterschiedlichen Gesprächspartnern. Dies betrifft beispielsweise die Vorstellung darüber, was Werte bedeuten und wie sie wirken. Die Führungskräfte selbst hatten im Allgemeinen eine sehr genaue Vorstellung ihrer persönlichen Wertelandkarte. Einigkeit herrschte auch mehrheitlich in der Ansicht, dass die Umsetzung der Werte im Unternehmen einen dauerhaften Prozess darstellen muss. Überraschend ist aber auch die Vielzahl der Ansätze mit denen Wertemanagement im Geschäftsalltag konkret voran getrieben wird. Es zeigte sich, dass ein durchgehendes Management der Werte eher die Ausnahme war. In der stringenten Planung, Umsetzung und Evaluation liegen durchaus noch zu bergende Potenziale.

Die im Folgenden abgedruckten Gespräche werden durch eine kurze Vorstellung der Person eingeleitet. Darin wird ersichtlich, dass sich viele neben ihrer verantwortungsvollen, beruflichen Aufgabe zusätzlich ehrenamtlich engagieren und so die Werte des Miteinanders vorbildhaft stärken und pflegen. Die Gespräche folgten mit leichten situations- und personenabhängigen Variationen grundsätzlich einem inhaltlichen Dreiklang, der das Werteverständnis, die Werteumsetzung und die Werteperspektiven erkundet. Meine abschließende Frage galt dem Leben der Werte im privaten Kontext. Zur kurzen Illustration des Dreiklangs habe ich exemplarisch Fragen angefügt:

- **Werteverständnis:** *Was verstehen Sie unter Werten?* Diese Frage war als Entree besonders bedeutungsvoll, da sie zeigte, dass mehr oder weniger alle Persönlichkeiten eine ähnliche Vorstellung darüber hatten, wie Werte generiert wurden und welche Bedeutung sie für sie haben. Neben der Wertesozialisation durch die Erziehung wurde auch häufig die Prägung durch einen religiösen Hintergrund genannt.
- **Werteumsetzung:** *Wie erwecken Sie die Werte im Arbeitsalltag zum Leben? Wann haben Sie das letzte Mal gemerkt, dass Unternehmenswerte gelebt bzw. nicht gelebt wurden?* Die erste Frage zielt auf die Realisierung der vorhandenen expliziten oder impliziten Werte ab. Interessant war für mich zu sehen, wie intensiv reflektiert und wie differenziert sich in der Umsetzung damit beschäftigt wurde. Durchgehend wurde festgestellt,

dass man hier immer noch mehr anregen kann und dass dieses Thema, sollte es Früchte tragen, mit langem Atem betrieben werden muss. Die zweite Frage war besonders spannend, da sich in extremen Spitzensituationen das Leben von Werten auf bemerkenswerte Weise unverhüllt zeigt. Außerdem wird ermittelt, wie stark das Bewusstsein der Führungskräfte geschärft ist, Werteerlebnisse sowohl in ihrer negativen, als auch in ihrer positiven Ausprägung wahrzunehmen und anzuerkennen.

- **Werteperspektiven:** *Welche Werte werden zukünftig für das Unternehmen an Bedeutung gewinnen? Welche Werte sollten gesellschaftlich in Zukunft größere Beachtung finden?* Die erste Frage zielte auf die nach innen gerichtete Perspektive meiner Gesprächspartner ab. Hier wollte ich erkunden, ob im aktuellen Werteset Modifikationsbedarf gesehen wird oder ob der Status quo auch zukünftig als wetterfest eingeschätzt wird. Die zweite Frage reflektiert den Blick über den unternehmerischen Tellerrand hinaus in die Gesellschaft.

Die Gespräche werden jeweils abgerundet durch eine wertefokussierte Reflektion von mir. Diese „Wertschätze" für den Führungsalltag stellen spezifische Werte aus den Gesprächen heraus. Dies kann als Anregung verstanden werden, sich mit den Inhalten auseinanderzusetzen und die eigenen Werte zu reflektieren. Den Gesprächen schließt sich ein Resümee und Ausblick an. Hier findet der Leser die Ergebnisse der Unterhaltungen komprimiert aufbereitet und dargestellt.

# Wertearbeit ganz pragmatisch

## Andreas Bartmann, Geschäftsführender Gesellschafter Globetrotter

**Gesprächspartner: Dipl.-Ing. Andreas Bartmann, Geschäftsführender Gesellschafter bei Globetrotter Ausrüstung, Vizepräses der Handelskammer Hamburg**

Andreas Bartmann, Jahrgang 1959, studierte Produktionstechnik an der FH-Hamburg. Als Geschäftsführender Gesellschafter bei Globetrotter Ausrüstung ist er seit 1989 im Amt. Unter seiner Führung wurden dem Unternehmen zahlreiche Auszeichnungen verliehen u. a. Entrepreneur des Jahres (2006), der Norddeutsche Einzelhandelspreis (2009), sowie Store of the Year, München (2012).

Sein Engagement zeigt sich in den zahlreichen Ehrenämtern, die er aktiv bekleidet. Neben verschiedenen Mandaten in Fachverbänden ist er Vizepräses der Handelskammer und Vorsitzender des Innenausschusses. Seit 2009 ist er Vorstand der Stiftung „Hanseatisches Wirtschaftsarchiv".

In seiner Freizeit schlägt das Herz für Abenteuerreisen in alpinen und arktischen Regionen.

Herr Bartmann ist verheiratet, hat ein Kind und ein Enkelkind.

K. Girbig, *Wertemanagement*, DOI 10.1007/978-3-658-02616-5_2,
© Springer Fachmedien Wiesbaden 2014

▸     Was verstehen Sie unter Werten?

Bei Werten kann ich zehn Leute haben und zehn verschiedene Meinungen dazu. Ich denke, das Thema Werte und Wertmaßstäbe muss ein Jeder durchaus für sich selbst definieren. Die Wurzeln werden elementar im Kindes- und Jugendalter gesetzt, ob die religiös oder politisch geprägt sind. Das ist das Fundament auf dem man aufbaut. Für mich sind ganz elementare Werte, das Leben und das faire und friedliche Umgehen miteinander. Der eine oder andere mag das als harmoniesüchtig oder bedürftig betrachten, aber letztendlich ist *Wertschätzung das ganz große Thema*.

Man muss das Verständnis entwickeln, dass jeder Mensch, mit dem man zusammenlebt und der auf diesem Erdball ist, genau so gut oder so schlecht ist, wie man selbst. Ich habe da gute Wurzeln, weil ich aus dem Elternhaus geprägt bin. Das ist vielleicht eine andere Ausgangslage, als bei jemandem, dem alles in die Wiege gelegt wurde, der keinen Hunger, keine Armut und keine Anstrengungen unternehmen musste, sich im sozialen Geflecht zu etablieren. Das stelle ich in der Familie und bei den Mitgesellschaftern fest, dass *die Werteprägung eine substanziellere ist, wenn man den Weg aus ganz einfachen Verhältnissen gegangen ist*. Ohne die Wertschätzung abzuerkennen von Persönlichkeiten, die aus dem Elternhaus mehr mitbekommen haben und sich sensationell engagieren. Ich denke, das zwischenmenschliche Miteinander ist über viele wirtschaftliche Themen zu stellen. Das versuchen wir zu leben und es gibt mir ein großes Stück an Lebensqualität.

▸     Mit welchen Werten führen Sie Ihr Unternehmen?

Ganz elementar: Zunächst einmal Vorbild zu sein. Ich kann nichts predigen, wenn ich von dieser Sache nicht überzeugt bin. Die Vorbildfunktion ist in Unternehmen mit weitem Abstand das Wichtigste. Das Vorleben der Werte muss funktionieren. Da tritt schon das erste Problem auf. *Das Leben der Werte wird immer schwerer, je größer ein Unternehmen wird. Die Durchdringung von Führungsstufe zu Führungsstufe ist permanenten Aufweichungen unterlegen.* Es kommt immer weniger unten an. Das ist das Schwierigste. Werte können nur von oben kommen. Es muss eine große Kirche geben, die Werte vorlebt. Wenn es die Hauptinstitution nicht gibt, dann gibt es auch die Religion nicht. Dann verselbstständigt sich alles. In einem Unternehmenswerteschema muss immer eine große, feste Führung da sein.

Das exemplarische Beispiel aus dem Unternehmerbereich ist für mich Michael Otto. Für mich auch ein hervorragender Unternehmenslenker und Unternehmenspersönlichkeit, der auch sehr stark wertegeprägt ist. Der mir in vielen Gesprächen und vielen Veranstaltungen aufgezeigt hat, dass er oben anders lebt und denkt, als unten gehandelt wird. Wir stellen immer wieder in der Praxis fest, dass es firewalls der einzelnen Führungsetagen gibt. Das ist frustrierend. Wir haben das alles aufgeschrieben und halten das den Führungskräften vor. Aber das Geschriebene ist immer etwas anderes als das Gelebte. Das ist es, was mir am meisten Kopfschmerzen und Probleme bereitet, dass man sich selbst über ein gutes

Werteschema definiert und danach immer eine enorme Kraft aufbringen muss, das dann im Unternehmen letztlich durchzugeben. Das ist der tagtägliche Kampf.

Wir haben viele Migranten. Hier ist die Frage des Miteinanders: Wie gehe ich mit Randgesellschaftsgruppen um? Man merkt, dass ein Großteil der Kollegen das im Unternehmen nicht umgesetzt kriegt. Man versucht natürlich immer wieder mit Aufklärung und Schulung heranzugehen. Man kann nur eine gewisse Näherung erreichen, aber nie dass, was wir eigentlich wirklich wollen. Die Umsetzung ist sehr, sehr schwer.

▶    Werte sind nie erreicht, sondern es gilt einen dauerhaften Weg der Erlangung
     zu beschreiten. Man muss ständig etwas dafür tun.

Wenn man davon ausgeht, dass ein Werteschema besteht und dieses noch kaskadiert werden muss, dann setzt das bei der Führung an. Man muss schauen, welche Rahmenbedingungen eine Führung hat. Wenn man in Unternehmensformen geht, die sehr stark kapitalgetrieben sind, haben Führungsverantwortliche problematischere Rahmenbedingungen zur Umsetzung. Geld steht im Vordergrund. Der Job als solches ist so abhängig von Erfolgen, das man Werte einfach dem wirtschaftlichen Erfolg unterordnet.

Wir als inhabergeführtes Unternehmen haben ganz andere Handlungszyklen. Ich muss nicht in Quartalen oder in Jahren, sondern ich kann durchaus auch in Jahrzehnten rechnen, weil ich weiß, etliche Projekte benötigen sehr, sehr viel Zeit. Ich habe aber keinen Vertrag der in drei oder vier Jahren ausläuft, geschweige denn an wirtschaftliche Kennziffern gekoppelt ist. Ich möchte nicht sagen, dass wir nicht wirtschaftlich handeln müssen, aber ich kann viele Dinge unterordnen, weil mir als Inhaber und Unternehmer viele Sachen wertvoller sind, als vielleicht die Gewinne nach oben zu treiben und sonstige Kapitalisierungsformen zu generieren. Wenn wir da den Herrn Winterkorn oder den Herrn Piëch nehmen. Das sind andere Welten. Wenn ich die Vorstandsvorsitzenden sehe, dann sind die derart in ihrem System eingefangen und eingespannt.

Wir denken von der Struktur ganz anders. Wir stellen fest, dass wir von der Unternehmensstruktur her andere Möglichkeiten haben und damit auch eine andere Verantwortung tragen. Das ist gar kein Vorwurf an größere Strukturen. Die Führungskräfte können meist nicht anders, weil sie nur ein Zwischenglied sind. In einem Familienunternehmen ist der Inhaber fast das letzte Glied. Wenn man zu sehr verschuldet ist, kommt noch mal die Bank. Als ein solides, inhabergeführtes Unternehmen kann man aber schon selbst entscheiden: „Kauf ich mir ein Motorboot oder unterstütze ich ein paar Jugendliche aus Sankt Pauli, die es nicht so gut gehabt haben." Da stellt man fest, wo man sein eigenes Lebensglück findet. Wir haben es im Wesentlichen gefunden, weil wir schnell gemerkt haben, dass das Motorboot nicht glücklich macht, weil es dann um ein noch größeres Motorboot geht. Aber *Menschen glücklich zu machen ist sehr erfüllend*. Wir haben dafür gesorgt, dass wir große Teile der Erträge in unsere Stiftung einzahlen, um auch unsere Stiftungsziele zu erreichen. Da geht es um Religion, Völkerverständigung und Miteinander umgehen. Da zehrt man mehr daraus, als materielle Zufriedenheit.

Insoweit sind wir in Deutschland in einer sehr guten Gesellschaftsform, wo wir einen sehr breit aufgestellten Mittelstand haben. Das sind Unternehmensformen, die auch dauerhaft in der Lage sind Wertethemen permanent voran zu treiben. Das spiegelt sich auch ganz stark im Bereich Ehrenamt wieder. Kein anderes Land hat soviel Ehrenamt wie die deutsche Gesellschaft.

▸    Wenn ich Sie richtig verstanden habe, dann versuchen Sie sehr bewusst einen
     Ausgleich zu den Leistungswerten zu schaffen.

*Eine Wertekultur entwickelt sich aus einer Intuition.* Wenn man versucht, das zu greifen, dann kommt man ganz schnell zu dem Punkt, sich zu strukturieren. Werte leiten sich davon ab, wie wir tagtäglich handeln. Wir müssen Entscheidungen treffen und diese Entscheidungen müssen sich am Werteschema orientieren. Da hat man die Dreiangel aus Ökonomie, Ökologie und Sozialem. Ich kann natürlich letztlich jede Entscheidung aus ökonomischer Sicht sehen und Wirtschaft und Profit nach vorne stellen. Wobei ich dann Ökologie und Soziales komplett ausblende.

Wir leben als Unternehmen besonders durch die Umwelt und deswegen steht bei uns Ökologie ganz weit oben. Wir sind mit unserem Handeln konform, was die Umwelt betrifft. Wie können wir Sachen auch für künftige Generationen besser und vorbildlicher machen? Wie verträgt sich das mit dem Geflecht unserer Mitarbeiter? Unser tägliches Handeln ist so geprägt, dass man innerlich immer ein paar Punkte abhakt: „Denk daran, denk daran, denk daran." Der Dreiklang funktioniert. Die Leistungswerte, die streng monetären Themen, kann man alle abfragen und definieren. Bei den anderen Sachen ist das schwieriger, weil die weicher und schwerer messbar sind. Wie definiert man faires Umgehen oder Transparenz? Man kann natürlich Zufriedenheitsindex oder Faktoren anschauen. Das versuchen wir bei unseren Mitarbeitern auch, um Tendenzen zu erkennen. Wo taucht Unzufriedenheit auf, wie können wir da gegenwirken.

▸    Wie erwecken Sie die Werte im Arbeitsalltag zum Leben?

Wir duplizieren uns wichtige Themen. Wir haben seit zwei Jahren ein Projekt „Mitarbeiter engagieren sich im Unternehmen". Das Thema Werte darf nicht nur von oben kommen. Wir müssen zu dem Punkt gelangen, an dem Multiplikatoren in das Unternehmen hinein wirken. Mit „Wir" meine ich die erste Führungsebene. Ein Münchner Filialleiter ist zu weit weg. Da ist die Erwartungshaltung an den inneren Führungszirkel, dass die das umsetzen.

Wir geben Mitarbeitern auch persönliche Freiräume, da unsere Philosophie ist: „Träume leben." Jeder hat da seine Vorstellungen. Da sind dutzende wunderschöne Projekte entstanden. Zum Beispiel, eine Mitarbeiterin die sich Altersteilzeit genommen hat, leitet jetzt für fünf Jahre ein Aufforstungsprojekt in Costa Rica. Das ist ihre ursprüngliche Heimat. Ihre Tochter ist erwachsen, ihr Mann ist gestorben. Sie ist alleinstehend und sagt: „Ich möchte euer Projekt in Costa Rica vorantreiben." Sie hat ein halbes Jahr Praktikum gemacht. Unser Projektleiter für das Gesamtprojekt sagt: „Das ist eine super Frau. Eine toughe Sechzigjährige, die die Waldarbeiter im Griff hat. Abends bringt sie dann noch den Schülern

Lesen und Schreiben bei." Das ist eine Persönlichkeit. Sie war hier Lagerarbeiterin. Alle zwei bis drei Monate telefonieren wir und sie berichtet. Das ist ein schönes Erlebnis. Wer etwas möchte und will, bekommt bei uns auch die Rahmenbedingungen.

Ein weiterer Mitarbeiter ist jetzt für zwei Jahre auf Fußmarsch von München nach Tibet gegangen. Das war für ihn wichtig, sich mal auszuklinken. Er ist völlig auf sich selbst gestellt. Wir berichten dann täglich über den Lebenslauf. Er hat auch die Garantie, wenn er wieder kommt, dass er sofort wieder seinen Job bekommt. Wir zeigen diese Vorbilder dann in der internen Kommunikation, in der Mitarbeiterzeitung und im Intranet. Das hat dann die Wahrnehmung, das ist einer von uns und nicht einer von denen oben.

*Mir ist wichtig, die sozialen Rahmenbedingungen, die soziale Sicherheit zu liefern, damit Menschen ihre persönlichen Werte leben können.* Das muss nicht im Widerspruch zu ökonomischen Zwecken stehen. Zum Beispiel kann ich das Waldprojekt wieder gut konvertieren, da es sowieso betreut werden muss. Aber wenn man eine Frau findet, die das mit solch einem Enthusiasmus und einer Begeisterung macht, kann ich dem eine andere Güte geben.

▸     Wer treibt bei Ihnen das Thema?

Wir gehen seit einem Jahr durch unsere Stiftung strukturiert heran. Wir haben natürlich eine interne Wertepolizei. Das ist unsere CSR-Abteilung, die bewusst den Finger in die Wunde legt. Beispielsweise zeigen die bei Umweltthemen Defizite auf. Auch können wir nicht über Kinderarbeit reden und das nicht prüfen lassen. Für die Personalabteilung sind auch solche Fragen wichtig: „Habt ihr alle Möglichkeiten ausgeschöpft, Behinderte zu integrieren? Habt ihr Jugendlichen eine Chance gegeben, deren schulische Noten nicht so gut waren." Es ist auch wichtig, dass Missstände immer wieder an die Geschäftsführung zurück reflektiert werden. Wenn die mittlere Führungsschiene nicht weiterkommt, durch ein Wissensdefizit oder das Nichtbeachten der Werte, müssen wir uns darum kümmern.

Ein sehr gutes Instrumentarium ist der Betriebsrat. Der ist neutral. Das liegt in der Natur der Sache, dass man über die Führungsstrukturen manchmal etwas andere Informationen weitergeleitet bekommt, als vielleicht direkt vom Mitarbeiter, der vielleicht Angst hat, den Vorgesetzten zu umgehen. In regelmäßigen Betriebsratsbesprechungen, die ich mir vornehme, einmal monatlich zu machen, merken wir die weichen Faktoren und sehen, wo es brennt.

▸     In welchen Situationen haben Sie das letzte Mal gemerkt, dass Unternehmenswerte gelebt bzw. nicht gelebt werden?

Das kommt tagtäglich vor. Wir haben das Thema: Umgang mit Behinderten. Behinderte sind ein ganz wichtiger Teil der Gesellschaft. Als Unternehmer haben wir die Verantwortung, diesen Menschen eine lebenswerte Integration zu geben. Dazu gehört auch Arbeit. Wir haben, da wo es möglich ist, sehr viele Behinderte in unser Unternehmen integriert. Wir haben gesagt, dass wir diesen Menschen mit einer hohen Achtsamkeit und hohem Respekt gegenüber stehen. Das ist uns in der Führung ein sehr wichtiges Anliegen.

Ich bin dann immer wieder erschreckt, wenn wir im gewerblichen Bereich, besonders auf Lagerebene, Diskriminierungen feststellen müssen. „Scheißbehinderte nerven nur – auch in den Prozessen. Wir schaffen unsere Arbeit nicht." Da wird diesen Menschen keine Wertschätzung gegenüber gezeigt und die leben dann in einem Zwiespalt.

Egal, wo ein Mensch herkommt, wir versuchen dass zu respektieren. Ich muss ein paar Extrembeispiele bringen, um das plastischer zu machen. Wir haben Diskriminierungen im Bereich der Religion. Wir haben viele Moslems, die beten nachmittags. Da müssen wir Rahmenbedingungen schaffen, damit sie ihrem Glauben nachgehen können. Da muss es die Akzeptanz der Führungskräfte geben, dass die eine Pause brauchen. Sie arbeiten ja nicht weniger, man muss es nur sinnvoll eintakten. Dazu gehört auch ein Gebetsraum, wo sie sich zurückziehen und ihrem Glauben nachgehen können. Dann haben sie ein Becken, in dem sie sich die Füße waschen. Und dann gibt es einen Gestörten, der pinkelt da rein. Das ist nur ein Promille der Mitarbeiter.

Oder das Thema Müllvermeidung und Mülltrennung. Das versuchen wir beispielhaft rüberzubringen und den Leuten ist das scheißegal. Mülltrennung in der Kantine ist so ein Beispiel. Da wird immer nachlässig alles in einen Pott reingeworfen. Das ist dann Theorie und Praxis. Dafür kämpfe ich und unsere Teams. Da höre ich auch nicht auf.

▸    Und wo ist es gut gelungen?

Es ist immer gut gelungen. Es ist nur der Gradmesser: Wie viel Prozent der Leute erreiche ich? *Wenn ich jeden zweiten mit meinen Wertevorstellungen erreiche und sensibilisiere, bin ich schon mehr als zufrieden.* Das ist ein Prozess, der über Jahre geht. Steter Tropfen höhlt den Stein und das kommt dann irgendwann auch mal ganz unten an.

Wir haben bei uns schon eine sehr gute Aura geschaffen. Bei uns sind über 45 verschiedene Nationen beschäftigt und mit unserer Arbeit haben wir ein Stück zur Völkerverständigung beigetragen. Es gibt zu verschiedenen Themen untereinander einen regen Austausch. Wenn z. B. in der Presse Berichte über Fehdenmorde oder Zwangsverheiratungen erscheinen, treten untereinander rege Diskussionen auf. Es ist schön zu erleben, dass die Landsleute sagen: „Das sind Gestörte. Die gibt es in unserer Kultur. So verstehen wir das aber nicht. Auch nicht jeder Deutsche ist ein Kindervergewaltiger, nur weil es Einzelne gibt." Interkultureller Austausch hat hier sehr viel bewirkt und für Respekt und Akzeptanz gesorgt.

Für mich ist ein Indikator, dass wir durch alle Bereiche und alle Unternehmen eine hohe Akzeptanz der Kulturen hier im Unternehmen haben. Darauf bin ich besonders stolz. *Wenn wir Vorurteile merken, holen wir die Mitarbeiter dort ab.*

▸    Wo sehen Sie noch Potenziale bei der Umsetzung Ihrer Unternehmenswerte?

Es ist ein täglicher Kampf der nie enden will. Wir sind in einem Prozess nie aufzuhören. Man muss das Gaspedal immer runterdrücken. Ich kann das in der Absolutheit gar nicht beantworten. Man kann nicht alles machen. Ich glaube, man muss Themen besetzen, die ein wichtiges, persönliches Anliegen sind.

Was wir hauptsächlich aus den Besprechungen und Workshops immer wieder feststellen, ist, dass die Kommunikation mit weitem Abstand das Schwierigste ist. Da liegt für uns auch das größte Potential: Besser zu kommunizieren, so dass es ankommt. Wir haben Anglizismen und bereichsspezifische Sprachen entwickelt. Ob es Marketing ist oder CSR. Die haben alle ihre eigene Sprach- und Denkwelt. Aber die haben das große Problem, ihr Umfeld abzuholen und das zu implementieren. Man muss den Grund vermitteln können, warum Behinderte hier sind oder Mülltrennung nicht nur als Anweisung zu verstehen ist. Wie kriege ich die Botschaft an die Mitarbeiter? Sie werden überall zugeschüttet. Es gibt Meetings, Intranet, Internet, Betriebszeitungen und Workshops. Je mehr man macht, umso mehr machen die Mitarbeiter zu. Unsere größte Herausforderung ist die saubere Kanalisierung der Informationen, dass sie da ankommen, wo sie ankommen sollen und sie jeder versteht.

▶    Welche Werte werden aus Ihrer Sicht zukünftig für Ihr Unternehmen an Bedeutung gewinnen?

Das Thema vertrauensvoll und respektvoll miteinander umzugehen. *In den Herausforderungen der Zukunft, den permanenten Änderungen brauchen Menschen einen festen Halt.* Aus dieser Sicherheit heraus können sie auch qualitativ gute Arbeit im Unternehmen leisten. Wir haben immer die Wechselwirkung von Erfolg und Misserfolg. Wir haben ständig neue Lern- und Arbeitsanforderungen in der Arbeitswelt. Dies ist nicht als Einzelperson, sondern nur in Gemeinschaft in einem Unternehmen zu lösen. Das Team muss gemeinsam leistungsfähig sein und nicht aus zehn Leuten bestehen, die parallel lospreschen. Es muss akzeptiert werden, dass man nur erfolgreich sein kann, wenn das Umfeld auch erfolgreich ist. Das bedeutet Vertrauen, dass die Kollegen zuverlässige Partner sind, wo keine Angst da sein muss, wenn man der Schwächere ist, etwas zu verlieren.

Vertrauen und Zuverlässigkeit müssen geprägt werden. Menschen dürfen in Unternehmen nicht zum Spielball werden. So bekommt man von Mitarbeitern auch eine hohe Loyalität und Bereitschaft zurück reflektiert in schwierigen Zeiten mitzugehen. Die Angst vor dem Arbeitsplatzverlust ist noch so verbreitet. Wir haben massive Verwerfungen und Probleme durch das Internet, wo wirtschaftliche Blasen entstehen, die Millionenverluste machen. Das muss man aussitzen. Diese Entwicklung ist zwar gut für den Konsumenten, da er ab und zu woanders günstiger kauft, aber solche Unternehmensformen platzen irgendwann weg, weil sie keine Gewinne machen. Wenn man über Jahre Mitarbeiter eingestellt und Zeitarbeitsverträge aus der Be- in eine Entfristung reingenommen hat und plötzlich in der Situation ist, Zeitarbeitsverträge mal nicht mehr zu verlängern, spürt man merklich, was für eine Unruhe ins Unternehmen kommt. Da heißt es dann: „Oh, die sind heute weg. Was passiert morgen mit mir?" Solche Bewegungen werden in den kommenden Jahren in der Wirtschaft eher mehr als weniger werden.

*Heutzutage muss ich mich in einem Unternehmen alle zehn Jahre neu erfinden.* Hier ist wichtig zu vermitteln: „Du bist nicht allein. Wir kriegen das zusammen hin." Diese Lonely-Cowboy-Mentalität muss noch wesentlich verbessert werden. Das ist für die Unternehmenslenkung die größte Herausforderung: Das Wir-Gefühl und die Wertschätzung für den Mitarbeiter noch mehr zu stärken.

▸    Welches wären die wichtigsten Dos und Don'ts bei der werteorientierten Führung?

Man sollte nichts tun, was man nicht aus persönlicher Überzeugung tut. Ich stelle immer wieder fest, dass Managern und Führungskräften Werteverhalten auferlegt werden, indem gesagt wird: „Mach das mal! Das ist uns wichtig." Alles wird gemeinschaftlich als Team entschieden.

Über Jahre haben wir ein sehr intuitives Miteinander entwickelt. Da spielt Chemie und Bauchgefühl eine Rolle. Viele verdammen das Thema. Aber ich merke schon, dass sich ein Führungsstab auch findet. *Man wächst in eine Führungsrolle rein, weil man zusammen passt, gleiche Lebensvorstellungen und Wellenlängen hat.* Ich muss gewisse Dinge nicht aussprechen oder aufschreiben. Eine Führungskraft ist nicht da, weil sie Marketingleiter oder Logistikexperte ist, sondern weil das gleiche Denken, die gleiche Chemie da ist. Das ist wie bei alten Ehepaaren. Man muss sich nicht alles erzählen, man denkt das Gleiche, man wächst zusammen. Manchmal tritt man einem auf die Hacken. Wenn es an Respekt mangelt, diszipliniert man sich auch untereinander wieder. Das ist eine alte, kleine Klassengemeinschaft, wo man zusammenkommt.

Bei den Dos ist es auch eine Bereitschaft offen zu kommunizieren und die Meinung zu sagen. Viele ärgern sich im Nachhinein. Ich sage dann immer: „Sag es doch direkt, dass weiß er vielleicht gar nicht, dass dich das nervt."

▸    Welche Werte sollten gesellschaftlich in Zukunft größere Beachtung finden?

Wir sollten zusehen, dass wir nicht zu sehr einem Materialismus und Kapitalismus verfallen. Wir müssen aufpassen, dass die Verarmung der Gesellschaft und die soziale Schere nicht immer größer wird, dass wir nicht Eliten herausarbeiten, die von der breiten Masse der Bevölkerung nicht mehr getragen werden. Ob das Gesundheit, Bildung, Lebensqualität, Wohnen, Ernähren, Erziehen ist. Der Neidfaktor darf nicht zu groß werden.

▸    Sollte man nicht eher das restliche Niveau anheben, als die Spitze zu kappen?

Anheben ist in der Masse natürlich immer relativ schwer. Wir müssen darauf achten, dass nicht einige Wenige nach oben gebracht werden, die falsche Signale senden. Da habe ich auch schon marxistische Ansätze. Irgendwo ist ein Mensch in einem gewissen Bereich, einfach nicht mehr berechtigt, soviel Geld zu verdienen. Wenn man sieht, was da für Reichtümer angehäuft werden. Wenn ich ein schönes Haus habe, meine Kinder zur Schule schicken, essen gehen und in den Urlaub fahren kann – was gibt es Besseres? Das Haus muss nicht noch größer, das Auto nicht noch toller sein. Ich muss mich nicht jeden Monat komplett neu einkleiden. Das geht zu Lasten Anderer. Die Neid-Diskussion über die Gehälter der Manager ist durchaus nachvollziehbar. Irgendwo sind Grenzen des Einkommens und der Qualität erreicht.

Wir haben natürlich immer das Problem, dass wir Eliten benötigen. Besonders wenn solche Leute abwandern, weil sie im Ausland mehr verdienen. Dann haben wir auch wieder ein Problem. Andererseits kann hier Reichtum auch gut gelebt werden. Wenn ich sehe, wie sich Menschen im Osten oder in Amerika in Ghettos abschirmen müssen, weil sie nicht normal auf die Straße rauskönnen und die Kinder permanent geschützt werden, ist das auch nicht so schön.

Bei unserer sozialen Marktwirtschaft, die noch sehr gut funktioniert, *müssen wir darauf bedacht sein, dass sich nicht einige Wenige überproportional bereichern, sondern ihrer Verantwortung auch genüge tun.* Im europäischen Bereich sagen wir: „Wir Deutschen müssen für alle Anderen arbeiten." Das Schönste, was wir mit dieser Situation erreicht haben ist, dass wir keinen Krieg haben. Toi, toi, toi- wir sind in einer Generation aufgewachsen, die Krieg nicht erleben musste. Krieg basiert im wesentlichen darauf, dass ich das, was der Andere mehr hat wegnehmen will. Um diese Kluft aufzuweichen, muss derjenige, der mehr hat, dem, der weniger hat, etwas abgeben. Geschieht das nicht, kommt es irgendwann zur Anarchie und das kann auch Krieg bedeuten. Ich zahle gern, wenn ich damit für mein Leben und das meiner Kinder und Enkel den Frieden erkaufen kann. Das ist ein erkaufter Frieden. Das muss man klar so sagen.

▶    Prägen Sie mit Ihren Unternehmenswerten die Gesellschaft?

Ich denke wir tun das schon ganz gut. Noch nicht gut genug. Aber ich bin engagiert, das noch weiter nach vorne zu bringen. Ich mache sehr viele Vorträge, Veranstaltungen und kommuniziere in vielen Netzwerken, um Unternehmen und Unternehmern auch aufzuzeigen, dass *Werte leben und voranbringen nicht im Missverhältnis zu wirtschaftlichem Erfolg stehen muss.* Wir haben ja auch in Hamburg viele tolle Unternehmen. Die sehen, es gibt ein Unternehmen, das macht es tagtäglich und es funktioniert wunderbar und die sind deshalb erfolgreich, weil sie es so machen. Für mich ist das eine schöne Sache, wenn ich immer wieder feststelle, wie ich Andere mit der Thematik infiziere. Da habe ich dann schon etwas erreicht, wenn die sich Gedanken machen und sich damit auseinandersetzen. Das ist eine Kettenwirkung.

Seitens der Kammer haben wir in den letzten zwei Jahren ein Strategiepapier entwickelt: Hamburg 2030. Es ist ein sehr umfangreiches Exposé geworden mit den Feldern: Umwelt, Soziales, Wirtschaft. Es geht auch um soziale Konflikte, wie die Verslumung. Wir haben soziale Brennpunkte und die Wirtschaft hat auch die Verantwortung mit Maßnahmen dagegen anzugehen. Es gibt feste Projektgruppen, die sich mit der Vorbeugung beschäftigen. Die werden auch jährlich gemonitort.

Aus der Politik können wir nichts oder nur sehr eingeschränkt etwas erwarten. Da muss die Wirtschaft Strukturen haben und nicht nur reden über ehrbaren Kaufmann rauf und runter. Wir haben dreißig, vierzig tolle Unternehmen, die das extrem nach vorne treiben. Da wird im Moment noch zu viel parallel gearbeitet. Hier muss man die Verantwortlichen noch stärker zusammenbringen. Das ist für mich nach wie vor das Ernüchternde, wenn man Veranstaltungen oder Kommunikationszirkel hat, dass es immer die gleichen Verdächtigen sind. Wir haben aber noch tausend andere Firmen. Letztendlich muss man sich darüber im klaren sein: Ich kann nur wirtschaftlich erfolgreich sein, wenn ich in einem vernünftigen Umfeld lebe. Wenn ich eine kollabierende Sozialstruktur in der Innenstadt habe, dann funktioniere ich auch nicht mehr in dem System.

Wir leben in einem der tollsten und sozial schönsten Länder der Welt. Das stelle ich immer wieder fest, wenn ich aus anderen Ländern hierher komme. Dafür muss jeder kämpfen. *Ich habe als Unternehmer andere Möglichkeiten und die muss ich auch wahrnehmen aus ureigenem Interesse am Fortbestand meines Unternehmens.* Das muss keine wochenlange Arbeit sein. Man muss nur die Bereitschaft haben, wieder miteinander zu kommunizieren. Das kann eine hohe Effizienz haben.

Wir haben das Thema Betriebskindergarten. Viele Frauen müssen arbeiten und es ist wirtschaftlich wichtig, solche Eliten im Unternehmen nicht zu verlieren. Aber die öffentlichen Kindergärten sind nicht das, was die Praxis erfordert. Eine Mutter soll nicht deswegen angepfiffen werden, weil sie nicht Punkt 16 Uhr ihr Kind abholt. Ich muss auch Kinderbetreuung bis 20.00 Uhr anbieten. Oder man steht am Flughafen in München weil der Flieger ausgefallen ist. Dann muss man ein ruhiges Gewissen haben können, weil das Kind auch nachts betreut wird. Wir haben ein Jahr lang ein Konzept erarbeitet. Dann haben wir festgestellt, dass andere Unternehmen das auch gemacht haben. Mit den gleichen Ausschreibungen, den gleichen Konzepten ist man zum gleichen Ergebnis gekommen. Das gilt ebenso für die Behindertenintegration. Alle arbeiten parallel und wollen letztendlich das Gleiche. Mit einer strukturierteren Arbeitsweise kann man das Thema viel besser voran bringen und in diesen Gruppen ist auch die Außenwirkung größer.

Da fragen natürlich einige: Was bringt mir das alles? Da haben wir das Thema Werte. Da gibt es einige, die weiter denken und es verstehen.

▸    Welche Werte sind für Sie privat wichtig?

Nicht ärgern – ändern.

▸    Ist das Ihr Lebensmotto?

Bei mir ist das Private und Geschäftliche nicht mehr trennbar. Ich versuche, meine Lebensauffassung zu vermitteln. Teilweise auch missionarisch. Wenn ich irgendwo Sachen sehe, die mich nerven, dann versuche ich das aktiv anzugehen und mich der Verantwortung zu stellen. Sie wissen gar nicht, was das für ein hohes Stück Lebensqualität ist, sich morgens im Spiegel anzuschauen und zu sagen: „Das, was ich gemacht habe, ist mir wichtig. Ich kann es auch umsetzen und muss mich nicht verbiegen." Das ist für Viele vielleicht manchmal noch nicht bewusst genug. Geld allein macht nicht glücklich. Ich will nicht zu radikal wirken: Gesellschaft muss natürlich einen Wettbewerb generieren, das treibt uns auch nach vorn. Der Ehrgeiz darf nicht darunter leiden. Der Kommunismus in der ganzen kollektiven Plattform hat uns auch nicht weitergebracht.

Es gibt nach meinem Lebenszyklus noch Menschen nach mir. Ich höre leider in vielen Diskussionen, egal ob es um Energie oder Umwelt geht: „Nach mir ist mir alles scheißegal. Hauptsache mir geht es gut." Wir müssen uns darüber im Klaren sein, dass wir uns alle massiv einschränken sollten und müssen, um unseren Enkelkindern gebührend Respekt zu zollen.

▸   Vielen Dank für das Gespräch.

---

### WertSchätze für den Führungsalltag[1] ...

**Respekt**
Den anderen als gleichwertig anzusehen und zu behandeln.

**Verankerung**
Werteumsetzung bedeutet einen stetigen und dauerhaften, hierarchieübergreifenden Kraftakt.

**Intuition**
Das unternehmerische Wertegerüst ist umso glaubhafter und energetischer, je mehr es an eigene Wünsche und Sehnsüchte ankoppelt.
Das Verwirklichen von gleichgerichtetem Verhalten im Unternehmen fällt leichter, wenn die Führungsmannschaft einen ähnlichen Wertekanon besitzt.

**Freiheit**
Für die Zufriedenheit der Mitarbeiter ist es wichtig sozial abgesicherte (Spiel)räume zu schaffen, in denen persönliches Glück gefunden werden kann.

**Erfolg**
Eine Unternehmenskultur, die nichtmaterielle Werte favorisiert, kann durchaus ergebnisreich sein.

---

[1] Diese Werte sind eine Gesprächsreflexion der Autorin. Dabei wurden bewusst spezifische Werte herausgegriffen.

# Der Glaube an das Gute

## Cord Wöhlke, Geschäftsführer Budnikowsky

**Gesprächspartner: Cord Wöhlke, Geschäftsführer und Gesellschafter der IWAN BUDNIKOWSKY GmbH & Co.**

Cord Wöhlke ist seit 1979 Geschäftsführer und Gesellschafter der IWAN BUD-NIKOWSKY GmbH & Co., dem führenden Drogeriemarktunternehmen der Metropolregion Hamburg. Der gebürtige Bremer ist verheiratet und Vater dreier erwachsener Kinder. Ruth Wöhlke, Tochter des Unternehmensgründers Iwan Budnikowsky leitet gemeinsam mit Cord Wöhlke und seinen Kindern Julia und Christoph Wöhlke das Unternehmen in zweiter, dritter und vierter Generation.

Cord Wöhlkes Engagement gilt der Bildung von Kindern und Jugendlichen, der Integration von Kindern und Jugendlichen mit Migrationshintergrund, sowie dem Bemühen um soziale Gerechtigkeit. Ein besonderer Schwerpunkt seines Wirkens liegt auf der konsequenten und langfristigen Übernahme von Verantwortung und aktivem Engagement im Bereich Umwelt. So schuf das Unternehmen die Position einer

K. Girbig, *Wertemanagement*, DOI 10.1007/978-3-658-02616-5_3,
© Springer Fachmedien Wiesbaden 2014

Umweltschutzbeauftragten, sowie einer CSR-Beauftragten und richtete zudem einen Kundenbeirat ein, der sich ausschließlich aus Vertretern wichtiger Nichtregierungsorganisationen zusammensetzt. Eine deutlich verbesserte Ökobilanz oder auch die Wiederansiedlung heimischer Tierarten sind Beispiele für Ergebnisse dieses Tuns.

▶    Was verstehen Sie unter Werten?

Wir sind alle in einer abendländischen, christlich geprägten Kultur groß geworden. Auch wenn man sich mit anderen Religionen auseinandersetzt, gibt es Gemeinsamkeiten. Daraus leite ich die Werte ab. *Ich glaube an das Gute im Menschen.* Danach versuche ich meine Arbeit zu gestalten, nach dem Motto, dass wir bei Budni schon lange haben: „Jeden Tag Gutes tun." Oder nach Goethe: „Das Göttliche: Edel sei der Mensch, hilfreich und gut." Für mich geht es auch immer darum, bei gesellschaftlichen Dingen Gerechtigkeit anzustreben. Ich kann nur schwer mit Ungerechtigkeit umgehen. Führung sehe ich als dienende Funktion, das hat schon Friedrich der Große treffend formuliert: „Ich bin der erste Diener meines Staates." Damit hat man ein einfaches Gerüst, das einen im täglichen Tun stützt und begleitet.

▶    Mit welchen Werten führen Sie Budnikowsky?

Budnikowsky hat im vergangenen Jahr seinen hundertsten Geburtstag gefeiert. Das ist nicht alles auf einmal entstanden. Schon der Gründer hat den Preis als soziale Tat angesehen, wie Aldi damals. Mit niedrigeren Preisen, sind die Menschen in der Lage, sich bestimmte Dinge zu kaufen. Für die Tochter des Gründers, Ruth Wöhlke, meine Stiefmutter, war es besonders wichtig, dass sich die Mitarbeiter wohlfühlen. Dazu kam das gesellschaftliche Engagement, vertreten durch die Budniaer Hilfe e. V. und unser Einsatz für eine intakte Umwelt. Alle drei Dinge gehören zusammen.

▶    Ein gewachsener Wertekanon.

Ich glaube ja. Das Einzige, was sich verändert, dass wir uns bis vor zehn Jahren kaum der Öffentlichkeit gestellt haben. Heute wird natürlich auch mehr Transparenz eingefordert.

▶    Sind die Werte aus Ihrer Sicht gleichrangig?

Die hängen alle miteinander zusammen. Ich versuche die Dinge ganzheitlich zu sehen. Wenn ich die Mitarbeiter wertschätze – jeden Einzelnen persönlich in seiner Einzigartigkeit – dann werden auch die Mitarbeiter zu Kunden. Natürlich brauchen wir auch Leistungswerte, um ökonomisch zu bestehen. Für langfristigen Erfolg gehe ich immer von Spannungsfeldern aus. Da ist ein Spannungsfeld zwischen betriebswirtschaftlichen Erfordernissen und Unternehmenskultur. *Je älter ich geworden bin, umso wichtiger ist eine ökonomische, ökologische, soziale und nachhaltige Unternehmenskultur.*

▸ Wann wurden aus Ihrer Sicht das letzte Mal Unternehmenswerte besonders gelebt und wann nicht?

*Ich erinnere mich immer eher an Situationen, bei denen ich selbstkritisch sagen muss, da habe ich Fehler gemacht.* Da war ein Mitarbeiter, der an Multipler Sklerose erkrankt ist. Er hatte bei uns eine Ausbildung gemacht und in den Filialen gearbeitet. Nach der Filialarbeit wollte er in die Zentrale gehen. Ich habe ein paar Mal mit ihm gesprochen, aber er war kein einfacher Charakter. Das hätte hier nicht gepasst. Er konnte dann die Tätigkeit in der Filiale nicht mehr ausführen und hat aufgehört. Das ist zwei Jahre her.

Jetzt habe ich auf einer Veranstaltung seinen Vater getroffen. Er hat mir erzählt, dass sein Sohn jetzt eine Arbeit mit Behinderten machen will. Ich habe dem Vater auch gesagt, dass ich selber mit der Situation unzufrieden bin, dass ich ihn am liebsten behalten hätte, aber Probleme mit seinem Charakter gesehen habe. Ich war vielleicht zu vorsichtig, da wir schon vor 12 Jahren mit einem querschnittsgelähmten Mitarbeiter, der von der Persönlichkeit her sehr schwierig war, Probleme hatten – am Ende wollte keiner mehr mit ihm zusammen arbeiten. Das war eine schwierige Situation. Jetzt versuche ich dem ehemaligen Mitarbeiter auf andere Weise zu helfen, um einen Teil wieder auszugleichen.

Ein anderer Fall: Vor Jahren hat uns eine langjährige Mitarbeiterin verlassen, mit der hätte man vielleicht mehr sprechen sollen. Ich dachte, dass sich das alles einspielen würde, aber das hat es nicht. Nach und nach ist es eskaliert und wir mussten uns voneinander trennen. Ich habe mit ihr sehr gerne zusammen gearbeitet und fand das sehr schade. Wenn wir mehr miteinander gesprochen hätten, hätten wir für sie eine andere Position gefunden. Sie interessierte sich z. B. für den Bereich Arbeitssicherheit, aber das wusste ich nicht, und so war die Stelle dann schon anderweitig besetzt. Das sind so Dinge, wo man mit Entscheidungen unzufrieden ist.

Aber in der Mehrzahl schaffen wir es doch sehr gut, unsere Werte in unser tägliches Tun zu integrieren, sie zu leben und umzusetzen. So haben wir z. B. eine sehbehinderte Mitarbeiterin, die in der Filiale arbeitet und sogar Kundenkontakt hat. Sie kommt wunderbar zurecht und die Kollegen unterstützen sie gern. Oder es gibt langjährige Mitarbeiterinnen, die ihre Führungsposition etwa in der Bezirks- oder Filialleitung auch nach der Geburt ihrer Kinder weiter behalten haben – etwa durch Job-Sharing. Wir haben auch vielversprechenden, jungen Frauen mit Kindern als Azubis in Teilzeit eine Chance gegeben – auch das läuft sehr gut. Kulturelle Vielfalt wird bei uns groß geschrieben – wir haben Mitarbeiter aus über 40 verschiedenen Nationen, eine Bereicherung für uns und auch für die Kunden.

▸ Wie füllen Sie die Werte im Arbeitsalltag mit Leben?

Wir wachsen im Vergleich zu anderen Unternehmen nicht so intensiv. Die Menschen lernen stark voneinander und wir ziehen natürlich bestimmte Menschen an. Wenn wir neue Mitarbeiter begrüßen, frage ich immer, weshalb sie zu uns kommen. Dann wird das gute Weiterbildungsprogramm genannt. Das hat sich rumgesprochen. Wir bieten intensive Schulungsprogramme an. Im Bereich der Führung besonders, da wir in den kommenden Jahren besonders viele Führungskräfte suchen. Wir haben seit 15 Jahren eine Leitlinie. Da haben wir auch immer geschult. In den Werteschulungen wird versucht unser Führungsverständnis rüberzubringen. Es geht darum, wie wir Menschen sehen, wie wir sie behandeln und uns auf ihre Einzigartigkeit einstellen wollen. Als Beispiel: Die Schulung der Leitlinien mache ich schon seit vielen Jahren. Wir besprechen dann monatlich mit 10 bis 15 Mitarbeitern die Leitlinien und wie man sie aus Sicht der Führungskräfte interpretieren kann.

Auch unser gesellschaftliches Engagement in der Region ist ein wichtiger Motivationsfaktor, sich bei uns zu bewerben.

Über 15–25 % unserer Mitarbeiterschaft ist über 25 Jahre dabei. Die sind natürlich Träger dieser Kultur. Die Anderen wachsen da hinein. Es wird immer Menschen geben, die zeitweise nicht überzeugt sind. Wenn ich z. B. kleine Kinder habe, sind meine Hauptbeweggründe die Kinder. Es gibt ja unterschiedliche Lebensphasen. Ich glaube es ist das, was die Menschen mit uns erfahren. Da ist eine Berechenbarkeit in den Entscheidungen. Wir vermitteln keine Spitzengehälter, aber eine gewisse Fürsorge und Sicherheit. Man muss sich immer für das eine oder andere entscheiden. Als Handelsunternehmen haben wir naturgemäß viele Mitarbeiter aus dem Niedriglohnsektor. Für diese Menschen ist es eben auch wichtig, dass sie eine feste Anstellung haben, dass sie wissen, dass es in über hundert Jahren noch nie betriebsbedingte Kündigungen gab. Wir stellen auch Leute ab 50 ein. Wenn wir drei Generationen haben, können wir auch Mütter mit kleinen Kindern beschäftigen.

Es liegt viel in der Kontinuität der Führung. Wir sind seit 100 Jahren dabei und im Endeffekt waren nur drei Menschen in der Führung. Das hängt auch mit Berechenbarkeit zusammen, dass Menschen andere Menschen einschätzen können. In unseren Startseminaren werden die neuen Mitarbeiter gebeten, ein Bild von mir zu machen, Inhalte dazu zu schreiben. Dabei wird schnell deutlich, dass besonders Menschen zu uns kommen, die so eine Form der Partnerschaft suchen. Das Seminar findet über den ganzen Tag statt. Hier wird den neuen Mitarbeitern gesagt, was wichtig ist, wohin sie sich mit Themen wenden können.

Den Zentralbereich nennen wir Dienstleistungszentrum, nicht Headquarter. Wir sagen auch: „Unsere Kunden sind unsere Arbeitgeber und die Mitarbeiter sind meine Kunden."

Wir haben auch Rituale. Jeder Mitarbeiter wird zum Geburtstag und zur Hochzeit beschenkt. *Wir organisieren uns wie eine Familie.* Einmal im Jahr machen wir ein großes Familienfest für alle Mitarbeiter samt ihren Kindern und Partnern. Das ist dann Tannenbaumschlagen, oder, wie in diesem Jahr, ein Herbstfest, mit Trampolinen und Ponyreiten, Clowns und Kinderschminken.

> ▸ Ist der Grad der Werteumsetzung auch in der Beurteilung von Mitarbeiterleistungen verankert?

Machen wir fast gar nicht. Ich bin auch ein Gegner von Belohnungssystemen.

▶    Gibt es denn Feedbacksysteme, wo Verhalten rückgemeldet wird?

Wir führen in den Filialen und im Zentralbereich regelmäßige Gespräche durch, machen auch Zielfindungsgespräche. Das mussten wir erst mal einüben.

▶    Wo sehen Sie noch Potenziale?

Vielleicht müssen wir in manchen Dingen noch offener werden. Wir brauchen eine noch bessere Kommunikation mit unseren Mitarbeitern. Ich glaube, dass wir noch stärker mit den Daten arbeiten müssen. Da hatten wir vor kurzem eine interne Diskussion. Es geht an sich um betriebswirtschaftliche Vorgänge und Verständnis dafür. Wir müssen manche Dinge vielleicht noch besser erklären und erzählen, warum wir was machen. Dass wir schon im Prozess erzählen und nicht im Nachhinein. Das fehlt uns noch bei der Kommunikation.

▶    Was wären die Dos und Don'ts für eine werteorientierte Führung?

Wir sprechen nicht von Managern. Deswegen nennen wir unsere Führungskräfte Moderatoren. Wir haben flache Hierarchien. Es geht immer darum, zusammen mit den Mitarbeitern die besten Ideen zu entwickeln. Es ist nicht wichtig von wem diese Dinge kommen. Da müssen wir noch weiter daran arbeiten. Das Potenzial unserer Mitarbeiter zu erschließen, halte ich für das Wichtigste. Was mich stört, sind profane Dinge: Menschen, die heute im Einzelhandel tätig sind und eine Menge leisten, bekommen zu wenig bezahlt.

▶    Da sitzen Sie allerdings auch am Hebel.

Das scheint nur so. Die Gewinnspanne im Handel ist so niedrig, dass da überhaupt kein Spielraum ist. Da wären wir sehr schnell pleite. Wir haben ja auch Wettbewerb. Wenn wir ganz alleine wären, wäre das anders. Die Arbeitsbedingungen im Einzelhandel sind nicht so ideal. Das kann ich aber nur im gesamtgesellschaftlichen Kontext ändern. Das ist vielleicht auch politisch nicht gewollt. Es gibt kein Land, wo es so einen hohen Discount-Anteil gibt, wie in Deutschland.

▶    Was müsste denn gesamtgesellschaftlich passieren, dass noch stärker werteorientiert geführt werden kann?

Der Schlüssel für mich ist, dass wir zu mehr Bildungsgerechtigkeit kommen. Wir dürfen keine Kinder mehr zurücklassen. Wir haben mehr Problemkinder aus den sozialen Brennpunkten. *Nur, wenn es der Metropolregion Hamburg gut geht, geht es uns auch gut. Deshalb muss ich auch versuchen, mit gutem Beispiel voranzugehen, um über das Unternehmen Wirkung in die Gesellschaft hineinzubringen.*
Die Elternhäuser können das nicht mehr in dem Maße wahrnehmen. Wir haben eine ganz neue Situation. Beide sind berufstätig, Frauen sind zum Teil besser ausgebildet als Männer. Alle Menschen, die mit Erziehung zu tun haben, werden schlecht bezahlt. Das sind für mich die eigentlichen Themen. Wie kann Familie und Beruf miteinander verbun-

den werden, für Männer und auch für Frauen? Wie gehen wir damit um, wenn eine Frau heutzutage ein Kind bekommt? Wenn jedes Kind ein Stück Zukunft ist, dann müssen wir sagen: „Das ist aber schön, dass Sie ein Kind bekommen." Wenn wir anders mit unseren Mitarbeitern umgehen, dann spricht sich das rum und wir schaffen wieder Sympathien bei unseren Kunden dafür. Die Mitarbeiter sind die glaubwürdigsten Multiplikatoren. Im Endeffekt lohnt es sich. Man muss immer eine Win-win-Situation schaffen.

*Mensch zu Mensch, dass schafft doch Vertrauen.* Wenn ich etwas Gutes tue, dauert es manchmal lange, aber ich bekomme es immer zurück. Deswegen mache ich es nicht selbstlos. Ich mache es aus einem bestimmten Antrieb, weil ich sage: Das ist wie säen und ernten, nichts anderes. Ich bin auf dem Land groß geworden.

▸    Häufig kommt aber auch der Wunsch, der Messbarkeit werteorientierter Aktivitäten.

Ich kann nicht sofort alles messbar machen. Wir haben da auch manchmal Diskussionen und da sage ich: „Ihr müsst den Dingen Zeit geben zu wirken." Das ist der Unterschied zwischen einem Unternehmer und einem Manager. Ich handele in der Überzeugung „Das ist richtig." In diesem Bewusstsein arbeite ich, dass sich das eines Tages auszahlen wird. Der Manager arbeitet aufgrund seiner Erfahrungswerte, der sagt: „Ich kann das nicht messen." Wenn ich etwas intuitiv mache, habe ich keine Erfahrungswerte. Bestimmte Dinge, wie bspw. die Unternehmenskultur, die brauchen Zeit zu wirken.

Ich glaube, echte Unternehmer arbeiten nicht in erster Linie des Geldes wegen. Wenn es wirklich Unternehmer sind, keine Verwalter. Die haben eine Idee, die wollen sich produzieren, etwas bewegen. *Man muss an bestimmte Dinge, Werte glauben.* Dass diese Werte sich entwickeln und dass ich es dann wieder zurück kriege. Ich höre das auch immer: „Wie ist das messbar?" Das weiß ich auch nicht. *Gutes wirkt einfach, wenn es einen Sinn macht.*

▸    Kann man aus Ihrer Sicht in großen, anonymer gestalteten Unternehmen Werteorientiertes Management umsetzen?

Ich kenne Unternehmen unserer Branche, die viel größer sind und da merkt man natürlich, dass man da an Grenzen stößt und Wertesysteme noch länger brauchen. Die letzten Jahre haben wir stärker expandiert. Da hat man auch gemerkt, dass der Anteil an Führungsschulungen erheblich erhöht worden ist. Es sind sehr viele neue Mitarbeiter ins Unternehmen reingekommen die auch alle anders sozialisiert sind. Da mussten wir so einiges gerade biegen. Wenn jemand vom Discounter kommt hat der eine ganz andere Haltung. Aber die sind zu uns gekommen, weil die das im Endeffekt nicht mehr wollten. Oder weil sie erkannt haben, das kann man nicht mehr als zehn Jahre machen und dann muss man weg.

▸    Sie haben eine bestimmte Wertekultur, die sich auch ruhiger entwickeln kann und darf.

Ja, das hat eine Langsamkeit. Ich glaube, dass es in Familienunternehmen oder großen Unternehmen, wo aber die Mehrheit in Familienhand ist, anders läuft. Nehmen Sie Otto.

Da ist bestimmt immer noch eine andere Kultur, als bei einem reinen DAX Konzern oder bei Streubesitz. Ich habe auch erlebt, wie sich ein Unternehmen gewandelt hat. Ich habe das gemerkt beim Axel Springer Verlag. Zu Lebzeiten Axel Springers hatten die auch eine besondere Unternehmenskultur, von der Menschen begeistert waren. Jetzt sieht das schon anders aus.

Wir lassen uns regelmäßig bei dem renommierten Wettbewerb „Hamburgs beste Arbeitgeber" messen. Da habe ich mich gewundert, dass ein Unternehmen wie HASPA schlechter abgeschnitten hat als wir. Nicht in diesem Jahr, aber in dem Jahr davor. Dieses Jahr haben sie sich nicht messen lassen. Ich habe noch Eindrücke von früher im Kopf auch was an finanziellen Leistungen gezahlt wird. Ich denke, dass liegt bei der HASPA daran, dass häufig ziemlich viel umorganisiert wird und so immer eine gewisse Unruhe ist. Ein Unternehmen muss auch auf Stabilität achten. Wir brauchen Stabilität. Ich bin nicht so für Harmonie. Es braucht auch Reibung. *Ich denke es muss für die Menschen 2/3 Stabilität und 1/3 Veränderung da sein.* Es darf aber nicht sein, dass Leute gar nicht mehr zur Ruhe kommen.

Das Problem bei großen Unternehmen ist auch, dass nur wenig Kontinuität in der Spitze ist, um Werte wirklich zu implementieren und die Zeit zu haben, um vom Säen zum Ernten zu kommen. Wir hatten in den letzten Jahren viele Finanzleute an den Spitzen von Unternehmen. Es ist das Einfachste, wenn ich in ein Unternehmen komme, die Kosten zu kürzen. Das ist nicht sehr kreativ und bringt schnell was. Wenn sich die Probleme aus diesen Kostenmaßnahmen entwickeln sind die Leute schon wieder weg – nach mir die Sintflut. Es braucht sehr viel mehr Zeit, gute Kulturen aufzubauen. Ich glaube, die wenigsten bekommen heute noch diese Zeit. Es sei denn in Familiengeführten Unternehmen, da hier die Möglichkeiten da sind, dass Menschen länger an der Spitze sind. Familie ist aber auch keine heile Welt. Da kann Einiges auch nicht funktionieren. Man muss auch Dinge miteinander diskutieren und in den Zielen einig sein. Aber die Wege können schon unterschiedlich sein.

▸     Welcher Wert sollte denn gesellschaftlich in Zukunft an Bedeutung gewinnen?

Mit Ökologie und allem was damit zusammen hängt muss man sich stärker auseinandersetzen. Ökologie und Ressourcen sind ein großes Thema. Dann natürlich bedingt durch die demografische Entwicklung halte ich das Gesundheitsmanagement für wichtig, auch im Zuge der vielen seelischen Erkrankungen. Burn out ist nur ein Teil dieser Dinge, auch der Umgang mit den Medien und der ständigen Erreichbarkeit. Ich sehe das gelassen, weil ich nicht mit den neuen Medien groß geworden bin. Meine Kinder, die in dieser Zeit geboren sind, gehen damit schon anders um.

▸     Mein Vater hat heute Morgen – glücklicherweise aus Versehen – auf seinem
      neuen Handy den SOS Knopf bedient.

Ich hatte heute auch einen schrecklichen Morgen. Heute um 5.00 Uhr ist die Alarmanlage losgegangen. Ich war noch im tiefsten Schlaf durch die Zeitumstellung. Im ganzen

Haus war Stromausfall. Seit Jahren habe ich die nicht mehr betätigt und wusste nicht, wie ich die ausschalten konnte. Dann rufen die vom Sicherheitsunternehmen an. Das war ein Chaos. Der Ton war furchtbar und es summte auch noch die ganze Zeit nach.

▸    Abschließend noch eine Frage: Was sind Ihre privaten Werte, nach denen Sie leben?

Da gibt es so wenige einfache Antworten.

▸    Gerne komplex.

*Wenn ich morgen abtreten müsste, dann könnte ich immer sagen, ich habe ein erfülltes Leben geführt und das ist für mich wichtig.* Ich habe nicht immer alles richtig gemacht, aber ich habe versucht meine Talente, die der Herrgott mir gegeben hat, zu nutzen. Für mich ist der Zusammenhalt in der Familie wichtig, jetzt kommt noch ein Enkelkind dazu. Im Endeffekt kann man sich sehr gut nach den zehn Geboten ausrichten. Ich versuche moralisch zu handeln, dass ich das mit meinem Gewissen fast immer vereinbaren kann. Ich habe schon meine Schwächen. Man schafft manchmal nicht ganz, was man vielleicht möchte. Da gibt es auch Differenzen. Man darf sich selbst nicht so wichtig nehmen.

▸    Vielen Dank für das Gespräch.

**WertSchätze für den Führungsalltag**[1] **...**

**Erfahrung**
Unternehmenskultur bestätigt und manifestiert sich durch Absehbarkeit.

**Kontinuität**
Beständigkeit in der Führung ist der Sockel für Sicherheit und Vertrauen.

**Wirkung**
Die Ergebnisse von Wertearbeit können nicht immer sofort messbar gemacht werden. Trotzdem wirkt sie.

**Stabilität**
In einem Unternehmen sollte das Verhältnis zwischen Beständigkeit und Veränderung ausgewogen sein.

---

[1] Diese Werte sind eine Gesprächsreflektion der Autorin. Dabei wurden bewusst spezifische Werte herausgegriffen.

# Vernunft als Grundhaltung

## Olaf Galler, Geschäftsführer Baumarkt Max Bahr GmbH

**Gesprächspartner: Olaf Galler, Kaufmännischer Geschäftsführer Baumarkt Max Bahr GmbH & Co.KG**
Galler, Jahrgang 1970, ist kaufmännischer Geschäftsführer der Baumarktkette Max Bahr. Ursprünglich aus dem Lebensmittelhandel kommend ist der studierte Mathematiker nach verschiedenen Stationen im Vertrieb und dem Controlling bei einem Lebensmitteldiscounter seit 2005 bei dem Baumarktunternehmen Max Bahr beschäftigt. In der Anfangszeit verantwortete er dort die Fachbereiche Controlling, Rechnungswesen sowie das Finanzwesen und ist nach der Übernahme von Max Bahr durch den Praktiker Konzern als Geschäftsführer für die Bausparte extra BAU+HOBBY verantwortlich. Seit 2011 ist Olaf Galler zusätzlich als kaufmännischer Geschäftsführer zurück an seiner vorherigen Wirkungsstätte.

K. Girbig, *Wertemanagement*, DOI 10.1007/978-3-658-02616-5_4,
© Springer Fachmedien Wiesbaden 2014

▷    Was verstehen Sie unter Werten?

Werte, aus Unternehmenssicht betrachtet, sind – um es ganz neutral zu halten – ein System, an dem ich Organisations- oder Unternehmensmaßstäbe messen oder sichtbar machen kann. Ich kann sie definieren und sagen: „Ich möchte, dass mein Unternehmen, so und so funktioniert." Für diese Ziele legt man Werte zugrunde, deren Wirkung man in Kennzahlen messen kann.

Für mich persönlich ist das eine sehr interessante Fragestellung, weil ich mir in ruhigeren Zeiten immer mal wieder Gedanken darüber mache, wie wichtig dieses Thema ist. Inwieweit können einem Unternehmen definierte Werte im Alltag wirklich helfen? Entscheidender für mich ist, dass das Unternehmen eine Unternehmenskultur hat, die alle kennen und die auch im Tagesgeschäft gelebt wird.

Viele Unternehmen geben sich Leitsätze oder Werte, die sich ganz oft als Lippenbekenntnisse herausstellen. Damit ist aus meiner Sicht niemandem geholfen. Und wenn von der obersten Führungsebene die Werte nicht gelebt werden, sondern es letztendlich daran hängt, wie einzelne Führungskräfte führen oder sich aufführen, ist das ganze Wertesystem auch in Frage gestellt, da es nicht zur Umsetzung gelangt. In einem Unternehmen entsteht eine Führungskultur, die über die Führungskräfte in einer gewissen Art und Weise gelebt wird. *Kultur passiert immer, auch ohne Steuerung* oder ohne dass ich es ausformuliert hätte und der gesamten Mitarbeiterschaft gesagt hätte, dass die z. B. folgenden zehn Leitsätze für unsere Werte stehen.

▷    Mit welchen Werten führen Sie Ihr Unternehmen?

Max Bahr ist aus der Historie heraus ein inhabergeführtes, mittelständisches Unternehmen gewesen, eine sehr eingeschworene „Familie". Die Max Bahr Mitarbeiterschaft hat bis heute eine sehr große Identifikation mit dem Unternehmen. Das ist genau die Unternehmenskultur, die ich meine. Max Bahr macht es neuen Mitarbeitern leicht, sich in dem Unternehmen zurecht zu finden, mitzuhelfen und zu arbeiten. Offiziell ausformuliert sprechen wir von analytischer, strategischer, sozialer Kompetenz und Leadership, die uns wichtig sind.

Der oberste Wert, den ich bei Max Bahr erkenne ist die Teamorientierung. Man versucht, die vorliegenden Aufgaben gemeinsam zu lösen. Jeder versucht, sich nach bestem Wissen und Gewissen einzubringen. Den einzelnen Mitarbeitern in ihren Funktionen wird es leicht gemacht, zu erkennen, was ihr Beitrag ist. Das geht ehrlicherweise in kritischen Zeiten ein wenig verloren. Da steigt die Hektik, steigt das Tempo und die Anforderung an die Umsetzungsgeschwindigkeit. *Wenn dann nicht klar vorgegeben wird, in welche Richtung es gehen soll, reagiert die Wertegemeinschaft irritiert.* Darin liegt eine Gefahr.

▷    Wie sieht die Wertestruktur aus – pyramidial oder gleichrangig?

Es gibt aus meiner Sicht keine Wertehierarchie. Für mich sind die fachliche, die strategische und die soziale Kompetenz wesentlich. Das klingt jedoch fast ein bisschen zu hochtrabend. Ich würde es zusammenfassen unter „gesundem Menschenverstand". Das ist für mich der oberste Wert, auf den es ankommt. Jeder sollte seine Funktion und Aufgabe mit gesundem Menschenverstand lösen und nicht durch irgendwelche Formalien oder Führungskräfte behindert werden. In der idealen Welt weiß der Mitarbeiter durch Nachdenken, was er tun müsste und setzt es dann auch um.

▸ Welcher Wert hat für Sie die größte Bedeutung?

Formal würde ich sagen, dass die Werte, die vom Konzern kommen, einen starken Schwerpunkt auf den Leistungswerten haben. Die Ausprägung in den moralischen und Kommunikationswerten ist eher gering. Ich sehe einen eindeutigen Schwerpunkt auf den Leistungswerten.

Mit gesundem Menschenverstand meine ich ein bisschen von allem. Dass man sich nicht zu sehr fokussiert auf einen Wert. Das gilt besonders in kritischen Situationen, in denen die Aufgaben immer umfangreicher werden und die Managementkapazität begrenzt ist.

▸ Wie erwecken Sie die Werte im Arbeitsalltag zum Leben?

Unser offizielles Wertesystem wird herangezogen bei Mitarbeiterbeurteilungen, bei regelmäßigen Jahresgesprächen, wenn man sich zusammensetzt und ein Feedback gibt. Man spricht über dieses System und hangelt sich daran entlang, um sowohl Mitarbeiter, als auch Führungskräfte zu bewerten. Unternehmenskultur entsteht nur von oben herab durch alle Hierarchiestufen hinweg, durch Führung gegenüber dem einzelnen Mitarbeiter.

Für Max Bahr gesprochen, gibt es eine spezielle Unternehmensstrategie, die erst vor kurzem entwickelt wurde. Wir stehen im Roll-out und versuchen, diese Strategie im Unternehmen zu implementieren, sowohl in der Zentrale, in erster Linie aber auch in den Märkten im Kontakt zu den Kunden.

Jedes Handelsunternehmen hat die Kundenorientierung als obersten Fokus. Die wenigsten wissen aber, was das heißt. Jedes Handelsunternehmen würde von sich sagen: „Selbstverständlich sind wir kundenorientiert und das in einem hohen Maße." Ob das dann wirklich so ist, muss man sehr kritisch hinterfragen. Wir versuchen, diese Kundenorientierung in den Märkten zu den Endkunden, aber auch in der Zentrale im Verhältnis zu den „internen Kunden" umzusetzen. Was in einer angespannten Zeit sehr schwierig ist, weil man mit vielen anderen Dingen beschäftigt ist und sein muss.

Natürlich haben wir auch Führungsgrundsätze definiert. Diese Grundsätze sollen die Strategie für die Mitarbeiter erlebbarer machen. So können die Mitarbeiter ableiten, wie sie mit Kollegen, Führungskräften und Kunden umgehen sollen. Es wird versucht, über das klassische Tagesgeschäft eine positive Kultur zu gestalten.

▸ In welchen Situationen haben Sie das letzte Mal gemerkt, dass Unternehmenswerte gelebt oder auch nicht gelebt werden?

Bei Max Bahr erlebe ich tagtäglich ganz kleine Elemente und sehe, dass der Umgang miteinander gut funktioniert. Wir versuchen, uns gegenseitig in die Prozesse miteinzubeziehen, uns zu informieren. Kommunikation und Information sind sehr, sehr wichtige Elemente. *Der Mitarbeiter soll das Gefühl haben, dass er zu jedem Zeitpunkt alle Informationen, die er braucht, verfügbar hat.* Die Führung wiederum kann sich darauf verlassen, dass sie alle Information von den Mitarbeitern erhält, die sie braucht – und das ungefragt.

Auf der anderen Seite bin ich auch Mitarbeiter und erlebe gerade in angespannten Zeiten eine sehr hohe Belastung, die dann auch im einen oder anderen Fall dazu führt, dass man Werte, die es im Konzern gibt, eben nicht hält. In der Tageshektik werden andere Dinge wichtiger. Das vereinbarte Werteset wird dann auch mal für eine gewisse Zeit verlassen. Es gibt Beispiele für beide Richtungen und ich denke, dass ist gerade in Stresszeiten normal. In extremen Beanspruchungssituationen reagieren Menschen oft anders, als sie es selbst für möglich halten würden.

▸    Wo sehen Sie noch Potenziale bei der Umsetzung Ihrer Unternehmenswerte?

Aus Konzernsicht sehe ich noch viel Potenzial mit unserem angefangenen Prozess wertschätzender Führungskultur. Dieser muss auf den gesamten Konzern übertragen werden, da er im Moment überwiegend in der Marke Max Bahr vertreten ist. Die derzeitige extreme Durchmischung der Mitarbeiter birgt einerseits die Gefahr, dass die Wertestrategie verwässert wird und andererseits die Chance, diese Kultur im Gesamtkonzern zu etablieren. Es muss sich jetzt nur zeigen, welche Unternehmenskultur sich besser durchzusetzen vermag.

▸    Die Multiplikation der gewünschten Unternehmenskultur muss allerdings gezielt gefördert und in ihrer Wirksamkeit unterstützt werden.

Das ist ein guter Hinweis, den ich aufgreifen möchte. Man muss selbstkritisch sagen, dass wir im Moment noch viel zu wenig für die Durchsetzung der Unternehmenskultur tun. Man hofft immer, dass es reicht, wenn man es einfach geschehen lässt – in den wenigsten Fällen wird auf diese Weise aber die gewünschte kulturelle Ausprägung erreicht werden.

Das Wichtige ist Kommunikation und Information. Die Mitarbeiter müssen sich fokussieren und sich nicht im Klein-Klein des Arbeitsalltages verlieren.

Ich bin ehrlicherweise extrem angespannt und mit Themen beschäftigt, um die ich mich nicht kümmern möchte, aber kümmern muss. *Ich würde mir mehr Zeit wünschen, um mich besser auf Führung zu konzentrieren, auf strategische Themen,* aber nicht im Sinne der Markenführung, sondern strategisch *im Sinne: Wie führen wir richtig,* was machen wir mit unserem Unternehmen, wie gehen wir alle miteinander um und was kann ich dazu beitragen, dass wir besser miteinander umgehen?

▸    Welche Werte werden aus Ihrer Sicht zukünftig für Ihr Unternehmen an Bedeutung gewinnen?

Ich schwanke einerseits zwischen Fokussierung und Priorisierung von wirtschaftlichen „harten" Fakten und Themen und andererseits den eher „unsichtbaren" Werten, etwa der eben beschriebene Zusammenhalt und die Teamorientierung. Beide sind für uns sehr erfolgskritisch. Wenn es uns nicht gelingt, vernünftig zu priorisieren und zu fokussieren und dieses gemeinschaftlich zu tun, dann werden wir es in der Zukunft sehr schwer haben.

▸    Welches wären die drei wichtigsten Dos und Don'ts bei der Einführung eines
      werteorientierten Management?

Sehr offene Kommunikation, gerade in der Krise. Die Mitarbeiter wollen mitgenommen und informiert werden, wo das Unternehmen steht. Das gilt für positive wie negative Botschaften gleichermaßen. Es schafft eine sehr hohe Identifikation, wenn der Einzelne genau weiß, wo das Unternehmen im Moment steht, wenn es Leitplanken und eine Richtung gibt. Es darf nicht an wenigen Personen oder gar nur am Management hängen, Werte im Unternehmen zu leben. Es kann und muss jeder seinen Beitrag zur erfolgreichen Implementierung leisten, sonst wird das nicht gelingen.

Ein Don't wäre für mich Selbstherrlichkeit. Dass eine Führungskraft nur aufgrund der Tatsache, dass sie Führungskraft ist, meint, per definitionem Recht zu haben, ist grundsätzlich problematisch. Das gelingt, wenn man außerordentliche Leader hat. Es gibt durchaus Beispiele von herausragenden Führungspersönlichkeiten, die in der Lage sind, eine ganze Organisation in eine Richtung zu steuern, die sich im Nachhinein als richtig herausstellt, von der jedoch im Vorfeld viele nicht überzeugt waren. Aber auf solche Leute trifft man hingegen selten. Deswegen ist mir wichtig, dass sich das Management Meinungen einholt, fremde Urteile zulässt, sich helfen lässt und nicht qua Amtes Meinungen überbügelt.

▸    Das riskiert auch dumme Fehler. Man hätte etwas vermeiden können, wenn man
      zugehört und hingehört und nicht ignoriert hätte.

Es gibt oft die Situation, dass im Nachhinein gesagt wird: „Es war klar, dass das nicht funktioniert. Leider hat niemand auf mich gehört." Ich meine damit nicht die Leute, die hinterher grundsätzlich alles besser wissen, sondern durchaus Fachleute, die die Lage einfach richtig einschätzen.

Außerdem – und das geht in die Richtung des Miteinanders – sollte man sich auch in stressigen Situationen soweit im Griff haben das man einen vernünftigen Auftritt hat aus reiner Höflichkeit. *Ein gewisses Maß an Benehmen ist notwendig und völlig unabdingbar im Wirtschaftsleben.*

▸    Welche Werte sollten gesellschaftlich in Zukunft größere Beachtung finden?

Eine gestärkte Gemeinschaft im Verbund mit einem gewissen Maß an Leistungsorientierung hat Deutschland immer ausgezeichnet. Dabei kommt es aus meiner Sicht insbesondere auf eine starke Mittelschicht an. Die sehe ich aktuell etwas gefährdet, da die

Schere zwischen Arm und Reich immer weiter auseinanderklafft. Wenn es nicht gelingt, diese gesellschaftlichen Entwicklungen einzudämmen, wird sich Deutschland wirtschaftlich in eine negative Richtung entwickeln. Ich halte es für sehr wichtig, dass man jedem die Möglichkeit gibt, Leistung zu erbringen und umgekehrt aber auch ein bestimmtes Maß an Leistung von jedem Einzelnen einfordert. Das stärkt die gesamte Gemeinschaft.

▶    Prägen Sie mit Ihren Unternehmenswerten die Gesellschaft und die Kunden?

Ja, ich hoffe sehr. Zumindest ist das unser Ziel, gerade mit der Kundenorientierung, die wir leben und für den Kunden erlebbar machen wollen. Da gibt es in der Handelsbranche Formate, die als durchaus positiv wahrgenommen werden, und es gibt auch viele negative Beispiele. In Deutschland besteht ein massives Missverhältnis zwischen den Erwartungen des Kunden an Kundenfreundlichkeit, an Kundenorientierung und dem was die Unternehmen tatsächlich leisten. Wenn es den Unternehmen gelänge, dort stärker dem Kundenwunsch zu entsprechen, hätte das sicher auch positive Effekte auf die Gesamtgesellschaft.

Sobald man sich über positive Erlebnisse, die man im Handel- oder Dienstleistungssektor gemacht hat, austauschen kann, entsteht auch wieder ein Wert für die Gesellschaft.

▶    Das wäre sozusagen ein Zukunftsszenario. Wie sieht es aus, wenn Sie heute auf
     die Wirkung Ihrer Arbeit schauen?

Beispielsweise ist Max Bahr ein sehr umweltorientiertes Unternehmen. Das stellen wir auch durch Zertifizierungen für den Kunden heraus. Im Moment wird das zwar nur von einer Minderheit wahrgenommen, ist aber aus meiner Sicht ein wesentlicher Punkt für die Zukunft. Jeder findet Ökologie wichtig und toll, aber die Wenigsten handeln danach. Da sehe ich noch deutliche Verbesserungspotenziale in der Zukunft.

▶    Welche privaten Werte sind für Sie wichtig?

Die wichtigsten Werte für mich sind Zuverlässigkeit und Ehrlichkeit. Daraus kann ich persönlich sehr viel ziehen. Ich fordere diese Zuverlässigkeit nicht ständig ein. Ich bekomme einfach ein Gefühl der Sicherheit, von Menschen umgeben zu sein, von denen ich weiß, dass sie mir gegenüber ehrlich auftreten und dass ich mich in jedem Fall auf sie verlassen könnte. Das gibt mir ein sehr gutes, sehr ruhiges Gefühl.

▶    Vielen Dank für das Gespräch.

**WertSchätze für den Führungsalltag[1] ...**

**Vernunft**
Der gesunde Menschenverstand ist der Leitwert, mit dem alltägliche Aufgaben angegangen werden.

**Höflichkeit**
Auch in kritischen Situationen gilt es den Anstand im Miteinander zu wahren.

**Zuvorkommenheit**
Durch beständige Hinwendung und Zuvorkommenheit gegenüber dem Kunden wird der Servicegedanke erlebbar gemacht.

**Herausforderung**
Mitarbeiter wollen beteiligt werden. Dieses Mitnehmen gelingt besonders über gute Kommunikation und Information.

---

[1] Diese Werte sind eine Gesprächsreflektion der Autorin. Dabei wurden bewusst spezifische Werte herausgegriffen.

# Leidenschaft ist das Elixier

## Johannes Mock-O'Hara, Geschäftsführer Deutschland Stage Entertainment GmbH

**Gesprächspartner: Johannes Mock-O'Hara, Geschäftsführer Stage Entertainment Germany**

Johannes Mock-O'Hara wurde 1964 in Köln geboren. Nach Abschluss seines Betriebswirtschaftsstudiums begann er 1991 seine berufliche Laufbahn als Assistent der Geschäftsleitung eines Freizeitparks. 1993 wechselte er zum größten deutschen Hersteller von Windenergieanlagen, der Firma Enercon in Aurich.

Seit 1996 hat sich Johannes Mock-O'Hara dem Live Entertainment verschrieben. Die internationale Merlin Entertainments Group gewann den jungen Manager für den Aufbau des ersten Sea Life Centers in Deutschland. Es folgte die Verantwortung für den Aufbau weiterer Sea Life Center sowie des Hamburg Dungeon. 2001 wurde er zum Business Development Manager Deutschland ernannt. Im Jahr 2003 wurde er als New Site Search Director in den internationalen Vorstand der Merlin Entertainments Group in Poole (UK) berufen.

K. Girbig, *Wertemanagement*, DOI 10.1007/978-3-658-02616-5_5,
© Springer Fachmedien Wiesbaden 2014

2008 wurde der Vorstand des internationalen Musical- und Live Entertainment Unternehmens des Niederländers Joop van den Ende, Stage Entertainment, auf den vielseitigen Manager aufmerksam. In seiner jetzigen Funktion als Deutschland-Geschäftsführer ist Johannes Mock-O'Hara verantwortlich für ca. 1700 Mitarbeiter in zehn Theatern.

Der begeisterte Fotograf, Theater-, Ski- und Hundefan Mock-O'Hara lebt in Hamburg und ist seit 2006 mit der Schauspielerin Natalie O'Hara verheiratet.

▸ **Was verstehen Sie unter Werten?**

Mit Werten verbinde ich vor allem, dass das Herz eine Rolle spielt. Das war für mich schon sehr früh klar und wichtig. Ich habe zwar nicht gewusst, was ich einmal werden will, aber ich wusste, was ich machen muss: Ich merkte in der Schule schon früh, dass ich bei Fächern, die mich interessierten, sehr gute Noten und bei Fächern, die mich nicht interessierten, sehr schlechte Noten hatte. Die Disziplin, mich für Fächer zu engagieren, die ich nicht mochte, hatte ich nicht.

Dementsprechend *wusste ich, dass ich einen Beruf finden musste, von dessen Inhalt ich überzeugt bin und bei dem ich mit Authentizität dafür kämpfe, was ich tue.* Ich habe verkäuferisches Talent und bin begeisterungsfähig. Diese Begeisterungsfähigkeit mache ich mir zunutze, indem ich mir Jobs suche, hinter denen ich auch stehe. Das habe ich konsequent bei allen meinen bisherigen Jobs gemacht. Es ging ganz unorthodox los. Ich war Assistent der Geschäftsleitung in einem Otterzentrum, einem Freizeitpark, in dem Otter- und Marderarten gezeigt wurden. Das war eine sehr schöne Zeit. Dann bin ich zu Enercon gewechselt und habe in Ostfriesland Windenergieanlagen verkauft. Dreieinhalb Jahre habe ich damals in Aurich gelebt und gearbeitet, war erst als Vertriebsmitarbeiter tätig und wurde schon nach einem Jahr Vertriebsleiter für Deutschland. Ich hatte fünf Vertriebsbüros, fünfundzwanzig Mitarbeiter und ein tolles Geschäft. Zwischen einem Otterzentrum und Windenergieanlagen gibt es ja eigentlich keinen Zusammenhang. Aber mein roter Faden war, dass ich beide Aufgaben voll und ganz mit dem Herzen vertreten konnte.

Die gleiche Triebfeder hat mich dann zu Merlin gebracht, heute Merlin Entertainments, der zweitgrößte Betreiber von Freizeitanlagen in der Welt hinter Disney. Das Unternehmen ist in Deutschland bekannt durch Legoland, Madame Tussauds, dem Hamburg Dungeon und die Sealife Center. Für Merlin habe ich zwölf Jahre gearbeitet: Ich fing 1996 als Manager vom Timmendorfer Strand an und baute diesen kleinen Standort auf. Das war der erste Sealife Standort in Deutschland. Meine Aufgabe war es, weitere geeignete Standorte zu finden. Der erste war so erfolgreich, dass man einen Roll out plante und verschiedene Freizeitattraktionsmarken nach Deutschland bringen wollte. Die zehn Sealife Center waren meine Projekte. Und auch für den Hamburg Dungeon in der Speicherstadt habe ich den Standort gesucht, verhandelt und unter Vertrag gebracht. Dann habe ich den Standort aufgebaut und ans operative Geschäft abgegeben.

▸ Dann sind Sie räumlich in der Nähe geblieben.

Im gleichen Gebäude sogar. Ich musste mein Auto sozusagen nur zwanzig Meter weiter links parken. Stage hatte mich angesprochen für die Position des Deutschland-Geschäftsführers. Ich hatte eigentlich überhaupt keine Intention, von Merlin wegzugehen, denn es hat mir dort sehr gut gefallen. Aber ich konnte dem Reiz des Neuen und Besonderen nicht widerstehen. Ehrlich gesagt war es für mich schon nach zehn Minuten klar, als ich das Angebot bekam. Ich musste versuchen, noch ein bisschen länger meinen Kopf einzuschalten, aber das war hoffnungslos, weil ich im ersten Moment wusste: Wenn ich das nicht mache, werde ich es mein Leben lang bereuen. Denn Stage Entertainment ist eine große Gruppe mit fantastischen Theaterproduktionen, wie dem „König der Löwen" oder „Tarzan", aber auch eigenständig entwickelten Shows wie „Sister Act"; „Ich war noch niemals in New York" oder „Hinterm Horizont" . Bei Eigenproduktion denken wir uns selbst die Ideen für das neue Stück aus, bringen die entsprechenden Kreativen wie Komponisten, Autoren und Regisseure zusammen, setzen es um und bringen es an den Markt.

Ich bin sehr froh, diesen beruflichen Schritt gemacht zu haben und habe die Entscheidung auch nie bereut, ganz im Gegenteil. Im Vergleich zu Merlin richtet sich Stage an einen anderen Markt aber die Funktionalitäten sind ähnlich, denn beides ist Live Entertainment. Der Aufbau einer Theaterproduktion ist genauso spannend wie die Schaffung eines neuen Sealife Centers. Perfekte Gastgeber sein und exzellente Qualität im Angebot des Live Entertainment abliefern, auch das teilen beide Unternehmen. Eine Theaterpremiere ist wie eine Standorteröffnung eines Sealife Centers. Das Fieber ist das gleiche.

Und das meine ich auch mit meinem Wertebegriff: *In einem Bewerbungsgespräch ist für mich das Wichtigste, was mir ein Bewerber zeigen muss, die Motivation.* Alles andere ist mir eigentlich egal. Was treibt ihn, diesen Job haben zu wollen. Wenn er mir glaubhaft vermitteln kann, dass er an dem Inhalt des Jobs Interesse hat, dann ist er ein ernstzunehmender Kandidat. So lebe ich auch. Ich versuche, das als Vorbild auch mit der entsprechenden Passion zu leben.

*Ich bringe uns regelmäßig zu dem Punkt, dass wir uns mit dem Inhalt beschäftigen, was wir tun und nicht mit den Randbedingungen.* Wir kommen immer wieder auf den Kern des Ganzen zurück: Wir sind Gastgeber, wollen unsere Zuschauer glücklich machen und ihnen einen Abend gestalten, den sie ihr ganzes Leben lang nicht vergessen. Das ist eine hohe, aber erreichbare Messlatte. Wenn man den „König der Löwen" gesehen hat, dann vergisst man das eigentlich nicht mehr. Unsere Gäste reisen oft aus großer Distanz an und verbringen ein ganzes Wochenende in Hamburg, nur um eines unserer Musicals zu sehen. Nach einer Erhebung der Stadt Hamburg geben unsere Besucher an einem solchen Wochenende im Durchschnitt 730 Euro für zwei Personen aus. Darin ist unser Ticket noch nicht einmal enthalten. Sich der Verantwortung bewusst zu sein, diesen Menschen einen ganz besonderen Abend bereiten zu dürfen, der sie nachhaltig prägt und von dem sie ihren Kindern, Nachbarn und Freunden erzählen: Das ist es, was unsere Mitarbeiter bei antreiben sollte.

▸     Mit welchen Werten führen Sie Ihr Unternehmen?

Ich habe vier P's nach denen ich führe. Das ist auch meine persönliche Richtschnur. Pragmatisch, professionell, partnerschaftlich und passioniert. Diese vier Leitbilder versuche ich, in Einklang zu bringen. Auch wenn sie sich alle regelmäßig widersprechen. Es ist schwierig, partnerschaftlich zu sein und trotzdem professionell. Ich muss an meinen Partner denken, aber ich muss auch wie ein Kaufmann denken. Ich muss passioniert sein, aber trotzdem professionell. Ohne Passion geht das alles überhaupt nicht. Hier bei Stage trifft man eine hohe, hohe Identifikation mit dem, was die Kollegen tun. Wir haben nicht das Problem, wie Banken oder 08-15 Firmen, bei denen das Produkt überhaupt nicht interessant ist. Es ist einfach, die Leute für ihre Arbeit zu begeistern. *Die Passion kann man leicht säen und ernten.*

▸     Sind die Werte für Sie gleichrangig oder ist Passion der Wert mit der größten Bedeutung?

Fakt ist: Wir müssen Gewinne erwirtschaften. Wir kriegen keine Steuer- oder Subventionshilfen. Wir sind ein ganz normales Wirtschaftsunternehmen, schaffen es aber – toi, toi, toi – in dieser Branche zu überleben. Unser Glück ist es, dass wir ein inhabergeführtes Unternehmen sind und keine Anforderungen von Dritten wie z. B. Private-Equity-Firmen im Nacken haben. Man kann froh sein, wenn man einstellige Renditen erwirtschaftet. Wir sind das einzige Unternehmen in diesem Genre, das in dieser Größenordnung funktioniert. Unser Ziel ist es, uns selbst und neue Produktionen aus unserem Cashflow zu finanzieren. Ein städtisches Theater – auch wenn es gut funktioniert – schafft es vielleicht fünfzig Prozent seiner Kosten zu erwirtschaften. Die Masse ist fremdfinanziert.

▸     Wirtschaftlichkeit steht demnach im Spannungsfeld zu den genannten Ps.

Darauf wollte ich hinaus. Wir haben dieses Spannungsfeld. Wir müssen bei allem, was wir tun, immer eine ökonomische Brille aufhaben. Allein in Deutschland beschäftigen wir 1800 Mitarbeiter. In unserer verhältnismäßig kleinen Firma gibt es über 180 Stellenbeschreibungen. Das ist wahnsinnig viel, wenn man bedenkt, dass die neun Theater alle gleich strukturiert sind. Die Vielfältigkeit an Jobs in der Firma ist unglaublich hoch. Den Spagat zwischen diesen verschiedenen Fakultäten hinzukriegen, ist sehr anspruchsvoll.

Die höchste Herausforderung besteht darin, das Verständnis füreinander zu wecken, dass wir alle an einem Strang ziehen und nur zusammen leben können – und das gleichzeitig unter einem ökonomischen Gesichtspunkt. Wir brauchen so viele unterschiedliche Jobs, das macht unsere Stärke aus, denn dadurch können wir so was wie „Rocky" allein entwickeln und auf die Bühne bringen. Eine vergleichbare Unternehmensstruktur gibt es noch nicht einmal am Broadway oder am West End. Da muss man sich zwölf bis dreizehn Firmen suchen, die alle für die Entwicklung, die Vermarktung und vor allem dem tagtäglichen Betrieb eines Musicals erforderlichen Gewerke abbilden. Aber diese zwölf bis dreizehn Firmen in einem Haus zu haben und zu wissen, *der Kollege ist professionell, ich erkenne seine Leistung an und glaube, dass er sein Bestes tut: Auf diese Einstellung kommt es an.* Dies im Alltag hinzubekommen ist eine große Herausforderung. Doch die Passion ist unser gemeinsamer Schirm. Das ökonomische ist es nicht. Das ist kein Wert, der Identifikation schafft.

▸     Wie ist das Thema organisatorisch verankert?

Wir haben mit dem Kern meiner Mitarbeiter verschiedene Dinge entwickelt, Auch auf Papier Gedrucktes, was wir versuchen im Alltag zu leben, Aber ohne wirkliche Konsequenz. Wir haben vor kurzem eine umfassende Mitarbeiterbefragung mithilfe eines externen Instituts durchgeführt. Da geht es darum, Missstände, falsche Orientierung, Führungsprobleme und Frustrationen aufzudecken. Wir haben unseren Mitarbeitern auch kommuniziert, dass wir diese Befragung und die daraus folgenden – großteils von den Mitarbeitern selbst mit entwickelten – Veränderungsschritte transparent führen und dokumentieren.

Natürlich haben wir auch Strategietage, in denen wir grundsätzliche Planungen und Richtungen diskutieren, aber da geht es weniger um Werte.

▸     Das ist der klassische Fall.

Ja. Ich glaube, es gibt Unternehmen, in denen es noch mehr Notwendigkeit gibt als bei uns.

▸     Wenn es eine Not zu wenden gibt, stecken Unternehmen auch oft schon in der Krise.

Das mag sein. Ich habe vor drei Jahren eine dreisäulige Staff Academy eingeführt. Da geht es einmal um Persönlichkeitsentwicklung, um eine fachliche Weiterbildung und Crossover-Kurse. Das bedeutet, dass Mitarbeiter aus diesem Haus Kollegen aus einem anderen Bereich darüber informieren, was sie tun, um Brücken zu bauen. Jemand, der in einem Theater Backstage als Crew-Mitglied Beleuchtung macht, der hat nicht das geringste Verständnis dafür, was Zentralabteilungen tun, geschweige denn, warum wir es tun. Umgekehrt genauso. *Die Heterogenität bei uns ist gigantisch. Das ist ja mein Alltagskampf hier.* Zwischen diesen verschiedenen Bereichen gibt es ein großes Unverständnis, eine grundlegende Skepsis dem anderen Bereich gegenüber, weil der so anders gelagert ist. Wir haben die große Kluft zwischen Theater und Kommerz. Wir sind die Zentrale und damit der Kommerz, und die Theater sind Kulturbetriebe, so empfinden sie sich auch. Das Alles ist untrennbar miteinander verbunden. Nur das Dreigestirn aus Zentrale, den Theatern und dem Gesamtstärken von Stage ist überlebensfähig.

Die Staff Academy ist auch aus diesem Grund ins Leben gerufen worden. Die Crossover-Kurse finden eine sehr große Akzeptanz. Scheinbar langweilige Kurse „Wie rechnet sich ein Business Case für eine Show"- sind die beliebtesten Kurse von allen. Da gehen dann Leute aus dem Theater hin und hören sich drei Stunden Vorträge von unserem CFO an. Das freut mich sehr. Das schafft gegenseitiges Verständnis, das schlägt Brücken. Regelmäßiges Feedback nach diesen Kursen ist: „Ich hätte nie gedacht, dass da so viel Know-how und Gedankengut in diesem Bereich steckt."

Für die Persönlichkeitsentwicklung gibt es die normalen Tools, wie man Mitarbeiter führt, z. B. Feedbackgespräche. Sie dienen dazu, dass man sich regelmäßig mit seinen Leuten zusammen setzt, um ehrliches Feedback zu erhalten und nicht nur Pseudo-Gespräche zu führen. Es gibt keine spezielle Agenda, sondern es geht um das Miteinander in einer persönlichen Situation, wie man sich z. B. innerhalb der Firma aufgenommen fühlt.

Aus all diesen Maßnahmen glauben wir zu wissen: Unsere Mitarbeiter sind hoch motiviert. Das hören wir auch von allen Externen, die wir ins Haus holen. Sei es der Wirtschaftsprüfer oder Coaches. Die sind beeindruckt von dem Enthusiasmus, der bei uns herrscht. Die Leute sind bereit, sehr viel für diesen Job zu geben. Überstunden, wenn es erforderlich ist, Wochenendarbeit sowieso: Das ist im Theater ebenso wie in den anderen Abteilungen nahezu selbstverständlich. *Die Triebfeder, sich für seine Sache krumm zu legen, ist unheimlich stark.* Das ist ein toller Wert. Das liegt sicherlich an dem sehr emotionalen Produkt und dem unmittelbaren Zugang. Wir sind nicht wie ein Müsliriegelhersteller, der auf der Straße vielleicht mal das Glück hat, ein Kind zu sehen, das mit Grinsen seinen Müsliriegel isst. *Wir sehen die Leute bei uns im Theater heulen und lachen. Jeden Abend.*

▸    In welchen Situationen haben Sie das letzte Mal gemerkt, dass Unternehmenswerte gelebt oder auch nicht gelebt werden?

Ein wesentlicher Wert für mich, ist es, zu verinnerlichen, dass wir eine Firma sind. Das ist weitestgehend noch nicht vollzogen. Ein Mitarbeiter in Berlin identifiziert sich vorrangig mit seinem Haus und mit seinem Genre, aber nicht mit Stage Entertainment. *Diese Identifikation zu erreichen, ist für mich eine große Aufgabe. Das werde ich wahrscheinlich nicht komplett schaffen, aber da besser zu werden, ist für mich ein ganz großes Ziel.*

Ich habe aktuell ein sehr schönes Erlebnis gehabt. Die drei Hamburger Theaterleiter sind aktiv auf mich zugekommen. Sie hatten von mir gehört, dass ich für Mitarbeiter der Zentrale, sogenannte Infotresen in den Theaterfoyers einrichte. Zunächst erst mal in Hamburg als Testphase. Kollegen aus der Zentrale tragen sich freiwillig in Listen ein. Sie besetzen dann in ihrer Freizeit abends vor der Show, in der Pause und nach der Show einen Infotresen im Foyer unserer Theater um – mit einem klar sichtbaren Button ausgestattet – für unsere Gäste da zu sein, wenn sie was wissen wollen. „Wann geht die Fähre vom ‚König der Löwen' wieder zurück auf die andere Seite?", „Wie lange dauert die Show?", „Wo sind die Toiletten?". Die Idee war, näher an unsere Gäste heranzukommen. Die Distanz der Kollegen, die hier in der Zentrale arbeiten, zu unseren Gästen ist sehr groß. Die würde ich gern durchbrechen, um wieder den Kern dessen, was wir tun, in den Vordergrund zu bringen. Und gleichzeitig den Mitarbeitern im Theater zu vermitteln, dass sich die im Kehrwieder kümmern und sich interessieren und auch mal im Theater präsent sind. Besonders deutsche Firmen kämpfen oft damit, dass sie sehr weit vom Gast entfernt sind.

Die Hamburger Theaterleiter waren inspiriert von dieser Idee und wollten die Backstage-Führungen wieder aufleben lassen. Das heißt: Externe, Gäste, wer immer will, kann im Rahmen einer ganz normal gebuchten Führung durchs Haus gehen und besucht z. B. die Maskenabteilung. Das war die Antwort auf den Infotresen, weil auch das die Nähe zum Gast zeigt. Genau dies ist der Spirit, den ich möchte.

Wir setzen das Personal in unseren Vorderhäusern bis auf die Leitung über eine externe Dienstleistungsgesellschaft ein. Entsprechend ist nahezu keiner unserer Mitarbeiter mehr im Vorderhaus tätig. Die einzigen Mitarbeiter, die noch beruflichen Kontakt zu unseren Gästen haben, sind die an den Abendkassen. Auf der Bühne hat man keinen direkten Kontakt zu den Gästen. Die Darsteller spüren Reaktionen im Publikum und genießen den Beifall, doch es bleibt eine Distanz. Der Gast ist im Saal. Der Künstler spricht nicht mit ihm. Das Callcenter, das unsere Tickets verkauft, ist auch ein externes Unternehmen. Alle Punkte, an denen wir mit dem Gast unmittelbar in Kontakt treten könnten, wurden also ganz bewusst abgeschnitten. Das kann und will ich nicht zurückdrehen. Dahinter steckt auch eine kommerzielle Logik. Aber das hat den Nachteil, dass weder die Mitarbeiter im Theater noch die im Kehrwieder einen natürlichen Kontakt zu den Gästen haben.

Wir haben ferner „Das kleine Gastspiel" eingeführt. Das ist eine Roadshow, die ich mit Mitarbeitern aus der Zentrale gemacht habe und jetzt regelmäßig fortsetze, bei der wir sämtliche Informationen, die wir über unsere Gäste haben, mit unseren Mitarbeitern teilen. Wir zeigen Filme, wie wir unsere Zuschauer nach Hause begleitet haben, wie sie sich schön machen für ihren „Tarzan"-Besuch, was sie davor sagen, wie sie mit ihren Nachbarn darüber reden, also eine Art klassischer Marktforschung. Damit zeigen wir, was unsere Gäste denken, was sie fühlen, wo sie übernachten, warum sie Tickets für unsere Shows kaufen. Das ist ein Weg, um mehr Nähe zu den Gästen zu schaffen, oder zumindest Verständnis.

▸    Wo sehen Sie noch Potenziale bei der Umsetzung Ihrer Unternehmenswerte?

Partnerschaft ist ganz, ganz wichtig für mich. Die Akzeptanz und auch das Schätzen der Dinge, die uns stark machen. Ohne die Zentrale geht es nicht, ebenso wenig ohne das einzelne Theater. Aber eben auch wieder nur in ihrer Gesamtheit: Das Theater des Westens braucht das Metronom in Oberhausen, obwohl die Kollegen in diesen beiden Häusern sich im normalen Alltag wenig füreinander interessieren. Nur weil wir so viele Theater haben, verringern wir unsere Risiken und sind attraktiv für Lizenzgeber. Einen „König der Löwen" hätten wir andernfalls kaum bekommen.

Um uns von Lizenzgebern etwas unabhängiger zu machen, sind mittlerweile ca. die Hälfte unserer Shows Eigenproduktionen. „Rocky" z. B. ist eine solche Eigenproduktion. Silvester Stallone und Wladimir und Vitali Klitschko sind unsere Co-Produzenten. Wir haben die Rechte von Stallone gesichert, weil er das Buch geschrieben hat. Mit dem weltweit exklusiven Bühnenrecht an „Rocky – Das Musical" haben wir eine Show entwickelt, die uns gehört. Wer die haben möchte muss eine Lizenzgebühr an uns entrichten. Dies ist im Musik- oder Literaturgeschäft eine ganz wichtige Drehschraube. Darin steckt für uns noch sehr viel Musik im monetären Sinn. Es hilft, das Geschäft auszubalancieren. Wenn wir eine eigene Show rausbringen, ist das ein großes Risiko. Wir müssen zunächst sehr viel Geld ausgeben, ehe wir durch Ticketeinnahmen etwas zurückbekommen. Mit Glück amortisiert sich ein großes Musical in ein bis zwei Jahren. Bis dahin haben wir 15 bis 20 Millionen Euro ausgegeben. Hinzu kommen die laufenden Kosten eines Theaters und der Produktion, in der Regel eine deutliche sechsstellige Summe pro Woche. Da ist es hilfreich, wenn wir bei den Ticketeinnahmen auch aus dem Lizenzgeschäft Einnahmen erzielen können. Unsere Eigenproduktion „Ich war noch niemals in New York" wurde z. B. in Wien von dortigen Produzenten zu ihren Kosten auf die Bühne gebracht und wir erhielten dafür Lizenzeinnahmen. In unserem sehr volatilen Geschäft kann genau eine solche Lizenzvergabe dazu beitragen, dass man sich auch mal einen Flop erlauben kann – denn es gibt immer wieder einmal Produktionen, die beim Publikum nicht so gut ankommen, dass wir unsere Investition zurückverdienen. Damit müssen wir leben und umgehen.

Die Eigenproduktionen haben unser externes und internes Image verbessert. Der Stolz, für dieses Unternehmen zu arbeiten und die Akzeptanz nach außen, hat dadurch nochmal einen Quantensprung gemacht. Plötzlich versteht man: „Hamburg ist jetzt Exportstandort für Musicals." Nach New York und London ist Hamburg der drittgrößte Musicalstandort der Welt. Jede sechste Hotelübernachtung in Hamburg findet aufgrund von Stage Entertainment Musicalbesuchern statt. Das haben die städtischen Verantwortlichen auch durchaus verinnerlicht. Das Ohnsorg, Schmidts Tivoli oder Schauspielhaus sind allesamt verdienstvolle Bühnen, doch machen ihre Besucherzahlen zusammen genommen nicht einmal 10 Prozent von unseren aus. Man hat begriffen, dass wir ein Aushängeschild sind. Ich denke, Eigenproduktionen bergen auch für die Zukunft noch ganz viel Potential.

▶     Welche Werte werden aus Ihrer Sicht zukünftig für Ihr Unternehmen an Bedeutung gewinnen?

Da unsere Eigenproduktionen zunehmen werden, gewinnen Werte wie Kreativität, Entwicklung und Flexibilität an Bedeutung. Die Kollegen, die gerade an „Rocky" arbeiten, sind so akribisch, qualitätsorientiert und setzen so hohe Maßstäbe an sich selber, dass es eine Freude ist. Sie wirken an einer Weltpremiere mit und schaffen etwas, das größer ist als sie selber. *Mir macht das ja auch Spaß, den Mitarbeitern einen Job zu bieten, auf den sie stolz sind.*

▶     Aus Ihrer Erfahrung, welches wären die wichtigsten Dos und Don'ts bei der werteorientierten Führung?

Wenn ich mir werteorientiertes Führen als Prämisse setze, ist Intransparenz einer der tödlichsten Fehler. Wenn ich Befehlsempfänger als Mitarbeiter möchte und mir das ausreicht, kann ich Intransparenz leben. Dann führen die Leute das aus, was ich sage, ohne den Sinn und Zweck nachvollziehen zu können. Wenn ich nicht wenigstens versuche zu erklären, was wir tun – auch wir im Managementteam – , dann schaffe ich weder eine Gemeinschaft noch Solidarität und auch keine Identifikation. Das ist für mich das Wichtigste, was ich versuchen muss hinzubekommen: zumindest bei den wesentlichen Dingen eine Transparenz herbeizuführen.

Das werteorientierte Führen ist für mich schon die höhere Schule des Führens. Es ist bestimmt auch möglich, ohne eine bestimmte Werteorientiertheit zu führen. Ich habe Gott sei Dank noch in keinem Unternehmen gearbeitet, bei dem werteorientierte Führung keine Rolle spielte. Aber ich kann mir durchaus vorstellen, dass es solche Firmen gibt. Es muss eine Grundsubstanz geben, damit überhaupt werteorientiert geführt werden kann: Fairness und Transparenz bilden den Sockel, den ich an Qualitäten erst mal haben muss, bevor ich mir den Anspruch geben darf, werteorientiert zu führen.

Es gibt große Unterschiede im Anspruch an Werte z. B. „Altruismus". Ein Wert schafft einen Antrieb. Auch durch Transparenz bekomme ich einen Antrieb, keine Frage. Doch eine werteorientierte Führung, die wirklich hochstehende qualitative Ziele beinhaltet, ist in ihrer Wirksamkeit deutlich höher anzusiedeln. *Wenn ich authentisch Werte im Unternehmen anlege kann ich so viel Energie freisetzen.* Das ist überhaupt nicht vergleichbar mit der Energie, die ich durch Transparenz herbeiführen kann. Verstehen Sie was ich meine?

▸ Sie meinen die ethischen Werte.

Reichtum ist auch ein Wert. Für Sie ist das vielleicht klar, weil Sie sich mit dem Thema beschäftigen. Für mich ist die etwas volkstümliche Interpretation des Wortes „Wert" die ethische. Sie haben vollkommen Recht: Natürlich ist materielle Sicherheit auch ein Wert. Da gibt es unheimliche viele Abstufungen und Schattierungen. Und dann gibt es die Grundwerte. Ja, ich will einen sicheren Arbeitsplatz haben. Ja, ich erwarte in meinem Lebensumfeld und durchaus auch am Arbeitsplatz eine Art von Transparenz, Offenheit und Achtung.

▸ Welche Werte sollten gesellschaftlich in Zukunft größere Beachtung finden?

Ein Aspekt unserer Branche ist: Ich muss als Gast einer unserer Shows aus dem Haus raus und mich mit anderen Menschen in einen Saal setzen. Ich schließe mich nicht vor meinem Laptop zu Hause im Zimmer ein und chatte mit Menschen, die ich gar nicht kenne. Ich lebe und genieße aktiv Gemeinschaft und empfinde dies als etwas Positives. *Wir erreichen jedes Jahr Millionen Menschen, die ein hochemotionales Gemeinschaftserlebnis haben.* So emotional, wie es kaum etwas anderes sein kann. Wenn man einen guten Stoff hat, dann heult jeder, der nicht aus Eisen gemacht ist. Das erlebe ich als Zuschauer gleichzeitig und gemeinschaftlich mit mehr als tausend Menschen im Saal. Das finde ich einen ganz wichtigen Aspekt, gerade in der heutigen Zeit. Die Leute arbeiten auf Distanz, Partnerschaften werden auf Distanz gelebt. Das gilt auch für Firmen. Viele Menschen arbeiten immer mehr virtuell. Die Anzahl der Menschen, die vor Bildschirmen arbeitet, wird immer größer. Das Unechte, Indirekte als Alltagspartner ist wachsender Bestandteil unseres Lebens, siehe Facebook. *Das Echte zu bewahren, das Miteinander live zu erleben, das finde ich einen großen Wert.*

▶    Prägen Sie mit Ihren Unternehmenswerten die Gesellschaft?

Das ist mein großer Anspruch. Ich bin hier mit zwei Wünschen angetreten: Ich wollte erstens daran mitarbeiten, dass das Thema der Wiedervereinigung auf die Bühne gebracht wird. Theaterbühnen sind Verarbeitungsorte für gesellschaftliche Momente. Große Schlachten, große Dramen, alles fand und findet auf Bühnen statt. Das größte positive Moment, was dieses Volk erlebt hat, ist die Wiedervereinigung Deutschlands gewesen. Positive Erlebnisse, die ein Volk wirklich nachhaltig beeinflussen, gibt es gar nicht so viele. Unser Musical „Hinterm Horizont" läuft seit Januar 2011 in Berlin, mit Udo Lindenbergs Musik. Mein zweiter Wunsch war, einen neuen Stoff zu „Romeo und Julia" oder „West Side Story" zu entwickeln, wo es um Toleranz, Andersartigkeit und das miteinander umgehen geht, eingebunden in eine Liebesgeschichte. Dieses Thema war vor zweitausend Jahren relevant, und es wird heute immer relevanter. Von den Religionskriegen angefangen bis zur Andersartigkeit der Menschen, die zusammen leben in Neukölln, London, New York, überall. *Das große Thema der Akzeptanz, Toleranz und des Umgangs miteinander, ohne sich selbst dabei aufzugeben. Das ist vielleicht die größte Herausforderung, die die Menschheit hat.* Dafür stehen Stücke wie „Romeo und Julia" und „West Side Story". Aber wie sieht die künstlerische Umsetzung dieses Stoffes heute aus? Ein solches Stück zu schaffen, das war meine zweite Triebfeder. Das sind Stoffe, die große Werte vermitteln können.

Udo Lindenberg steht für große Werte. Er ist ein zutiefst authentischer Mensch. Er vermittelt: Lass Dich nicht davon beeindrucken, was andere denken. Wenn Du an etwas glaubst, dann kämpfe dafür. Notfalls auch mit der Konsequenz, es sich mit allen zu vergraulen. Wenn Du aber aus tiefer Überzeugung gegen ein Establishment bist, dann tu was dagegen.

Es gibt viele Musicals, die Menschen stark beeinflusst haben. Wenn Sie „Miss Saigon" in einer guten Inszenierung gesehen haben oder auch „West Side Story", dann sind das Erlebnisse, die lange nachwirken und ganze Generationen beeinflussen und verändern können. Ich bin stolz darauf „König der Löwen" zu spielen. Das ist ein guter Stoff. Das ist Hamlet als Fabel und künstlerisch überragend umgesetzt. Wunderbar. Wobei wir beim Anfang wären: Die Sinnhaftigkeit dessen, was ich tue, hat oberste Priorität für mich.

▶    Welche privaten Werte sind für Sie wichtig?

Die Gleichen, die ich zuvor beschrieben habe. Da gibt es überhaupt keinen Unterschied. Ich kann sie nur noch viel konsequenter privat als beruflich leben. Ich würde es auch nicht akzeptieren, wenn es anders wäre. Da würde ich mich ja verbiegen. Das habe ich schon in der Schule gewusst, das geht schief. Das, was ich beruflich tue, entspricht meinem tiefsten Ich.

▶    Vielen Dank für das Gespräch.

**WertSchätze für den Führungsalltag[1] ...**

**Begeisterung**
Sich mit Leidenschaft und Herz engagiert für seine Arbeit einzusetzen.

**Einigkeit**
Die standortübergreifende Identitätsbildung stellt eine besondere unternehmerische Herausforderung dar.

**Verständigung**
Bereichsübergreifende Aktivitäten fördern das gegenseitige Lernen.

Neben einem Zuwachs an Wissen steigt auch die Wertschätzung gegenüber dem Arbeitsbeitrag der Anderen.

**Nähe**
Die Nähe zum Gast und Kunden verdichtet die Aufmerksamkeit auf die Kernaktivitäten und den Sinn und Zweck des unternehmerischen Handelns.

**Wirkung**
Die positive Wirkung der eigenen Arbeit im Kundenkontakt erleben zu können ist hochmotivierend.

Prägt man durch sein Schaffen Menschen erhält die persönliche Tätigkeit eine besondere Tiefe.

---

[1] Diese Werte sind eine Gesprächsreflektion der Autorin. Dabei wurden bewusst spezifische Werte herausgegriffen.

# Dem Fortschritt verpflichtet

## Prof. Dr. Dr. h.c. Helmut Dosch, Vorsitzender des Direktoriums Deutsches Elektronen-Synchrotron DESY

**Gesprächspartner: Prof. Dr. Dr. h.c. Helmut Dosch, Vorsitzender des Direktoriums des Deutschen Elektronen-Synchrotrons (DESY)**

Prof. Dr. Dr. h.c. Helmut Dosch, geboren 1955 in Rosenheim, studierte Physik an der Ludwig-Maximilians-Universität in München. Nach seinem Diplom forschte er als Graduiertenstudent am Institut Laue-Langevin in Grenoble und promovierte 1984 zum Thema diffuse Neutronenstreuung an Metallen in München. 1985 verbrachte er zwei Jahre als Postdoc an der Cornell University, danach leitete er zwischen 1987 und 1991 eine Projektgruppe in München. 1993 erhielt er Rufe an die Universitäten Würzburg und Wuppertal, von 1994 bis 1997 leitete er den neueingerichteten Lehrstuhl für kondensierte Materie am Institut für Materialwissenschaften der Universität Wuppertal. Im November 1997 wurde er Wissenschaftliches Mitglied der Max-Planck-Gesellschaft und Direktor am Max-Planck-Institut für Metallforschung

K. Girbig, *Wertemanagement*, DOI 10.1007/978-3-658-02616-5_6,
© Springer Fachmedien Wiesbaden 2014

und seit Februar 1998 gleichzeitig Ordinarius für Festkörperphysik an der Universität Stuttgart.

Seit dem 2. März 2009 ist er Vorsitzender des Direktoriums des Deutschen Elektronen-Synchrotrons (DESY) in Hamburg.

Herr Dosch ist Mitglied verschiedener nationaler und internationaler Beratungsgremien und hat zahlreiche Auszeichnungen erhalten.

▸   Was verstehen Sie unter Werten?

Unter Werten verstehe ich moralisch erstrebenswerte Eigenschaften oder Ideale. Bezogen auf DESY stellen diese Eckpfeiler unserer Unternehmenskultur dar. Sie geben Antworten auf die Frage wie wir unser tägliches Miteinander und unseren Beitrag zu Forschungszielen im Alltag verstehen und gestalten wollen. Wir haben diese Unternehmensphilosophie kürzlich in Leitbildern verankert. Die Erarbeitung dieser Leitbilder war ein spannender Prozess.

▸   Mit welchen Werten führen Sie Ihr Unternehmen?

Wir sind ein mit öffentlichen Mitteln finanziertes Forschungszentrum. Damit stehen wir natürlich in der Pflicht die öffentlichen Gelder verantwortlich im Wissenschaftsbetrieb einzusetzen. Ein wesentlicher Wert ist die exzellente Forschung. Mit dieser möchten wir in die Region und die Gesellschaft wirken. Wir wollen sowohl mit der Gesellschaft als auch mit der Wirtschaft zusammen hier in der Region eine Entwicklung steuern, die die Gesellschaft weiterbringt.

Zudem ist gegenseitige Wertschätzung und ein respektvoller, fairer Umgang grundlegend für ein erfolgreiches Miteinander.

Besonders Kooperationen stellen für uns einen wichtigen Wert dar. Bei uns im Zentrum betreiben jährlich mehr als 3000 Gastwissenschaftler und Kooperationspartner aus dem In- und Ausland Wissenschaft. Das Thema Nachhaltigkeit rückt bei uns aktuell stärker in den Vordergrund. Hierzu muss ich jedoch sagen, dass dies erst in den letzten Jahren wichtiger geworden ist. Die Zukunftsentwicklung des Zentrums, wird nicht ohne eine verstärkte Sensibilisierung auf nachhaltige Themen funktionieren.

▸   Welcher Wert hat für Sie die größte Bedeutung?

Klarerweise hat für mich die Exzellenz der Forschung eine überragende Bedeutung. *Die internationale Spitzenstellung in der Wissenschaft ist die Überlebensstrategie unseres Unternehmens.* Ist diese nicht gegeben, gerät das Zentrum in eine Schieflage, die durch nichts mehr aufzufangen wäre. Kooperation ist auch besonders wichtig, weil wir mit unseren Forschungsanlagen Forschungstechnologien zur Verfügung stellen und mit nationalen und internationalen Partnern zusammenarbeiten. Um Exzellenz in der Wissenschaft zu sichern, sind Kooperationen besonders wichtig. Kooperation ist ein entscheidender Teil unserer Identität.

▸　Wie erwecken Sie die Werte im Arbeitsalltag zum Leben?

Wir wissen gar nicht genau, wie gut wir das schaffen. Wir haben eine Organisationsstruktur, die von oben nach unten relativ transparent ist: Vom Direktorium bis zu den Gruppenleitern versuchen wir eine Führungskultur zu leben. Wir führen natürlich Mitarbeitergespräche, in denen unsere Führungskräfte ihren Mitarbeitern unsere Ziele verdeutlichen und klare Strukturen, Werte und Prozesse zum Erreichen unserer Ziele aufzeigen. Ich behaupte nicht, dass wir da schon optimal arbeiten. Aber wir versuchen nachzuhalten, dass Werte und Leitplanken auch in den Gruppen gelebt werden.

▸　Gibt es zusätzlich zu diesem wünschenswerten Multiplikationseffekt durch Führung noch andere Wege, die Werte umzusetzen?

Wir haben natürlich interne Medien und themenspezifische Veranstaltungen, in denen wir über Nachhaltigkeit, Energiethemen und Sicherheitsfragen diskutieren. Die Hoffnung ist, die Mitarbeiter so mitzunehmen und für diese Themen zu begeistern. Zum Beispiel nehmen wir die – ein Glück seltene – Situation eines Unfalls zum Anlass, zusätzlich zu den üblichen Maßnahmen, Sicherheit am Arbeitsplatz zu thematisieren. Ich denke, dass wir in vielen Bereichen sehr aktiv sind und zum Teil beinahe eine Vorreiterrolle einnehmen in anderen Bereichen besteht ein größerer Handlungsbedarf. Dies wird auch so zur Kenntnis genommen.

▸　Reicht eine reine Zur-Kenntnisnahme aus?

Natürlich nicht. *Unsere Mitarbeiter sollen unsere Werte verstehen, verinnerlichen und danach handeln.* Zuerst müssen sie zur Kenntnis nehmen, dass dies ein Thema ist, was jeden betrifft.

▸　Wie ist das Thema organisatorisch verankert?

Wir haben keine Task Force, die sich darum kümmert, ob das Wertesystem richtig verankert wird. Es ist auch die Aufgabe der Forschungsdirektoren, die Unternehmenskultur in ihre Bereiche hineinzutragen. Es gibt in wirklich sehr vielen Bereichen bereits seit Jahren enorme Aktivitäten in Form von verschiedensten Veranstaltungen.

▸　In welchen Situationen haben Sie das letzte Mal gemerkt, dass Unternehmenswerte gelebt oder auch nicht gelebt werden?

Ich wüsste gar nicht, wann sie nicht gelebt wurden. Wir sehen natürlich im Forschungsalltag wie Erfolge das Zentrum positiv spannen. Zum Beispiel führt Berichterstattung in den Medien über Erfolge von DESY zu erhöhter Motivation der Mitarbeiter. Die Mitarbeiter sind stolz in unserem Forschungszentrum zu arbeiten. Das heißt für mich, dass nicht nur die Richtung sondern auch die Art und Weise, wie wir vorgehen, stimmt.

▸     Wo sehen Sie noch Potenziale bei der Umsetzung Ihrer Unternehmenswerte?

Wir müssen unseren Wissenstransfer in die Gesellschaft noch verbessern. Das liegt nicht nur an uns. Zum Transfer gehören immer zwei. Wir bemühen uns die Partner, die von unserem Wissenstransfer profitieren, mehr in unsere Kultur einzubeziehen. Zum Teil gibt es Sprachbarrieren bei der Kommunikation mit Unternehmen, die sich schließlich in einer völlig anderen Welt bewegen.

▸     Das sehen die Firmen spiegelbildlich wahrscheinlich genauso.

Beide Seiten müssen sich mehr aufeinander einstellen. Mittlerweile sind wir diesbezüglich relativ gut sensibilisiert. Das Gleiche gilt für Nachhaltigkeit und Wissens- und Technologietransfer; Themen mit denen wir uns in der Zukunft mehr beschäftigen werden.

▸     Heißt das, neben der Rolle eines Pioniers, auch Dienstleister für die Gesellschaft?

Ja, das ist eine klare Bringschuld – schon allein deshalb, weil die Gesellschaft unsere Forschung finanziert und wir in der Verantwortung stehen, die Entwicklung der Gesellschaft voranzutreiben. Wir sind eine Wissens- und Technologiegesellschaft. Das Wissen, das wir produzieren, ist der Rohstoff unserer Zukunft. Deswegen ist es auch wichtig, dass wir in die Gesellschaft kommunizieren, damit verstanden wird, was wir tun und wozu wir die Steuergelder verwenden. Dies sollen auch diejenigen nachvollziehen, die sich mit der Wissenschaft nicht beruflich auseinandersetzen. Dazu *brauchen wir eine informierte Gesellschaft, die sich diesen Fragen stellt und sich nicht von der Entwicklung auskoppelt.*

▸     Welche Werte werden aus Ihrer Sicht zukünftig für Ihr Unternehmen an Bedeutung gewinnen?

Wir werden als Zentrum in der Helmholtz-Gemeinschaft noch mehr Partnerschaften ausbilden. In weiteren Kooperationen liegen Potentiale, die noch nicht völlig ausgeschöpft sind. Es gibt große Themen und drängende Herausforderungen für unsere Gesellschaft, die so komplex und global sind, dass man diese nicht isoliert betrachten kann. Das beeinflusst auch unsere wissenschaftliche Arbeit.

▸     Welches wären die wichtigsten Dos und Don'ts bei der Einführung und Umsetzung eines werteorientierten Managements?

*Eine werteorientierte Unternehmensführung ist dann besonders erfolgreich, wenn man erreicht, dass die Mitarbeiter sich selbst verpflichten.* Man kann dies nicht top-down erreichen.

Ein Wertesystem kann nicht durch Regulierung entstehen. Kommunikation mit den Mitarbeitern ist wichtig, um die Bedeutung der Werte zu erklären. In einem Malerbetrieb mag die Farbe dem Gesellen nicht gefallen, er kann die Wand aber trotzdem streichen. Wissenschaftliches Arbeiten beinhaltet Kreativität, die nicht erzwungen werden kann. Wir müssen unsere Mitarbeiter motivieren, sich für unsere Vision einzusetzen. Das erreicht man nicht durch Regeln. Bei uns sind eine breite Palette von Leuten, von der Arzthelferin bis zum Nobelpreisträger beschäftigt, die ihre Arbeit hier im Zentrum sehr unterschiedlich wahrnehmen. Wir müssen viel besser kommunizieren, was die Bedeutung jedes Einzelnen für die Zukunftsfähigkeit und den Erfolg eines Forschungszentrums ist.

▸    Welche Werte sollten gesellschaftlich in Zukunft größere Beachtung finden?

Als störend empfinde ich, dass man heute versucht relativ isoliert Erfolg zu haben. Man hat verlernt, langfristig etwas aufzubauen und in vernünftigen Schritten und mit einem langen Atem zum Ziel zu kommen. Wir sind etwas beschädigt durch die Dot.com-Blase der Vergangenheit. Es kann ja ein hochgestecktes Ziel geben, aber man muss wissen, dass man auch erreichbare Meilensteine hat. Der schnelle Erfolg, der gesucht wird, gilt auch für die Politik, in der häufig langfristige Planungen und Ziele fehlen. Früher gab es strategische Ostpolitik, die man lange verfolgt hat. Heute ist man praktisch nur noch am Feuerlöschen. Mir fehlt in vielen Bereichen Geduld und Verständnis, die zum Erreichen von Zielen über eine langfristige Planung benötigt werden. In einem Forschungszentrum sind wir gewohnt, das Ziele auch nach zehn, fünfzehn Jahren erreicht werden. Geduld ist eine Grundkompetenz.

▸    Prägen Sie mit Ihren Unternehmenswerten die Gesellschaft?

Das tun wir ganz entscheidend. Die Grundlagenforschung, die wir hier betreiben, ist im Wesentlichen der Nährboden auf dem die Technologien von morgen entstehen. *Wir sind verantwortlich für die Erarbeitung von Lösungsansätzen für Probleme, die unsere Gesellschaft zukünftig beschäftigen werden.* Insofern spielen wir eine große Rolle für die Werteentwicklung in der Gesellschaft.

▸    Welche privaten Werte sind für Sie wichtig?

Ich beziehe mich mal ausschließlich auf meinen Beruf: Ich habe immer so gelebt, dass ich meinen Job, so gut wie möglich gemacht habe.

▸    Vielen Dank für das Gespräch.

**WertSchätze für den Führungsalltag[1] ...**

### Zukunft
Unternehmerische Aktivitäten werden auf die Lösung von Fragen ausgerichtet, welche aktuell und zukünftig gesellschaftliche Relevanz haben.

### Qualität
Die Exzellenz der Arbeitsausführung ist für den Erfolg des Unternehmens überlebenswichtig.

### Kooperation
In neuen Zusammenarbeitsmodellen mit externen Partnern liegen noch zu hebende Ressourcen.

### Vermittlung
Der Transfer von Forschung muss aktiv über Unternehmens- und Wissensgrenzen hinweg geschehen.
Das Unternehmen leistet Dienst an der Gesellschaft.

### Geduld
Wissensarbeit braucht Zeit.

---

[1] Diese Werte sind eine Gesprächsreflektion der Autorin. Dabei wurden bewusst spezifische Werte herausgegriffen.

# Behutsame Entwicklung auf bewährtem Fundament

## Jochen Spethmann, Vorstandsvorsitzender Laurens Spethmann Holding Aktiengesellschaft & Co. KG

**Gesprächspartner: Jochen Spethmann, Vorstandsvorsitzender der Laurens Spethmann Holding**

Geboren 1957, begann Jochen Spethmann seinen beruflichen Weg nach der Bundeswehr als Groß- und Außenhandelskaufmann in Hamburg. Nach einem fünfjährigen beruflichen Aufenthalt in London und den USA, kehrte er 1985 nach Deutschland zurück. Seit 1992 ist er Gesellschafter, seit 1999 Vorstandsvorsitzender der Laurens Spethmann Holding Aktiengesellschaft & Co. KG, der Muttergesellschaft der Ostfriesischen Teegesellschaft (Meßmer, Milford, Onno Behrends) sowie weiterer Tochterunternehmen. Die LSH AG & Co. KG erzielte in 2012 einen Umsatz von Euro 480 Millionen und beschäftigt 1250 Mitarbeiter in Europa.

Er ist seit 1984 verheiratet und hat drei Kinder. Er ist außerdem Vorstandsmitglied der Jung-Stiftung für Wissenschaft und Forschung, Hamburg, sowie Vorsitzender des Deutschen Teeverbands e. V. und Vizepräsident des European Tea Committee. Er ist begeisterter Hockeyspieler und Marathonläufer.

K. Girbig, *Wertemanagement*, DOI 10.1007/978-3-658-02616-5_7,
© Springer Fachmedien Wiesbaden 2014

▸    Was verstehen Sie unter Werten?

Werte sind für mich ein Kompass, nach dem man sein Leben und Handeln ausrichtet. Sie geben Orientierung, sie helfen, den Kurs zu finden und zu halten. Dem Wertekompass unseres Unternehmens gaben wir schon vor rund zehn Jahren eine verbindliche schriftliche Form. Wir nennen diese Wertedarstellung unser Fundament.

Um beim Bild des Kompasses zu bleiben, hier einmal die vier Hauptrichtungen: Vertrauen auf und in Menschen. Nutzen von Erfahrung. Mut zur Veränderung. Kundenorientierung.

Dabei achte ich insbesondere darauf, als Unternehmer von Anfang an deutlich zu machen, dass das Wohl der Kunden ein Wert ist, ohne den keine wirtschaftlichen Werte entstehen. Deshalb erkläre ich den neuen Auszubildenden, wenn sie im August anfangen, gleich am ersten Tag: „Ihr bekommt euer Gehalt nicht von mir und auch nicht von der Finanzabteilung, sondern von Frau Meier, Frau Schulze und Herrn Schmidt, die unsere Produkte kaufen." *Es ist uns ein besonderes Anliegen, dass den Kunden umfassende Wertschätzung entgegen gebracht wird!*

▸    Wie gestalten Sie die Sinnfindung?

Zu unserem Führungskonzept gehören eine Reihe von Maßnahmen und Maßgaben, die Mitarbeiter darin unterstützen, ihre Arbeit als sinnvoll zu erkennen und zu gestalten. Das Fundament dient dabei als – wortwörtlich – Basis und Ausgangspunkt. Jede und jeder soll sich damit befassen und überprüfen, ob sie oder er sich mit den Leitgedanken identifiziert. Auch unsere Führungsleitlinien und die Mitarbeitergespräche widmen sich dem Thema Sinnfindung.

Wir setzen auf eigenverantwortliche Mitarbeiter. Deshalb sprechen wir schon bei Einstellungsgesprächen ausführlich darüber. Warum kommt jemand zu uns? Was will sie oder er hier bewegen? Welchen Sinn sieht ein Bewerber in der Aufgabe, die wir zu vergeben haben?

Des Weiteren veranstalten wir Seminare, die die Sinnfindung fördern. Themen sind z. B.: Grenzen erkennen und überwinden, Identifikation entwickeln, sich selbst hinterfragen – was viele sonst nicht ohne Weiteres tun. Andere Instrumente, die auf der Arbeit von Ernst Jung aufbauen und die schon bei der Einstellung genutzt werden, helfen uns, unsere Mitarbeiter zu verstehen, zeigen, wo die Arbeitspräferenzen sind und wie sie ins Team integriert werden können. Das findet während und nach der Probezeit statt, um die Mitarbeiter gut zu begleiten.

Umgekehrt fragen wir natürlich auch danach, ob die Persönlichkeit das Unternehmensteam sinnvoll ergänzt. *Man hat wenig davon, wenn jemand beispielsweise ein Top-Verkäufer ist, aber durch seine Art und Weise salopp gesagt „den ganzen Laden durcheinander bringt".* Was ganz und gar nicht heißt, dass wir Menschen ohne Ecken und Kanten bevorzugen. Stärken fördern, Schwächen managen lautet die Devise. Immer wichtig ist die Wahrhaftigkeit.

▸   Was bedeutet Wahrhaftigkeit für Sie?

Die Dinge so umfassend und klar anzusprechen, wie es die Situation erfordert, bzw. zulässt.

▸   Welcher Wert hat für Sie die größte Bedeutung?

Die Kundenorientierung. Ohne Kunden gibt es schließlich kein Unternehmen. Das machen wir uns immer wieder in unserer Arbeit klar. Ein Standardsatz bei uns lautet: „Ich sorge dafür, dass..". Als meine wichtigste Aufgabe betrachte ich z. B., mit meiner Arbeit dafür zu sorgen, dass uns unsere Kunden treu bleiben und wir neue hinzugewinnen. Indirekt gehört zum Führen mit Werten also auch, dass man die Kunden zum Wert der Produkte hinführt.

▸   Hat das Thema Kundenorientierung auch in den Beurteilungsgesprächen ein besonderes Gewicht?

Selbstverständlich. Andere Themen sind ebenfalls wichtig, aber die Kundenorientierung steht bei uns im Mittelpunkt. Wir sind überzeugt: Nur allein dieser Tatsache verdanken wir unsere Position in dem von intensivem Wettbewerb und Angebotsvielfalt geprägten Markt, in dem wir tätig sind. Wir freuen uns, dass sich Millionen Verbraucher und große Handelskunden, die jeden Tag zu jeder Zeit eine andere Wahl treffen könnten, für unsere Produkte entscheiden.

▸   Wie erwecken Sie die Werte im Arbeitsalltag zum Leben?

Das Wichtigste sind für mich Vorbild und Feedback. Wir führen zweimal im Jahr Mitarbeitergespräche durch, in denen diese gemeinsam beurteilt werden. Die Leitgedanken des Fundaments, die wir insbesondere in der Einarbeitungsphase eingehend vermitteln, werden regelmäßig durch Events präsent gehalten.

Für uns alle im Unternehmen gelten bei der Umsetzung einige feste Regeln. Zum Beispiel verpflichten wir uns in der Kommunikation der Transparenz und Klarheit. Wir bemühen uns sehr stark darum, dass alle wissen, wovon wir eigentlich reden. Alle sollen dieselbe Sprache sprechen. Missverständnisse sind nämlich nicht nur Ursache von Fehlern, sondern auch von persönlicher Irritation oder Frustration.

Eine weitere Handlungsmaxime ist die Resultatorientierung. Der Begriff wird häufig fehlinterpretiert und auf das rein Quantitative reduziert. Dabei ist das Qualitative ebenso wichtig. Motivation, Identifikation, Zufriedenheit – das sind wertvolle, wichtige Resultate erfolgreicher Unternehmensführung! Habe ich Freude an dem, was ich hier im Unternehmen tue? Macht es Sinn für mich? Wir tun viel für die Sinnfindung des Einzelnen. Nur dann lässt sich die Frage, wie der persönliche Beitrag zum Ganzen aussehen kann und soll, stimmig beantworten. Das ist deutlich wichtiger als Titel oder Geld.

*Wir sind für die Mitarbeiter immer fassbar und zugänglich.* Darin sehe ich übrigens einen großen Vorteil eines Familienunternehmens. Meine Kollegen und ich machen viel Management by walking around. Ich nehme mir in regelmäßigem Turnus alle Abteilungen vor und rede dort mit den Mitarbeitern über alles Mögliche. Da merke ich schon, wenn ich in den Raum komme, wie die Stimmung ist. Außerdem besuchen wir unsere anderen Standorte mehrmals im Jahr. Dort wird ähnlich verfahren.

Unsere Eltern hatten als Überschrift formuliert: Der Mensch steht im Mittelpunkt. Wir haben das später etwas abgewandelt, um den Beitrag jedes Einzelnen noch deutlicher zu machen: Der Mensch macht den Unterschied. Ein Mensch, der hier tätig ist, soll etwas tun und bewirken. Den Unterschied machen, d. h. einerseits, dass jede und jeder zählt. Und andererseits gilt es, etwas zu gestalten, was sich positiv vom Bisherigen unterscheidet, z. B., indem es besser ist. Den Unterschied machen, heißt außerdem auch: Wir wollen uns als Arbeitgeber von Anderen unterscheiden, indem wir das professionelle Management eines internationalen Unternehmens mit den Vorzügen eines modernen Familienunternehmens optimal verbinden.

Ein wichtiges Prinzip im Miteinander ist das der Gegenseitigkeit. Wir sprechen das offen an und aus: „Sie haben sich für uns entschieden, und wir haben uns für Sie entschieden." So entsteht ein beiderseitiger Kontrakt, auch mit dem Verständnis, dass es unter Umständen einer auf Zeit ist.

*Es gilt dabei auch zu akzeptieren, wenn Mitarbeiter ihren Lebenssinn nicht in erster Linie in ihrer Aufgabe im Unternehmen, sondern woanders sehen.* Wenn sie während der Arbeitszeit einen guten Job machen, ist das absolut in Ordnung.

Schließlich: Wir haben ein Code Wort entwickelt. Wenn sich jemand nicht so ganz in Einklang mit dem Fundament verhält, was jedem passiert, ruft man sich dieses Wort zu. Das erleichtert es, Kritik zu vermitteln und anzunehmen.

▸    Eine ungewohnte Art, das Miteinander zu gestalten und zu regeln.

Da spielt natürlich die Hierarchie eine Rolle. Das Feedback von unten nach oben ist da noch nicht so, wie ich es gerne hätte.

▸    Wie sind die Werte bei Ihnen organisatorisch verankert?

Corporate Identity ist bei mir verankert, in zweiter Linie bei unseren Personalverantwortlichen. *Wertefragen sind immer der erste Tagesordnungspunkt in unseren Vorstands- und Geschäftsleitungssitzungen.* Erst geht es um die Mitarbeiter und die Führung, dann erst um Umsatz und alle anderen Themen. Insofern sind die beiden Top-Ebenen stets mit dem Thema Werte befasst; in diesem Zusammenhang sprechen wir sehr regelmäßig über das Fundament.

▸ Hat in den Führungskreis-Gesprächen etwas inhaltlich in letzter Zeit stärker
  Raum eingenommen?

Ja, die andere Lebenseinstellung der Y-Generation. Der Wettbewerb um die jüngeren
Mitarbeiter nimmt zu. Es ist wichtig, die Y-Generation kennenzulernen und sich darauf
vorzubereiten, Vertreter dieser Generation für die Mitarbeit im Unternehmen zu gewinnen.

Dies war 2012 ein besonderes Top-Thema unserer jährlichen Strategie-Informations-
veranstaltung für die erste bis dritte Führungsebene. Ein ausführlicher Vortrag hat darüber
informiert, was die Y-Generation ausmacht. Was sie von der Generation X oder von meiner Generation unterscheidet. Was auf uns zukommt, worauf wir uns einstellen müssen,
wofür wir uns öffnen sollten. Wird von uns z. B. noch mehr Transparenz, Offenheit, Locker-
heit erwartet? Darüber beginnen wir nachzudenken. Denn mittel- und langfristig werden
Selbstverständnis und Erwartungen der nächsten Mitarbeitergeneration Einfluss auf unsere Unternehmenskultur nehmen. Wie müssen wir uns verändern, um diese Menschen
zu gewinnen? Werden sich unsere Werte verändern? Wir sind uns klar darüber, dass unser Kanon zwar verbindlich bleibt, aber es wird Neues hinzukommen. Werte sind nichts
Starres, sie sind lebendig und können modifiziert werden.

▸ Wann haben Sie das letzte Mal gemerkt, dass Unternehmenswerte gelebt
  werden?

Das war vor ungefähr drei Monaten, wobei es ein besonderer Tag war. Damals haben wir
sieben Mitarbeiter aus dem Außendienst in den Ruhestand verabschiedet. Fünf von ihnen
sind nach den offiziellen Reden aufgestanden und haben noch ein paar persönliche Worte
gesagt, die mich sehr berührten. Denn ihre Abschieds-Ansprachen spielten zurück, das
gelungen ist, was wir über die letzten zwanzig Jahre zu verwirklichen versuchen. Sehr oft
wurde dabei auf das Fundament Bezug genommen. Noch schöner war aber zu spüren, dass
diese Mitarbeiter sich wirklich wohl fühlten, dass sie gern bei uns arbeiteten und mit dem
Erreichten zufrieden sind. Alle waren ein wenig traurig, diese Gemeinschaft zu verlassen.

Eine besonders schöne Geschichte kam von einem aus Ostdeutschland stammenden
Mitarbeiter. Ihm war seinerzeit eine ziemlich sichere Anstellung bei der Stadt Rostock angeboten worden, als er sich für uns entschied. Damals sagte seine Frau zu ihm: „Du bist
wohl verrückt, zu diesen kapitalistischen Ausbeutern zu gehen." Er sagte zum Schluss seiner Rede: „Ich habe mich gern von Ihnen ausbeuten lassen."

▸ Wo sehen Sie noch Potenziale bei der Umsetzung Ihrer Unternehmenswerte?

*Im Grau des Alltags sieht man den Leitstern nicht immer hell und klar funkeln.* Immer
wieder gibt es nicht genügend Willen und Fähigkeiten, etwas zu verändern, und nicht genügend Konsequenz, dies dann auch zu tun. Das führt dazu, dass Führungskräfte und
Mitarbeiter nicht all das verwirklichen, was für sie selber oder für das Unternehmen möglich wäre. Wir haben jedes Jahr ein Top-Projekt, das sich explizit mit den Arbeits- und

Verhaltensweisen und der Unternehmenskultur befasst. Dieses Jahr beschäftigen wir uns damit, wie wir Veränderungen managen. Unter anderem nutzen wir Trainingstools, die uns helfen, besser mit diesen Aufgaben umzugehen. Zum Beispiel, indem wir lernen, die Entstehung von Blockaden, die aus Verunsicherung entstehen, durch Information und Einbeziehung zu vermeiden.

▸   Manchmal ist so eine Veränderungsträgheit der Organisation auch eine sehr gesunde Reaktion.

*Wir wollen nicht zu den Firmen gehören, in denen ein Projekt das Nächste jagt.* Insbesondere sind wir mit unternehmensweiten Projekten vorsichtig. Nicht mehr als eins im Jahr – und das erst zu Ende bringen! Wir wollen und dürfen die Mitarbeiter nicht überfordern. Sofern man die Wahl hat, die Prozesse ohne äußere Zwänge so steuern zu können.

Wichtig war zunächst, ein grundsätzliches Umdenken über das Anliegen der Veränderung zu erreichen. Nach drei Jahren Projektmanagement haben wir hierin gute Fortschritte gemacht. Jetzt nehmen die Mitarbeiter es zunehmend als etwas Positives an. Man braucht lange Zyklen, um etwas zu verändern und Unsicherheiten auszuräumen.

▸   Welche Werte werden aus Ihrer Sicht zukünftig für Ihr Unternehmen an Bedeutung gewinnen?

Wir fühlen uns mit den Werten, die wir heute haben, sehr gut aufgestellt. Aus heutiger Sicht würde ich daran nichts ändern. Wie gesagt: Momentan sind Veränderungswille, Veränderungsbereitschaft und Konsequenz wichtige Punkte. Wenn wir hierin Fortschritte machen, wird das auch die Anwendung und Umsetzung unserer Werte noch weiter voranbringen.

▸   Welches wären die wichtigsten Dos und Don'ts bei der Einführung eines werteorientierten Managements?

Zuerst: Auf dem aufbauen, was da ist, nicht etwas aufsetzen. Und dann sollte zwar die Initiative dazu von oben kommen, also der Wertekanon auf der höchsten Führungsebene erarbeitet und formuliert werden. Dann aber muss dieser Entwurf intensiv mit den Mitarbeitern diskutiert werden. Es ist viel Bereitschaft zu Auseinandersetzung, Durch- und Überarbeitung gefordert. *Ohne ein gutes Konzept für die Umsetzung und die Fortsetzung sollte man besser gar nicht erst anfangen.* Hat man erst einmal begonnen, gilt es, den Prozess kontinuierlich in Gang zu halten und die Dinge immer wieder zu reflektieren.

Man muss persönlich Vorbild sein oder jedenfalls immer ernsthaft daran arbeiten. *Man muss zweitens deutlich machen, wofür man selber steht – und dies auch vermitteln.* Direkt, offen und persönlich.

Dazu ein Beispiel. Im Vorjahr kam, nachdem wir uns von einigen Mitarbeitern getrennt hatten, das Gerücht auf: „Die machen jetzt den Laden hübsch und wollen hier verkaufen."

Das hat mich regelrecht verletzt. Ich habe mich vor die Leute gestellt und gesagt: „Wir haben gerade ein neues Bürogebäude gebaut und unsere Mediainvestitionen erhöht. Meint ihr, das würden wir machen, wenn wir den Laden verkaufen wollten?" Diese kurze Rede auf unserer Betriebsinfo-Veranstaltung hat mehr geleistet als 'zig Intranet-Meldungen. Mir ging die Situation ans Herz, und ich habe auch keinen Hehl daraus gemacht. Die Mitarbeiter haben gemerkt: Das ist ehrlich. *Man muss bereit sein, seine eigenen Gefühle zum Ausdruck zu bringen.*

Ehrlich sein heißt aber nicht, alles einfach drauflos auszusprechen, ohne seine Worte abzuwägen! Manchmal bin ich doch überrascht, wenn ich einen Nebensatz, eine kleine Bemerkung zurückgespielt bekomme und merke, dass man die Äußerung ganz anders interpretiert hat, als sie gemeint war. Da bin ich achtsamer geworden.

▸ Welche Werte sollten gesellschaftlich in Zukunft größere Beachtung finden?

In der Gesellschaft sollten zwei Werte mehr Berücksichtigung finden. Erstens das Vertrauen. Ich finde es furchtbar, dass wir in der Öffentlichkeit fast jedem oder jedenfalls sehr vielen von vornherein schlechte Absichten unterstellen. Einem selbst geht es mitunter auch nicht anders. Das widerfährt Politikern, Managern, Journalisten und Vertretern anderer Berufe gleichermaßen. Nach meiner Erfahrung sind jedoch konstruktive, gutwillige und engagierte Menschen in der Überzahl. Es wäre viel gewonnen, wenn wir anderen – bei aller notwendigen und wichtigen Wachsamkeit – mehr Vertrauen entgegen brächten. Das würde manches beschleunigen und vereinfachen.

Zweitens wünsche ich mir mehr Mut zu Veränderungen. Es gibt so viel zu entscheiden, etwa bei der Energiewende oder wenn es um die Bewältigung der demographischen Entwicklung geht. Wir müssen überlegen, was wir eigentlich nicht mehr so machen wollen wie bisher. In unserem Unternehmen z. B. fragen wir: „Was würden wir nicht mehr machen, wenn wir es nicht schon täten?" Andersherum prüfen wir ebenso regelmäßig, was wir wollen und wie wir es umsetzen, was nach neuen Erfahrungen gegebenenfalls korrigiert werden muss und wie dann weiter verfahren wird. Und dann: Mehr handeln, weniger reden. Ausprobieren statt immer weiter analysieren.

▸ Inwieweit beeinflussen Sie mit Ihren Unternehmenswerten die Gesellschaft?

Wir beeinflussen unser unmittelbares Umfeld, unsere Mitarbeiter und Partner. Einfluss entsteht auch über unsere Reputation und über unsere Markenwelten. Die Marke Meßmer steht für die Idee, dass kleine Momente des Innehaltens und Genießens jeden Tag einzigartig machen und dass man sie würdigen soll. Wir hoffen sehr, dass unsere Kunden diese Wertvorstellung in ihren Alltag mitnehmen. Darüber hinaus zu behaupten, dass wir als mittelständisches Unternehmen die Gesellschaft prägen, fände ich übertrieben.

▸    Nach welchen privaten Werten leben Sie?

Freiheit und Unabhängigkeit sind mir wichtige Werte, sonst wäre ich kein Unternehmer. Ich wünsche mir mehr Freiheit in unserer Gesellschaft. Es gibt immer mehr Vorschriften. Unser Freiheitsgrad wird immer mehr eingeschränkt. Wir müssten genau den umgekehrten Weg gehen. Weniger Regeln, mehr Entscheidungs- und Gestaltungsspielräume für den Einzelnen. Das bringt natürlich auch mehr Selbstverantwortung mit sich und damit die Aufgabe, an sich selbst und seiner Weiterentwicklung zu arbeiten.

Ein weiteres persönliches Wertideal ist Verlässlichkeit. Sie ist die Voraussetzung für jegliches Vertrauen. Womit wir wieder bei einem wichtigen Wertbegriff in unserem Unternehmen und bei meinem wichtigsten Wunsch an die Gesellschaft wären: Vertrauen auf und in Menschen.

▸    Vielen Dank für das Gespräch.

**WertSchätze für den Führungsalltag[1] ...**

**Nähe**
Mitarbeiter schätzen die Präsenz von Führungskräften. Durch regelmäßige Kontrollen erhalten Führungskräfte schnell Zugang zu Stimmungsbildern.

**Familie**
Familiäre Strukturen geben Halt und Orientierung und vermitteln damit Sicherheit.

**Miteinander**
Das Miteinander im Unternehmen beruht auf einem gegenseitigen Geben und Nehmen.

**Emotion**
Einblicke in die Gefühlswelt exponieren und zeigen die Person hinter der Rolle.

**Konzentration**
Die Beschränkung auf wesentliche Projekte bündelt Energien und erhöht die Umsetzungschancen.

---

[1] Diese Werte sind eine Gesprächsreflektion der Autorin. Dabei wurden bewusst spezifische Werte herausgegriffen.

# Mit Bodenständigkeit zum Erfolg

## Christina Block, Gesellschafterin der Eugen Block Holding GmbH Prima Pane/Eugen Block Holding GmbH

**Gesprächspartnerin: Christina Block, Geschäftsführerin Prima Pane bis 2012, seit 2011 Gesellschafterin der Eugen Block Holding GmbH**

Christina Block ist 1973 in Hamburg geboren. 1992 begann sie im „Bayerischen Hof München" eine Ausbildung zur Hotelfachfrau und vertiefte nach beendeter Lehre in der Küche des Pariser Sterne-Restaurant „Jules Vernes" ihre Gastronomie-Kenntnisse. Von 1996 bis 1998 arbeitete sie in Atlanta, USA im Marriott Marquis. Als 1998 das Pekinger Marriott Hotel eröffnet wurde, übernahm sie die Verantwortung für den Aufbau des Bereiches „Food and Beverage", um anschließend ihren Master of Business Administration (MBA) in Edinburgh mit Auszeichnung zu bestehen. Nach Hamburg zurückgekehrt, eröffnete sie ihren ersten gastronomischen Betrieb im April 2001. Im Oktober 2002 folgte die Eröffnung der zweiten Filiale in der Hamburger Innenstadt. 2007 wurde ein angepasster Ableger des Prima Pane Konzeptes als Mitarbeiter Bistro in der Berenberg Bank Hamburg eingeführt. Nach 10jähriger

K. Girbig, *Wertemanagement*, DOI 10.1007/978-3-658-02616-5_8,
© Springer Fachmedien Wiesbaden 2014

Mietvertragslaufzeit wurden beide Prima Pane Stores in der Hamburger Innenstadt geschlossen. Das Bistro in der Privatbank am Neuen Jungfernstieg betreibt Frau Block weiterhin erfolgreich. Seit Juli 2011 ist Christina Block Gesellschafterin der Eugen Block Holding GmbH. Gemeinsam mit ihren Brüdern und ihrem Vater kümmert sie sich um die strategische Ausrichtung der Block Gruppe.

Christina Block ist 40 Jahre alt, mit dem Kaufmann Stephan Hensel verheiratet und Mutter von vier Kindern.

▷    Erzählen Sie mir doch bitte kurz, was Ihre Rolle und Aufgaben bei Prima Pane sind?

Vor 11 Jahren habe ich Prima Pane gegründet, inspiriert durch Amerikas Sandwichkonzepte. Am Anfang wussten die Deutschen wenig mit Sandwichen anzufangen, sie mochten noch lieber klassisches, warmes Mittagessen. Im Laufe der Zeit hat sich das aber gewandelt. Trotz allem gibt es heute immer noch Leute, die mit ihrer Brotdose in den Betrieb fahren. Nach zwei Jahren habe ich den zweiten Laden aufgemacht. Mittlerweile habe ich mein erstes Geschäft letztes Jahr geschlossen. Diesen, um es vorweg zu nehmen, werde ich Ende Juli schließen.

Nach 10 Jahren ist bei beiden Geschäften der Mietvertrag ausgelaufen und da habe ich mir natürlich Gedanken gemacht, wie es weitergehen soll. Zeitgleich zeichnete sich ab, dass ich in der Zukunft mehr Zeit für die Gesellschafterrolle in der Block Gruppe aufwenden werde. Zusammen mit der Aufgabe vier Kinder großzuziehen, wäre das einfach zu viel. Für mich hat das auch etwas mit Ehrlichkeit zu tun: Könnte ich sagen, dass ich diese drei wichtigen, verantwortungsvollen Rollen gleich gut machen kann? Nein. Man liest so häufig in der Presse, diejenige macht das, das und das noch und geht dann fröhlich ins Bett. Ich kann das immer schwer glauben. Irgendwann muss man auch mal nein sagen. Keine Mutter, die beide Rollen hat, hat abends nicht auch mal eine Situation, wo sie nervlich überlastet ist. Dass ich dafür meine kleine Firma aufgebe, dafür dass es das größere Ganze unseres Vaters gibt und natürlich die Kinder, das ist dann so.

Parallel ist aus meinem Konzept Prima Pane für die Mitarbeiter der Berenberg Bank ein Mitarbeiterbistro entstanden. Das ist eine ganz tolle Geschichte. Es ist das gleiche Konzept wie bei Prima Pane: Keine klassische Kantine, sondern ein nettes Bistro mit gegrillten Panini, frischen Salaten und einigen warmen Wochengerichten im Stil eines Coffee Shops. Das werde ich auch zukünftig weiter machen.

Diese Aufgabe-Phase ist wichtig. *Meistens lernen wir Menschen ja viel mehr durch das was wir verlieren, als durch das was wir gewinnen.* In der Gesellschafterrolle geht es auch darum, wie sehr und wie gut wir Kinder unseren Vater nachvollziehen können. Prima Pane habe ich genauso gegründet, wie mein Vater 1968 das Block House gegründet hat. Mit einem kleinen Eigenkapital, ohne Bürgschaft meines Vaters, dafür mit der Bürgschaft der Bürgengemeinschaft und dem Geld der Bank. Jetzt gebe ich mein Prima Pane auf, und mein

Vater gibt sein Unternehmen langsam an uns drei Kinder ab. Man könnte meinen, beides sei miteinander vergleichbar – ist es aber nicht. Das Abgeben ist ungleich schwerer. Aber es ist vielleicht diese Phase, die ähnlich ist. Ich glaube, ich kann es ansatzweise ein wenig verstehen.

▸ Was ist Ihre Aufgabe als Gesellschafterin in der Block Gruppe?

In meiner Rolle als Gesellschafterin der Block Gruppe sind meine Brüder und ich gerade dabei, das Thema Werte zu besprechen. Wir drei halten gleiche Anteile. Mein Vater hat noch die meisten Anteile und ist auch noch aktiv. Er will und soll weniger arbeiten. Ganz klar. Er ist jetzt 71 Jahre alt. Es wird auch weniger, schließlich hat er den Prozess losgetreten. Wenn er nicht wollen würde, hätte er das nicht gemacht. Wir Kinder müssen jetzt noch als Team zusammenwachsen. Und das noch so lange mein Vater lebt und es mit ihm zusammen geht. Das wäre am schönsten und wünschenswertesten. Ein irre spannendes Thema. Da gehört viel Psychologie dazu. Neben den Gesellschafterversammlungen, wo wir über Zahlen und Fakten reden, üben wir miteinander ins Gespräch zu kommen, zu kommunizieren. Dazu gehören Rituale und Traditionen. All das üben wir gerade.

▸ Eine smarte Form der Abgrenzung. Einerseits die Pflege von Bewahrenswertem und andererseits die Gestaltung von Entwicklungsräumen.

Ja. Mein Vater ist der Gründer und operativ immer tätig im Unternehmen. Wir drei werden nicht operativ tätig sein. Auch eine Entscheidung meines Vaters, um des Friedens und der Einheit Willen. Wir drei als Gesellschafter haben immer noch unser eigenes Leben und müssen gucken, dass wir die Individualinteressen soweit wie möglich ausgrenzen, um unser Unternehmen gemeinsam voran zu treiben. Das ist, wie Sie sicher besser als viele andere wissen, sehr psychologisch und zeitintensiv. Es ist im Prinzip das Miteinander und der Umgang von uns drein.

▸ Was verstehen Sie unter Werten?

Werte haben viel mit Traditionen zu tun. Viele Dinge hat man schon früh so gemacht, weil man als Kind heran geführt wurde. Bei Abläufen und Zeremonien werden die Werte ganz deutlich. Sie sind der Leitfaden, an denen ich mein Leben ausrichte.

▸ Mit welchen Werten führen Sie Prima Pane?

Als Kleinunternehmerin ist das eine schwierige Sache. Ich habe mir das nirgendwo abgeguckt, das geht als Gründerin gar nicht. Man fängt seine Vision an, ohne eine Vorgabe zu haben. Sie kommt tief aus einem drin, insofern ist alles Geschriebene ganz stark an meinen persönlichen Lebens- und Leitwerten ausgerichtet.
Respekt den Mitarbeitern, den Gästen, den Lieferanten gegenüber, ist ein ganz wichtiger Wert. Ich führe die Mitarbeiter durch Vorbild. Ich finde es ist ganz wichtig, dass ich für

meine Mitarbeiter auch mitmache. Ich fand es in der Ausbildung schon immer schreck-
lich, wenn irgendwelche Leute zu mir sagten: „Mach mal das." und selbst haben sie nicht
mitgearbeitet. Ich finde es ganz wichtig, dass meine Mitarbeiter sehen, ich mache auch mit.
Später können sie dann nicht sagen: „Ach die hat ja keine Ahnung worüber sie redet, die
kann das ja gar nicht." Sondern die wissen genau, ich habe das auch jahrelang gemacht und
mich auch nicht beschwert. Wenn ich es schaffe, dann schaffen die das auch.

Ich hebe mich nicht von den anderen ab. Natürlich wissen meine Mitarbeiter, ich bin
der Chef und dass sie durch mich ihr Gehalt bekommen. Aber ich versuche auch immer
zu vermitteln, dass nicht ich, sondern die Gäste ihr Gehalt zahlen. Dadurch, dass ich mitarbeite, bin ich zwar immer noch nicht eine von denen, niemals ihre beste Freundin, ganz
klar. Aber ich sitze auch nicht oben, lackiere meine Fingernägel, trinke meinen Kaffee und
die dürfen dann das Geld reinbringen.

Ehrlichkeit ist auch wichtig. Das ich auch ehrlich gegenüber meinem Gast sein kann.
Das ich und meine Mitarbeiter das Gefühl haben, das ist der Wareneinsatz, der liegt bei
der Prozentzahl und das ist die Norm in der Branche. Deswegen sind die Preise nicht über-
höht. Und eine ehrliche Qualität verkaufen. Meinen Leuten zu vermitteln, schau mal, du
hast die ganze Kette mitverfolgt. Du hast heute Morgen das frische Gemüse gekriegt, es selber gewaschen und geschnitten und das selbst beschmierte Brötchen verkaufst du jetzt. Sie
können stolz auf das Produkt sein, weil sie es selbst gemacht und verkauft haben. So kriegen
die Mitarbeiter viel mit. Ich habe viel mit Azubis zu tun und bin auch sehr auf sie ausgerichtet, weil Azubis auch sehr viel länger bleiben. Sie sind drei Jahre an das Unternehmen
gebunden. In der Branche gibt es eine hohe Fluktuation. Normalerweise sind Mitarbeiter
ganz schnell wieder weg. In der Regel fährt man mit einem dreijährigen Azubi schon sehr
gut, weil der seine Ausbildung auch zu Ende bringen möchte. Aber für die Azubis ist es
auch wichtig, dass sie die gesamte Kette sehen. In so einem Kleinunternehmen haben sie
das ganze Bild.

Die Ganzheitlichkeit[1] von der Sie sprachen, ist mir auch wichtig im Unternehmen. Ich
fand es früher als Azubi immer sehr nervig, wenn der Chef gekommen ist und gesagt hat:
„Räum mal den ganzen Bankett-Saal um und bestuhl ihn so." Dann ist der gegangen und
zehn Minuten später kam wieder ein anderer sagte: „Ne, warum hast du das denn so gemacht, bestuhl das mal so und so." Ich wusste nie, worum es eigentlich ging und das finde
ich immer ganz unglücklich. Das Interesse am Ganzen bemerke ich bei den Azubis auch.
Sie wollen das komplette Bild verstehen und begreifen und bringen sich dadurch auch viel-
mehr ein.

Bodenständigkeit ist mir ganz wichtig. Aber das zeigt das Konzept auch schon. Es ist
nicht abgehoben mit weißer Tischdecke und Silberbesteck und etepetete-Gehabe am Gast.
Bei Prima Pane kann ein ordentliches Gespräch mit dem Gast stattfinden. Hier ist es Mittags sehr stressig. Da geht es hemdsärmelig und richtig schnell zu. Da können wir auch
locker mit unseren Gästen „klönen".

---

[1] Gespräch vor Aufnahme.

▶ Welcher Wert hat für Sie die größte Bedeutung?

Ich glaube, die Ehrlichkeit ist für mich am wichtigsten. Weil es nicht nur mit den Mitarbeitern zu tun hat, sondern auch mit dem Gast oder sonstigen Sachen, die täglich getan werden müssen. Die Bodenständigkeit habe ich sehr stark mit meinen Mitarbeitern, mit dem Gast nicht unbedingt. Da geht es eher um die Servicementalität, um die Freundlichkeit und die Liebe zum Gast. *Die Ehrlichkeit greift durch alle Segmente durch.*

▶ Ehrlichkeit stand in einer deutschlandweiten Studie[2] auf Platz zwei der Werte, von denen geglaubt wurde, dass am meisten zum Erfolg im Unternehmen beigetragen werden kann. Zuverlässigkeit und Zivilcourage waren weitere Topwerte.

Das mit der Zivilcourage stimmt auch. In der Block Gruppe ist das auch ein Wert. Du bist nicht angekettet hier, sondern frei in Deinen Entscheidungen. Das ist in einem Kleinunternehmen wie bei Prima Pane natürlich nicht ganz so stark vertreten. Da ist es eher noch so: Ich gebe an und die anderen machen. Das sind auch noch ganz junge Menschen, die sind am Anfang ihrer Laufbahn. Ich bin nicht in der Phase eines Unternehmens, in der ich sagen könnte, dass ich Zivilcourage bei den Mitarbeitern fördere. Aber wenn man wachsen will, ist dieser Wert unabdingbar.

Die moralischen Werte sind für mich die Kinderstube. Das habe ich ganz klar von meinen Eltern vorgelebt bekommen. Wir als Mütter wissen ja, wo das alles gezeigt wird. Bei den Kommunikationswerten ist Achtung ganz wichtig für mich. Was die Mitarbeiter können ist mir am Anfang gar nicht so wichtig. Ich entscheide mich auch gerne für ungelernte Kräfte. Hauptsache die menschliche Seite stimmt. Fröhliche Kommunikation, der Wille zum Lernen und die oben beschriebenen moralischen Werte müssen da sein. Was ich an Kompetenz brauche in meinem Stadium des Unternehmens, kann ich den Mitarbeitern beibringen. Das habe ich schon immer gesagt: *Kompetenz und Wissen ist erst mal zweitrangig. Das Herz muss stimmen.*

Wenn ich Offenheit und Fröhlichkeit erkenne, weiß ich schon, da ist der Servicegedanke hinterlegt. Wenn die Person Spaß an dieser Branche und eine positive Ausstrahlung hat, dann nehme ich sie sofort. Ich sehe in den ersten Wochen, inwieweit ich ihnen das Wissen beibringen kann. Bei uns ist das meistens kein Problem, nicht in der handwerklichen Richtung.

▶ Wie erwecken Sie die Werte im Arbeitsalltag zum Leben?

Dadurch dass ich häufig überall mitarbeite ist das relativ einfach. Ich kann jeden Mitarbeiter einbinden, wenn ich beim Arbeiten, z. B. über Abläufe spreche. Meistens führt das dazu, dass man alles sechs, sieben, achtmal erzählt. Aber natürlich gibt es auch Trainingslisten. Sachen, die weitergegeben und schriftlich festgehalten werden. Ich habe hier eine

---

[2] Führungskräftebefragung Wertekommission – Initiative Werte Bewusste Führung 2010.

Shop-Managerin, die erzählt das dann den sechs, sieben Mitarbeitern praktisch im O-Ton von mir.

Aber in der Tat, ist Kommunikation am schwierigsten. Das kann man noch so oft hinschreiben. Irgendwo ist es dann bei irgendjemandem doch nicht angekommen. Wenn meine Mitarbeiter aber verstehen, wie der Prozess läuft, sind sie auch viel offener dafür es umzusetzen. Sie wollen dann auch wissen, womit ich mich beschäftige. Wenn ich ihnen dann sage, dass ich gerade an einer Veranstaltung dran bin, sehen sie auch wo ich grad stehe und verstehen mich auch besser.

▸    Sie wollen eine Transparenz schaffen.

Ja, genau richtig. Das ist im Alltag die Ehrlichkeit. Das ist auch die Ehrlichkeit dem Gast gegenüber. Am Ende des Tages muss ich mir in den Spiegel gucken und sagen: „O.k. habe ich gut gemacht, es ist ordentlich gelaufen." Das beginnt bei Kleinigkeiten und geht in tausend Bereiche.

Ehrlichkeit gilt auch für die Kritikgespräche. Alle halbe Jahre wird mit den Mitarbeitern eine Beurteilung gemacht, weil mir das am Herzen liegt. Ich sage: „Wenn Du mir egal wärst, würde ich die kritischen Punkte weglassen. Dann gehst Du hier raus und bist keinen Schritt weiter." Dazu gehört auch zu sagen: „Da musst du noch ein bisschen zulegen und das hier ist nicht Deine große Stärke." Ich glaube, das mögen meine Mitarbeiter, haben aber auch ein bisschen Bammel davor.

Verbindlichkeit ist mir auch noch sehr wichtig. Wenn ich sage, dass ich etwas so machen will, dass ich es dann auch durchsetze und nicht einfach nur darüber rede. Dass sie sich aufs Wort verlassen können, ist Mitarbeitern sehr wichtig.

Das merke ich auch in der Block-Gruppe, unsere Mitarbeiter ziehen alle hinter unserem Vater her, weil er glaubwürdig, authentisch und natürlich ist. So läuft es seit Jahren und *nun müssen meine Brüder und ich unseren Mitarbeitern zeigen, dass wir auch glaubwürdig, authentisch und natürlich sind, damit sie in Zukunft für uns losziehen.* Das ist eine große Herausforderung, auch für unsere Mitarbeiter.

▸    In welchen Situationen haben Sie das letzte Mal gemerkt, dass Unternehmenswerte nicht gelebt werden?

Wir hatten erst kürzlich eine Mitarbeiterin im Team und es gab immer wieder Zwistigkeiten. Als Übergang von einer zur anderen Schicht wurden sich gegenseitig immer Sachen aufgeschrieben, was alles schief gelaufen ist und was diejenige hätte besser machen müssen. Das haben meine Mitarbeiter in einem Tonfall gemacht, über den ich mich so erschrocken habe, als ich das dann im Nachhinein gelesen habe. Das war eine Zickigkeit und eine Ausdrucksweise einfach unter aller Würde. Diesen Umgang möchte ich hier nicht haben. Wir reden ordentlich und vernünftig miteinander und dann auch vis á vis, wenn es möglich ist. Das ist manchmal schwierig, weil sich alle meistens nur beim Arbeiten sehen. Da ist es dann so stressig, dass sie nur die Arbeit leisten und wenig Kontakt nebenher haben. Wir müssten mehr darauf achten uns nebenher zu sehen und vermehrt gemeinsame Aktivitäten zu unternehmen. Einmal Weihnachtsfeier im Jahr ist schön und gut, aber ein bisschen wenig, um das Teamgefüge hinzubekommen. Bei der Arbeit schaukeln sich schnell Sachen hoch. Wenn wir uns zusammen an einen Tisch setzen und den anderen richtig kennenlernen, löst sich viel.

▸ Und wo wurde es gut gelebt?

Da denke ich besonders an die sehr stressige Mittagszeit. Da kommen jeden Tag bis zu 200 Gäste innerhalb kürzester Zeit. Hier merkt man die gute Zusammenarbeit. Es gibt Gäste-Bewertungen, die loben, dass die Mitarbeiter Spaß an der Arbeit haben. Das freut mich natürlich, wenn meine Mitarbeiter das so darstellen und zeigen können. Mittags merke ich, dass sich meine Mitarbeiter besonders viel von mir abgucken. Sie sehen, dass mir die Arbeit Freude bringt und den Gästen auch.

Ich achte immer darauf, dass ich „Danke" sage. Dass ich auch frage: „Wie war Dein Wochenende?" Sie würden nicht ins Detail gehen, weil sie wissen dafür ist nicht die Zeit, für eine kurze Essenz davon schon. Ich weiß schon immer genau was läuft, bei „meinen Kindern" hier. Das ist ein Grund warum mein Vater auch so groß geworden ist. Weil er den Menschen nie übersehen hat.

▸ Wo sehen Sie noch Potenziale bei der Umsetzung Ihrer Unternehmenswerte auch in Bezug auf die neue Rolle als Gesellschafterin?

*Ich möchte das hochhalten, was unser Vater gesät hat* und was ihm glaube ich gar nicht so bewusst ist, *unsere Bodenständigkeit*. Wir sind nicht abgehoben. Wir haben Spüler, wir haben Zimmermädchen, wir haben Lagerarbeiter im Unternehmen. Das sind alles Branchen und Berufsgruppen, die fleißig und hart arbeiten. Ich würde gerne dafür stehen und sagen: „Hör mal, ich hebe nicht ab. Ich weiß was Du tust und ich wertschätze was Du tust. Ich kann verstehen, was Deine Sorgen und Nöte sind."

▸ Das wollen Sie beibehalten und wo sehen Sie noch Entwicklungspotenziale?

Wir sind jetzt zu dritt. Vielleicht liegt das Entwicklungspotenzial darin, dass wir zu dritt auch mehr Unterschiedlichkeit und mehr Vielfältigkeit mit ins Unternehmen bringen. Jeder von uns dreien hat seine Stärken woanders. Dafür brauchen wir einen anderen Führungsstil. Im Team führen wir anders als der Gründer. Der Gründer hat ja doch eher den Führungsstil, er geht voran und ihr zieht hinter mir her.

▸ Eher autokratisch.

Ja. Wir müssen demokratischer führen. Wir müssen mehr Konsens erreichen und mehr aus der Distanz heraus führen. Wir sind nicht so nah dran am Geschehen. Daher müssen wir auch mehr zulassen, mehr Zivilcourage fordern und fördern. Die Chance für uns Gesellschafter ist, dass wir ganz unabhängig fragen können: „Wie geht es Dir denn in Deiner

Rolle im Unternehmen?". Es kann eine andere Kommunikation und Offenheit untereinander herrschen. Und natürlich ein anderes Unternehmensbild. Es gibt nicht den auto-
kratischen Führer mehr, sondern es gibt eine Säulenführung, wo wir mit dem Vorstand
gemeinsam versuchen unser Leitbild zu vervollständigen. Die einzelnen Säulen tragen zukünftig mehr Verantwortung.

Wir können noch mehr Traditionen aufbauen und den Aspekt Familienunternehmen
noch stärker herausarbeiten. Nach wie vor sind wir Gesellschafter, die am Unternehmen
interessiert sind und damit auch am Mitarbeiter.

▶      Welches wären die wichtigsten Dos und Don'ts bei der Einführung eines werte-
       orientierten Managements?

Ich ziehe mir immer stark die Vorbildrolle an. Ich würde sagen, das absolute Don't ist
ein schlechtes Vorbild zu sein. Wir müssen Ehrlichkeit und Bescheidenheit leben, wenn
wir möchten, dass die Mitarbeiter das auch an den Tag legen. Wenn die Leute mitkriegen,
dass der Chef da oben genauso bodenständig lebt und auftritt und hart dafür gearbeitet
hat, das er jetzt da ist, wo er ist, dann arbeiten die Leute auch selber hart.

▶      Sie sprechen von Glaubwürdigkeit und Verlässlichkeit.

Ja. Auch in der Doppelrolle als Unternehmerin und Mutter muss ich glaubwürdig sein.
*Eine gewisse Zeit kann ich mich als Mutter zurückziehen, aber irgendwann muss ich dann
auch wieder richtig anpacken, damit die Mitarbeiter merken, die ruht sich nicht aus.* Abgesehen davon ist die Mutterrolle allein sicherlich kein Ausruhen. Beides miteinander zu
vereinbaren ist Organisation. Besonders für Frauen, die nicht selbstständig sind. Als Selbst-
ständige führe ich mein eigenes Unternehmen und kann die Dinge viel besser und flexibler
einplanen. Als Angestellte wird das dann schon schwieriger.

▶      Prägen Sie mit Ihrer Arbeit auch die Gesellschaft?

Das habe ich hier im Kleinen, auch weil meine Gäste sehr häufig kommen, drei bis vier-
mal die Woche. Sie kommen mit einer gewissen Erwartung her und wissen auch, dass sie
das bekommen: Es geht schnell, die Qualität ist immer sehr gut. Da liegt eine gewisse Verlässlichkeit drin. Das ist das gleiche beim Block House. Die meisten Gäste gucken sich die
Speisekarte gar nicht mehr an. Sie wissen genau was sie wollen. Sie kennen ihren Tisch und
ihre Kellnerin.

Ich glaube schon, dass mein Geschäft ein wenig dazu beigetragen hat, dass z. B. das Ess-
verhalten sich ein bisschen geändert hat. Ich habe das nicht initiiert. Damals als ich anfing,
gab es mehrere Konzepte wie meins. Es ist nicht von mir geprägt. Aber dadurch dass es
mehrere solcher Konzepte gab, die z. B. auch abgepackte Sachen hatten, die man sich aus
dem Kühlregal nehmen kann, gab es das dann auch öfter und es hat sich herumgesprochen.
Das habe ich vielleicht ein bisschen gesellschaftlich mitverändert. Nicht essen zu klassischen Zeiten, sondern wann es passt. Das ist alles nichts Schönes für die Gesellschaft. Aber

das kommt zwangsläufig so, wenn man immer weniger Zeit für alles hat. So ein Konzept, wie meines springt halt genau in diese Lücke.

▸ Welche Werte sollten gesellschaftlich in Zukunft größere Beachtung finden?

Die Glaubwürdigkeit ist ganz wichtig. Besonders als Arbeitgeber müssen mir die Leute vertrauen und glauben können. Die Gesellschaft zeigt ja, dass sie damit nicht einverstanden ist, wenn Sachen so gesagt und dann anders gemacht werden. Wenn wir einfach untereinander, für das, was wir ursprünglich gesagt haben, wieder gerade stehen, dann sind wir weg von dieser Oberflächlichkeit. *Wenn jeder ein Stück glaubwürdiger und authentischer wäre, gäbe es weniger „playing politics" in Unternehmen, weniger „Hau-Ruck-Verfahren" und „dich mach ich platt".*

▸ Welche Werte sind für Sie privat wichtig?

Die Ehrlichkeit ganz klar. Das ist ähnlich mit meinen Unternehmenswerten. Wenn ich abends im Bett liege, dann möchte ich denken, ich habe heute das meiste aus mir rausgeholt, was zu machen war. Ich bin stolz auf mich, weil ich das, was ich wollte, erreicht habe. Da bin ich ehrlich mir gegenüber und gehe selbstkritisch mit mir ins Gericht.

Ich vergesse nicht, woher ich komme und weiß, dass es Menschen auf der Welt gibt, die nicht so viel zu essen haben. Dass ich glücklich sein kann, dass ich in dem Teil der Welt geboren bin und auch in diesen Teil der Familie. Auch die Dankbarkeit ist wichtig. Das hat mit Gott und Glauben zu tun. Meine ganze Familie ist katholisch geprägt. Aber unabhängig von der Kirche, ist es wichtig zu wissen: Ich komme von irgendwo her und da gehe ich irgendwann auch wieder hin. Ich möchte nicht mit Ellenbogen durchs Leben gehen, sondern Verständnis für den Anderen haben. Ich möchte nicht abheben und bescheiden bleiben.

▸ In Ihrer Mutterrolle sind Sie dafür natürlich besonders sensibilisiert.

Deswegen sollten ja auch mehr Mütter in die Führung. Wirklich. Es gibt keinen Tag, an dem ich nicht sage: „Macht das Wasser beim Zähneputzen aus. Wasser ist auch nicht unbegrenzt vorhanden. Es gibt Kinder, die würden viel dafür tun, um einen Schluck Wasser zu trinken." Genauso wenn beim Essen etwas weggeworfen wird oder Spielzeug einfach in einer Ecke landet, ohne es richtig wertzuschätzen. Das sind alles Sachen, wo ich denke: „Nein, so nicht."

Es ist wichtig, die kleinen Menschen für solche Themen zu sensibilisieren. Wir hatten gerade einen Todesfall und meine Tochter sagte: „Naja, der ist jetzt tot, aber irgendwo auf der Welt wird nun ein neues Baby geboren." Sensibilisierung bedeutet, einem kleinen Menschen beizubringen, da ist eine Familie, da sind jetzt Kinder, die haben keinen Vater mehr. Da ist eine Frau, da ist ein Hof, der nicht bewirtschaftet wird oder ein Junge hat jetzt nicht mehr die Freiheit zu entscheiden, was er machen wird im Leben, sondern der muss das jetzt machen. Dass die persönliche Freiheit, in so einem Fall dann egal ist.

Der Ursprung meiner Selbstständigkeit war dieser Wille nach Freiheit, der Wunsch, dass ich selber entscheiden darf. Das ist mir ganz wichtig. Mein Mann ist auch selbstständig. Unsere Kinder kriegen dass vorgelebt. Opa und Oma und beide Onkel sind selbstständig. Das ist eine Richtung, in die unsere Erziehung hingeht.

Ich denke, der Wunsch nach Freiheit, war auch der Grund, warum mein Vater sich selbstständig gemacht hat. Bei mir war das schon vorgeprägt, weil mein Vater es vorgelebt hat und ich es nicht anders kannte. Mein Mann wiederum kommt aus einem ganz einfachen Haushalt, wo der Vater schon Angst hatte, als er zwei Kinder bekam, ob er die überhaupt durchbringen kann. Dann hat er selber für eine Privat-Bank gearbeitet, Unternehmer und Firmen beraten und so die große Welt gesehen. Vielleicht bin ich und meine Familie auch ein wenig die Ideengeber zu seiner Selbstständigkeit gewesen. Für ihn finde ich die Selbstständigkeit viel grundlegender. Ich bewundere seine Selbstständigkeit viel mehr als meine. Ich habe das Unternehmertum vorgelebt bekommen. Bei uns gab es immer nur zwei Schubladen. Entweder du bist Unternehmer oder nicht. Für mich war ganz klar, natürlich möchte ich Unternehmer werden. Jedes Kind würde wahrscheinlich so reagieren. Mein Mann hat das von allein gewünscht und gewollt.

▸     Vielen Dank für das Gespräch.

---

**WertSchätze für den Führungsalltag**[3] **...**

**Beteiligung**
Sich aktiv als Führungskraft am Schaffensprozess zu beteiligen, erhöht die Akzeptanz und die Glaubwürdigkeit.

**Ganzheitlichkeit**
Den Blick fürs Ganze bei seinen Mitarbeitern zu schärfen, bildet die Grundlage für Verantwortungsübernahme auch über den eigenen Bereich hinaus.

**Ehrlichkeit**
Ein offenes Wort kann verunsichernd wirken. Gleichzeitig ist es eine Chance zur individuellen Entwicklung.

**Bodenständigkeit**
Nicht abgehoben sein, hilft den Kontakt zu den Mitarbeitern zu halten und ihre Bedürfnisse zu erkennen.

---

[3] Diese Werte sind eine Gesprächsreflektion der Autorin. Dabei wurden bewusst spezifische Werte herausgegriffen.

# Wirtschaften und Lieben – ein Gegensatz?
# Von wegen!

## Pfarrer Berthold Bonekamp-Kerkhoff, Geschäftsführer
## Katholisches Kinderkrankenhaus Wilhelmstift gGmbH

**Gesprächspartner: Pfarrer Berthold Bonekamp-Kerkhoff, Geschäftsführer des katholischen Kinderkrankenhauses Wilhelmstift gGmbH**

Geboren 1956 in Ahaus, schloss sich 1976 das Studium der Volkswirtschaft in Aachen und Münster an, welches er mit dem Diplom abschloss.

Es folgte der Ersatzdienst in der ambulanten Altenpflege. Ab dem Jahr 1988 übernahm Pfarrer Bonekamp-Kerkhoff die Stelle des Betriebsdirektors in der Seniorenresidenz Augustinum München-Nord und Augustinum München-Neufriedenheim. Es schlossen sich Jahre in der Position des Stiftsdirektors im Augustinum Braunschweig, sowie Hamburg an.

Seit 2002 ist er Geschäftsführer der katholischen Wilhelmstift Kinderkrankenhaus gGmbH, seit 2010 Geschäftsführer der katholischen Krankenhaus-Holding Ansgar-Gruppe.

K. Girbig, *Wertemanagement*, DOI 10.1007/978-3-658-02616-5_9,
© Springer Fachmedien Wiesbaden 2014

Pfarrer Bonekamp-Kerkhoff betreut seit fünf Jahren die katholische Pfarrgemeinde Jesus Guter Hirt in Bad Bramstedt und Kaltenkirchen.
Er ist Ritter vom Heiligen Grabe zu Jerusalem.

▸ Was bedeuten Werte für Sie?

Etwas Lebens-Wertes, etwas Bewahrens-Wertes, etwas Bezeugens-Wertes und auch etwas Feiern-Wertes. Derartige Werte finde ich besonders in meinem Glauben und in der Kirche Gottes.

So ist der Sinn des Lebens für mich in Gott begründet. Er schenkt jedem menschlichen Leben eine unverkennbar eigene und unantastbare Würde. Ein Wert, der jedes Leben lebenswert macht. Und im Leben Jesu zeigt uns dieser Gott wie wir mit anderen Werten wie Treue, Verlässlichkeit, Zuversicht, Geborgenheit und Liebe diese Würde des Menschen und der ganzen Schöpfung Gottes bewahren und fördern können.

Deshalb auch mein Priestertum, meine Kirchlichkeit und meine Weltlichkeit, weil ich glaube, da sind die Werte, die ich für mein Leben als wichtig ansehe. Dies muss ich nach außen durch mein Reden und Handeln zeigen, dies zeige ich aber auch durch meine Kleidung als Priester. Nur so kann ich authentisch sein.

Bei manchen Mitmenschen kommt das gut an; manche aber reagieren darauf negativ. Dies aber wohl auch, weil die Kirche insgesamt in der letzten Zeit in schlechte Schlagzeilen geraten ist und man als Priester immer als Repräsentant angesehen wird.

Aber ich halte es für wichtig zu zeigen: Ja *ich stehe dazu und ich trage meinen Wert nach außen, auch in Krisenzeiten.* Zu meinen Aufgaben als Geschäftsführer gehören daher auch die Aufgaben eines Seelsorgers.

▸ Mit welchen Werten führen Sie?

· Die Ordensschwestern in unserem Wilhelmstift haben einen sehr schönen Wahlspruch: „Gottes Herz in dieser Welt zu sein." Auch wenn dieser Wahlspruch einen heroischen Anspruch in sich birgt, so spiegelt er dennoch einen grundsätzlich christlichen Wert wider: Die Nächstenliebe. In diesem Wert vereinigt sich auch alles, was ich bereits oben zu Werten geäußert habe.

In unserem Leitbild haben wir diesen Wahlspruch der Ordensfrauen eben aus diesem Grunde, aber auch in traditioneller Verbundenheit mit den Ordensschwestern, die die Nächstenliebe in ihrem Reden und Handeln im Wilhelmstift seit Beginn umgesetzt haben, einfließen lassen.

Nächstenliebe bedeutet Fürsorge, Hilfe und Unterstützung. So stehen die Patienten, deren Eltern und Angehörige unabhängig von Herkunft, Rasse, sozialem Stand und Konfession als erstes im Fokus unseres Handels hier im Wilhelmstift.

Das setzt eine qualitativ hochwertige Medizin voraus, die es ermöglicht kranken Kindern und Jugendlichen jene medizinische und menschliche Hilfe zukommen zu lassen, die diese brauchen um gesund zu werden und sich zu entwickeln. Dazu brauchen wir Mitarbeiterinnen und Mitarbeiter, die bereit sind mit hoher Fachlichkeit sich diesem Wert der Nächstenliebe zu widmen und ihn umzusetzen. Diese Mitarbeiterinnen und Mitarbeiter haben wir. Mit ihnen wird dieser Wert auch spürbar.

Zwischen Weihnachten und Neujahr bspw. werden die Kinder in unserem Hause gesegnet. Das ist ebenso eine alte Tradition wie auch ein seelsorgliches Handeln, das zum Wert der Nächstenliebe gehört. Wer Segen spendet, gibt das, was er selbst von Gott an Liebe, Hoffnung und Zuversicht erhalten hat, weiter. Als multikulturelles Haus sind es auch muslimische Eltern, die um den Segen ihrer Kinder bitten. Das ist für mich ein Zeichen für einen gemeinsamen übergeordneten Wert.

Dieser Wert – so gelebt – verselbstständigt sich auch. So konnte ich die Erfahrungen machen, dass allein die Anwesenheit unserer Ordensschwestern in ihrem Ordensgewand für viele Eltern und Angehörigen schon eine Gewissheit von Fürsorge und Hilfsbereitschaft in unserem Hause darstellt. Die guten Erfahrungen in der Vergangenheit begründen dieses. Erfahrungen, dass Werte gelebt werden.

▸     Welcher Wert ist Ihnen am wichtigsten?

Die unantastbare Würde und die Nächstenliebe. Die von Gott geschenkte Würde gibt mir Lebenssinn und -inhalt. Die Nächstenliebe ist eine Einstellung und ein Handeln, in dem ich diese einzigartige menschliche Würde durch Gott an andere Menschen weitergeben kann. Vor allem auch im Bewusstsein meiner eigenen Schwächen und Fehler, die in keiner Weise die menschliche Würde verringern.

Daraus erwächst für mich ein dritter wichtiger Wert: die Verantwortung für mein Leben, das meines Nächsten und der Schöpfung.

▸     Wäre das dann eine pyramidale Wertestruktur?

Ich glaube schon: Menschenwürde – Nächstenliebe – Verantwortung. Deswegen klopfen bei Wirtschaft und Theologie auch nicht zwei Herzen in meiner Brust. Wirtschaft und Theologie gehören für mich zusammen. Die medizinische Heilsfürsorge ist Nächstenliebe, für die ich gute Mitarbeiterinnen und Mitarbeiter und hervorragende Technik brauche. Alles lässt sich aber nur dann umsetzen, wenn wirtschaftliche Grundsätze eingehalten werden. Das nenne ich dann Verantwortung.

Ich selbst hole mir auch immer wieder geistige und seelische Kraft in klösterlichen Exerzitien, wo ich zu meinem Gott in betender Verbundenheit stehe und mein Handeln, im Hinblick auf meine Wertestruktur, reflektiere.

▸     Und wahrscheinlich auch, um wieder Energie zu bekommen.

Genau. Und um mir immer wieder bewusst zu werden, welches sind die Werte, die mir wichtig sind und mit der so gewonnen Energie eine Reflektion vorzunehmen.

Ein Beispiel für die Nächstenliebe ist das Verzeihen. Wie oft soll bzw. kann ich verzeihen? Nach den Vorgaben Jesu zur Nächstenliebe immer wieder. Das gilt nicht nur für die Seelsorge; das gilt auch für die Geschäftsführung. Wobei im Betrieb neben den moralischen Werten den Leistungswerten der gleiche Stellenwert zukommt. Denn im Betrieb – wie das Krankenhaus nun auch einer ist – sind Leistungswerte die Grundlage der wirtschaftlichen Sicherung, aber auch der Sicherung meines moralischen Auftrages. *Im Gegensatz zu gewinnorientierten Betrieben haben Leistungswerte bei uns nicht die oberste Priorität.*

Leistungswerte sind objektive Maße um das Ziel des Unternehmens zu erreichen und zu messen. Diese Leistungswerte sind Ziele, die ich mit den Leitern der Abteilungen vereinbare und die diese mit ihrer Abteilung differenziert vereinbaren müssen. Spätestens am Ende des Jahres wird miteinander auf die Zielerreichung geschaut. Und auch da ist es wichtig, dass, bei Nichterreichen der Ziele, die Gründe besprochen werden. Das ist dann kein Strafgericht, sondern ein Miteinander, in dem nach Auswegen und Möglichkeiten gesucht wird. Ähnlich jenem angedeuteten seelsorglichen Verzeihen, das im Grunde genommen gleiches will: Ich schaue auf die Schuld, suche nach neuen guten Wegen und verzeihe. Das heißt aber nicht, dass dauerhaft vereinbarte Leistungsziele nicht erreicht werden. Hier wird man dann schon intensiver nach den Ursachen forschen und ggf. Maßnahmen ergreifen müssen. Denn neben den moralischen Werten ist dann auch die wirtschaftliche Grundlage gefährdet. Hier ist Handeln dann Verantwortung.

Ganz wichtig finde ich die Mitarbeitermotivation. *Sie müssen die Mitarbeiterinnen und Mitarbeiter für ihre Werte gewinnen.* Nur wer die gemeinsamen Ziele mittragen kann und erstrebenswert hält, wird diese auch für sich verinnerlichen. Für die Umsetzung ist eine Verinnerlichung unbedingt erforderlich.

Für alle Mitarbeiterinnen und Mitarbeiter ist die Vergütung eine wichtige Grundlage. Stellt sie doch die wirtschaftliche Grundlage des Einzelnen sicher. Aber Geld und Gehalt dürfen nicht alles sein, sondern ein Teil innerhalb der Zielstruktur. Auch da bedarf es immer mal wieder Überzeugungsarbeit zu leisten. Davon leben die Werte des Unternehmens, dass man sich dauerhaft damit auseinandersetzt, daran reibt, aber dann auch dahinter steht.

▸    Wie setzen Sie die Werte im Wilhelmstift um und treiben Sie voran?

Im Leitungsgremium unseres Hauses – dem Direktorium – werden die Werte für unser Haus festgelegt. Dem Direktorium gehören neben dem Geschäftsführer, seinem Stellvertreter, dem ärztlichen Direktor, seinem Stellvertreter, dem Pflegedirektor, dem Leiter des Medizinmanagements und dem Controlling auch die Leiterin der Ordenskommunität und die Seelsorgerin an.

So schauen und entscheiden wichtige Personen des Hauses bei den grundsätzlichen Entscheidungen im Bereich der Werte mit. Aber auch leitende Mitarbeiter werden in sogenannten Leitungskonferenzen einbezogen. Hier geht es nicht nur um die Leitungsstruktur unseres Hauses, sondern auch um die moralischen Werte, die uns ebenso wichtig sind.

Gute Vorarbeiten leisten dabei Projektgruppen, die sich bspw. mit dem Leitbild befassen und entsprechende Korrekturen und Ergänzungsvorschläge unterbreiten. *Werte und Ziele haben nur dann einen gemeinsamen Nenner, wenn so viel Mitarbeiterinnen und Mitarbeiter wie möglich daran mitwirken können.*

Verändert sich etwas zum Nachteil der gewählten Werte, dann wird dieser Nachteil schneller sichtbar und wir können schneller dagegen halten.

Bei der Erreichung dieser Ziele hilft uns auch die Zertifizierung. Hier wird allen Mitarbeiterinnen und Mitarbeitern nochmals deutlich, wie weit wir unsere gesetzten Ziele erreicht haben und was wir noch tun müssen. Die Zertifizierung bewegt uns zu noch mehr Anstrengungen und sorgt für eine Punktlandung. Wer einmal eine Zertifizierung hinter sich gebracht hat, weiß wie sehr die Zeit vorher einen treibt und bewegt, die Ziele und Werte genau anzusehen, umzusetzen und diese Qualität dann zu halten.

Auch die Befragungen der Patienten und ihrer Angehörigen, die Befragung der Einweiser und der Mitarbeiter sind Maßnahmen der Kontrolle, inwieweit wir die gesteckten Ziele erreicht haben. Die Auswertungen, die wir nicht selbst, sondern durch fachliche Institute vornehmen lassen, geben uns dann Auskunft über die erreichten Ziele.

All diese Aussagen über die Qualität und Fachlichkeit unseres Hauses helfen uns regelmäßig Gedanken über die Zukunft unseres Hauses zu machen, Wege zu korrigieren und einen guten Blick auf unsere Werte zu haben.

▸    Welcher Wert wird aus Ihrer Sicht für das Wilhelmstift in Zukunft an Bedeutung gewinnen?

Die Nächstenliebe, das sich Bemühen um die ganz Kleinen und Jungen unserer Gesellschaft. Ihnen mit einem hohen Maß an Fachlichkeit und Qualität in Medizin und christlicher Menschlichkeit zu einem selbstverwirklichten und selbstverantworteten Leben zu verhelfen. Dazu gehören auch Verlässlichkeit und Vertraulichkeit.

Die *Werte müssen auch immer wieder neu erklärt und vermittelt werden.* Es gibt immer wieder unterschiedlichste Lebenssituationen, unterschiedliche Befindlichkeiten der Mitarbeiterinnen und Mitarbeiter, die die gemeinsame Sichtweise auf die Werte verändern können.

▸    Was würden Sie jemandem raten was er tun und lassen soll, wenn er werteorientiert führen will?

Ich würde ihn wirklich fragen: Was sind Deine wichtigsten Werte? Worauf baust Du auf? Welche Werte sind Dir wichtig. Da glaube ich sind die moralischen Werte die vorrangigen, weil diese nicht nur mit dem Unternehmen etwas zu tun haben, sondern ganz entscheidend auch von mir ausgehen und von mir im Alltag gelebt werden. So z. B. der Wert der Nächstenliebe, des Vertrauens und der Verantwortung. Sind Schnittmengen zwischen den Werten des Unternehmens und Deinen vorhanden? Kannst Du sie erkennen? Es ist wichtig, dass Werte und Ziele, die ich im Unternehmen mitentwickelt habe und leben soll, auch eine gewisse Bedeutung in meinem persönlichen und alltäglichen Leben finden.

Je nachdem in welcher Stellung die Mitarbeiterin oder der Mitarbeiter steht, sind auch seine Bezüge und sein Verhalten zu den Werten. Auf der Leitungsebene muss ich erwarten können, dass das Entwickeln von Werten und Zielen eine gemeinsame Aufgabe ist, aus der ich mich als leitender Mitarbeiter nicht heraus nehmen kann. Das kann ich nicht von allen Mitarbeitern in gleicher Form erwarten. Wohl aber kann ich erwarten, dass in der Arbeit und im Handeln diese Werte und Ziele immer die Maxime unseres Tuns bleiben. Jeder auf seinem Platz und mit der ihm gebotenen Verantwortung.

Unsere Patienten und deren Angehörigen schauen ja nicht nur auf die Leitung oder den Geschäftsführer, sondern auf jeden, der im Unternehmen tätig ist und ihnen begegnet.

▸   Wie achten Sie darauf, dass auch bei Personalauswahl und -entwicklung die Werte einfließen und gelebt werden?

In den Stellenausschreibungen weisen wir ausdrücklich auf unsere christlich-katholische Ausrichtung hin. Auch bei den Personalauswahlgesprächen ist das immer Thema.

Bei den Mitarbeitergesprächen, die in unserem Haus geführt werden, sind Werte und Ziele stets Gegenstand dieser Gespräche.

▸   Könnten Treue und Nächstenliebe nicht auch ohne Konfession gelebt werden?

Christliche Nächstenliebe und Treue ist für mich etwas anderes als Nächstenliebe und Treue. In diesen Werten leben wir auch unsere persönliche Überzeugung und unseren Glauben. Die christliche Nächstenliebe ist uns von Gott als Maßstab christlichen Handelns vorgegeben. Voraussetzung ist ein Glaube an den dreifaltigen Gott, die Grundlage und der Sinn unseres Lebens.

*Menschen, die ohne Konfession zu uns kommen, müssen diese christliche Ausrichtung akzeptieren.* Als Patient, Angehöriger oder Mitarbeiter. Aber die Menschen, die zu uns kommen und Hilfe und Fürsorge brauchen, wissen um diese christliche Einstellung. Es steht ihnen frei diese auch in Anspruch zu nehmen. Bei den Mitarbeiterinnen und Mitarbeitern, ob religiös oder nicht konfessionell gebunden, muss aber die Gewissheit bestehen, dass die Seelsorgerin wie auch ich alle Formen des Gebetes und der Sakramentenspendungen selbstverständlich durchführen können, wenn das von Patienten oder deren Angehörigen erbeten wird. In dieser Situation erwarte ich auch Eigeninitiativen aller Mitarbeiter, die Patienten und Angehörigen auf diese Möglichkeiten der christlichen Begleitung aufmerksam zu machen.

▸   Das heißt die Konfession ist ein Einstellungskriterium.

Ja. Das ist für mich letztendlich ein ausschließendes oder ein einschließendes Kriterium. Wobei wir bei der Vielzahl muslimischer Patienten auch Mitarbeiterinnen und Mitarbeiter haben, die dem Islam angehören. Ich mir aber auch versichern lasse, dass jede christliche Seelsorge ungehindert erfolgen kann. Genauso, wie wir bei islamischen Familien ihr Glaubensleben akzeptieren und ausführen lassen. Uns ist die Integration von Mitbürgern mit Migrationshintergrund sehr wichtig, dazu brauchen wir Mitarbeiter, die aus anderen Ländern kommen und einen anderen Glauben haben.

▶ Was passiert mit nicht-konfessionellen Bewerbern, die hier arbeiten wollen?

Es kommt auf die Position an, auf die sich beworben wird. Wenn wir Menschen brauchen um die Mentalität und den Glauben zu verstehen, dann stellen wir auch muslimische Mitarbeiterinnen und Mitarbeiter ein. Aber schon in unserem kulturellen Kontext, d. h. bei Frauen bestehen wir auf die europäische Kleidung und die Verwendung von Dienstkleidung.

In unserer Kinderkrankenpflegeschule haben wir immer wieder junge Menschen, die aus den ostdeutschen Bundesländern anfragen und keiner Religion angehören, weil es für sie keine religiöse Sozialisierung gab. Diesen jungen Leuten bieten wir trotzdem unsere Ausbildungsplätze an, wenn die schulischen Voraussetzungen gegeben sind. Eine Entscheidung über die Volleinstellung nach der Ausbildung ist aber an den Eintritt in eine christliche Gemeinschaft gebunden. Die Auszubildenden haben drei Jahre Bedenkzeit und erhalten auf Wunsch Unterstützung und Glaubensunterricht durch unsere Seelsorgerin.

▶ Glauben Sie, dass Sie mit Ihrer Arbeit auch gesellschaftliche Werte prägen?

Das ist immer schwierig zu messen, aber ich habe den Eindruck aus meiner über zehnjährigen Tätigkeit als Geschäftsführer des Katholischen Kinderkrankenhauses Wilhelmstift, dass sich Vertragspartner, Behörden und Kostenträger auf gemeinsam gelebte Zuverlässigkeit, Treue und Loyalität verlassen, wenn sie spüren, dass dies Ziele des Unternehmens und der handelnden Personen sind. Das führt bei Verhandlungen oft zu Kompromissen, die vielleicht so nicht zustande gekommen wären.

Auch in schwierigen Situationen ist dann ein aufeinander zugehen eher möglich. Ob ich damit gesellschaftliche Werte präge, kann ich nicht sagen. Aber die Prägung, wenn sie dann ersichtlich wird, ist zu allererst ein Ergebnis der handelnden Person. Und *das ist mir wichtig, dass ich mit meinen Werten und Zielen nicht nur das Unternehmen darstelle, sondern durch mich auch erlebbar mache.*

Das kann dann auch verändern! Und wenn es zunächst nur die Sichtweise des anderen ist.

▶ Inwieweit prägt Ihre Arbeit die Krankenkassen? Dass sie ein Bewusstsein bekommen, was hier passiert und ein Stück Verantwortung übernehmen?

Es ist wichtig, dass die Krankenkassen in den Verhandlungen das Gefühl erhalten, dass die Fakten und Daten eine gesicherte Grundlage haben und die Verhandlungspartner ehrlich, fair und zuverlässig miteinander umgehen. In diesem Verhalten spüren die Kostenträger, dass es uns in erster Linie um die Behandlung und Heilung unserer Patienten geht, dann um die Arbeitsplatzsicherung der Mitarbeiterinnen und Mitarbeiter sowie um unser Unternehmen selbst mit den gewählten Zielen und dem Sendungsauftrag innerhalb der katholischen Kirche.

Ein Beispiel kann ich Ihnen dazu aus der Handchirurgie berichten. Die Leistungen unserer Handfehlbildungschirurgie lassen sich im derzeitigen DRG-System schlecht abbilden.

Bei Kindern operieren wir mit zwei Teams beide Hände gleichzeitig, um dem Patienten eine weitere achtstündige OP zu ersparen. Diese doppelte OP lässt sich aber im DRG-System
nicht abbilden und das Wilhelmstift bleibt auf der Hälfte der Kosten sitzen. Die Umsetzung
in das DRG-System ist immer zeitversetzt und dauert mindestens drei Jahre. Die Krankenkassen haben diese Situation verstanden und sind mit uns einen Weg gegangen, in dem
diese Diskrepanz durch das Modell der besonderen Einrichtung oder einem Zuschlag aus-
geglichen wird. Wir haben unsere Daten umfänglich offengelegt und erläutert. Aus der
Vergangenheit hatten die Krankenkassen die guten Erfahrungen unserer Erläuterungen,
so dass sie diesen Weg mit uns gehen konnten.

▸     Ein Vertrauensverhältnis ist gewachsen.

Ja, das glaube ich. Es kommt darauf an, wie Menschen uns erfahren und erleben. Vertrauen erwächst nur langsam und mit stetig guten Erfahrungen.

▸     Welche Werte sollten gesellschaftlich in Zukunft größere Beachtung finden?

Das sind für mich die christlichen Werte, wie Solidarität und Gemeinschaftssinn. Mit
der zunehmenden Individualisierung wächst auch der Egoismus. Ohne Gemeinschaft und
Solidarität kann Leben nicht gelingen. Die Erfahrungen der Geschichte haben dies immer
wieder gezeigt. In der Solidarität erwächst die Zivilcourage, die neben dem Blick auf uns
auch den anderen in den Blick nimmt, ihn nicht vergisst und sich für ihn einsetzt. Denn
irgendwann brauche ich die Gemeinschaft in meinem Leben, dann wenn Not, Sorgen und
Leid mich bedrängen und ich allein aus diesen Situationen nicht mehr heraus komme.
   Ich glaube auch, dass das Konsumverhalten unserer Zeit sich ändern muss. Wenn ich
höre, was wir an Lebensmitteln jährlich ungenutzt wegwerfen, was wir uns kaufen, ohne genau zu wissen, ob wir es brauchen. Oder durch den Konsum immer glauben, damit
an erster Stelle in der Gemeinschaft zu stehen, dabei aber der Schöpfung Gottes reichlich
Schaden antun.
   *Der Glaube alles haben zu müssen und damit in der Gesellschaft eine guten Stellenwert
zu haben, täuscht und enttäuscht*, weil die wesentlichen und sinntragenden Werte in unserer Einstellung zum Leben, zu uns und zum anderen Menschen, aber auch in unserem
menschenfreundlichen Handeln stecken. *Im Individualismus* bzw. Egoismus *stecken wir in
uns selbst fest, ohne Beziehungen, die für unser Leben und unsere Entwicklung aber so wichtig
und notwendig sind.*

▸     Viele schauen auf sich, erleben aber im Gesamten den Mangel an Gemeinschaft
      als unangenehm. Wie kann man das auflösen?

Wir sind Herdentiere. Man muss die Menschen darauf hinweisen. Man muss aber auch
Formen schaffen, mit gemeinschaftlichen Feiern oder auch Gemeinschaftserlebnissen. Eine
Europa- oder Fußballweltmeisterschaft ist etwas wo viele Menschen feiern. Solche Events

halten zusammen. Auch der Papstbesuch zählt dazu. Da müssen Menschen in die Öffentlichkeit, die etwas Gutes verkörpern. Der Papst oder Nelson Mandela u. a. m., die Werte vertreten und verkörpern. Da müsste noch mehr passieren. Ansonsten muss das im Kleinen geschehen in den Familien, in den Vereinen und Gemeinden. Auf Ebene des Unternehmens durch Mitarbeiterausflüge oder -feiern und viele andere Dinge.

Unsere Erfahrungen dazu im Wilhelmstift sind: Der, der zu uns kommt, wird gemeinschaftlich begrüßt. Einmal im Vierteljahr machen wir einen Einführungstag für neue Mitarbeiter und Mitarbeiterinnen. Sie werden vom Direktorium begrüßt, das Haus wird vorgestellt und wichtige Informationen werden vermittelt. Wenn jemand geht, verabschieden wir vom Haus und von der Abteilung her. Wir feiern gemeinschaftlich Weihnachten mit einer Adventsfeier, einem Gottesdienst und anschließendem schönen Essen. Oder auch Sommerfeste, das machen wir gemeinschaftlich. Man muss merken, dass sich die Werte auch feiern lassen, dass wir darin zusammen gehören, um sie dann im eigenen Leben umzusetzen.

▶    Welche privaten Werte sind für Sie wichtig?

Aus der Nächstenliebe erwachsen für mich andere konkrete Werte wie Wertschätzung, Freiheit, Spiritualität, Glaubwürdigkeit und Sicherheit. Sie alle sind für mich wichtig, weil ich glaube, darin meinen Lebensgrund und -sinn zu verwirklichen und weitergeben zu können. Die Wertschätzung erhalte ich durch die Liebe Gottes, der mich mit meinen Möglichkeiten und Fähigkeiten in diese Welt gesetzt hat und mich mit all meinen Schwächen und Fehlern annimmt, unabhängig von jeglicher Bewertung durch Menschen. Diese Wertschätzung schenkt mir die Freiheit, mich in meinem Leben nach diesen Werten auszurichten und frei zu entscheiden, was ich aus meinem Leben machen möchte. Die Spiritualität hilft mir meinen Alltag zu unterbrechen und die Beziehung und das Handeln zu Gott und den Menschen zu reflektieren und zu erneuern.

Dazu brauche ich Sicherheit, die mir den Rücken frei hält und mir die Offenheit schenkt, auch neue und mutige Wege zu gehen gerade und auch beruflich. Und das ich diese Wege gerade in der Gemeinschaft gehe.

All das muss glaubwürdig und authentisch geschehen. Die gerade genannten Werte sind für mich wie ein Kreislauf, in dem jeder von jedem abhängig ist.

▶    Vielen Dank für das Gespräch.

**WertSchätze für den Führungsalltag[1] ...**

**Liebe**
Sich Anderen innig verbunden zu fühlen ist eine Bedingung für hingebungsvolle, empathische Arbeit.

**Wirtschaftlichkeit**
Mit den vorhandenen Ressourcen die besten Ergebnisse für Patienten, Angehörige und Mitarbeiter zu erzielen, heißt auch moralisch Verantwortung zu übernehmen.

**Glaube**
Der gemeinsame Glaube ist der Ausgangspunkt eines geschlossenen Tuns.

**Einigkeit**
Eine wiederkehrende Verständigung und Auseinandersetzung mit Werten schafft Identität und stärkt den Zusammenhalt.

---

[1] Diese Werte sind eine Gesprächsreflektion der Autorin. Dabei wurden bewusst spezifische Werte herausgegriffen.

# Wachstum durch Zuversicht

## Dr. Stephan Peiffer, Geschäftsführer Leben mit Behinderung Hamburg gGmbH

**Gesprächspartner: Dr. Stephan Peiffer, Geschäftsführer Leben mit Behinderung Hamburg gGmbH**

Stephan Peiffer, 58 Jahre, Diplomvolkswirt. Zunächst als Controller in der Evangelischen Stiftung Alsterdorf tätig. Seit 1993 Geschäftsführer bei Leben mit Behinderung Hamburg. Die gemeinnützige Gesellschaft realisiert Wohn- und Beschäftigungsprojekte für Menschen mit geistigen und mehrfachen Beeinträchtigungen und unterstützt und berät Familien mit behinderten Kindern. Die Gesellschaft ist Tochter des gleichnamigen Elternvereins, einem Zusammenschluss von 1500 Hamburger Familien mit einem behinderten Angehörigen.

▶ Was verstehen Sie unter Werten?

Der erste Eindruck von vielen Mitarbeitern unserer Organisation ist, dass sie ein Leuchten in den Augen haben, wenn sie von ihrer Arbeit, ihrem Auftrag sprechen. Sie erleben die Sinnhaftigkeit, sich für andere einzusetzen und tragen dazu bei, dass Menschen mit Behinderung sich weiter entwickeln, ihre eigenen Erfahrungen machen, ihre eigenen Entscheidungen treffen. Das ist etwas sehr Befriedigendes.

Ich erlebe bei vielen Mitarbeitern, dass sie bei allen Schwierigkeiten ein Grundvertrauen in die von ihnen betreuten Menschen und in unsere Werte haben. Dass es Sinn macht, dass es gut und richtig ist, mit gegenseitigem Respekt und Vertrauen zu arbeiten und die Würde des anderen zu respektieren.

Viele, die noch nicht mit Menschen mit Behinderungen gearbeitet haben, reagieren überrascht und skeptisch gegenüber dieser Sicht auf unsere Arbeit. Das traditionelle Bild besagt ja, dass es eine schwere Arbeit ist, sich um andere zu kümmern. Dass es etwas ist, wozu eine besondere Demut mitzubringen ist. Es spiegelt das klassische, christlich geprägte Bild der Nächstenliebe wider. Ein Gespräch mit unseren Mitarbeitern zeigt anderes: etwas Bedeutungsvolles, etwas Strahlendes.

▸    Sie bekommen auch etwas zurück.

*Die große Emotionalität, die sich in dieser Arbeit mit Menschen mit Behinderung erleben lässt, ist schön und wertvoll.*

▸    Welches sind die Werte, mit denen Sie Ihre Einrichtung führen?

Der für mich wertvollste Wert ist die Würde. Der Mensch ist in seiner Einzigartigkeit zu respektieren. Er trifft seine Entscheidung selbstbestimmt, macht Lernfortschritte und darf auch Fehler machen. Mit dem Engagement der Angehörigen und der Professionalität der Mitarbeiter diesen Prozess zu gestalten, das ist unser Auftrag. Die öffentliche Hand finanziert diese Arbeit und erwartet von uns einen nachhaltigen und verantwortungsbewussten Umgang mit diesen Geldern.

Auf dieser identitätsstiftenden Grundlage wurde unsere Organisation gegründet. Für diese Werte haben viele von uns ihren Beruf gewählt.

▸    Würde ist der Zentralwert. Welche anderen Werte sind für die Arbeit hier relevant?

Zuversicht ist ein weiterer wichtiger Aspekt. Wir sind eine Organisation, die von Familien gegründet wurde, die ein behindertes Kind haben. Mit dem Anliegen, ein qualitativ gutes und nachhaltiges Hilfesystem für ihre Angehörigen zu haben. Auch wenn die Eltern einmal nicht mehr sind, sollen ihre Angehörigen gute Lebensbedingungen vorfinden. Ein Grundgedanke, der auf lange Sicht angelegt und auch eher behütend ist.

Dem setzen wir einen professionellen Aspekt entgegen, indem wir versuchen, den Menschen ein Mehr an Freiraum zu geben, auch gegenüber ihren Eltern, um wachsen zu können. Da ist der Aspekt der Zuversicht ganz wichtig. Ein weiterer Aspekt, der im Wertekanon vielleicht nicht ganz so betont wird, aber auch ein wichtiger Gründungsgedanke unserer

Organisation ist, ist der Fürsorgegedanke. Vor Gefährdungen zu bewahren, eine gute Assistenz, eine gute Pflege zu leisten.

Fürsorge und Zuversicht gehören zusammen, stehen aber auch in einem gewissen Spannungsverhältnis.

▶ Gibt es noch andere Spannungsfelder?

Das Spannungsfeld zwischen Fürsorge und Zuversicht hat viele Ebenen. Täglich muss eingeschätzt werden: Ist das Lernziel gut und richtig oder bedeutet es für den Einzelnen eine Überforderung? Ist der Einzelne unterfordert oder ist er gefährdet?

Wir möchten in unserer Organisation die stationäre Rundumversorgung, das Leben in Heimen ablösen und durch individuelle ambulante Hilfen ersetzen. Wir suchen nach Möglichkeiten, dass Menschen mit Behinderung unabhängiger von der Hilfe der Mitarbeiter werden und ihre eigenen Entscheidungen treffen, sich mehr zutrauen, Freunde und Nachbarn einbeziehen.

Wir entwickeln immer neue Konzepte und prüfen, für welche Menschen welcher Ansatz geeignet ist.

Nachhaltigkeit ist ein weiterer Wert, der in unserer Arbeit hohe Bedeutung hat. Nachhaltigkeit für den einzelnen Menschen und auch für die Einrichtung. Wir übernehmen Verantwortung und gestalten Betreuungssituationen, die auf Beständigkeit angelegt sind.

▶ Wann haben Sie das letzte Mal gemerkt, dass Werte bei Ihnen umgesetzt oder auch nicht umgesetzt wurden?

Wir haben die Diskussion sehr aktuell und praktisch. Wir haben ein dreiviertel Jahr lang gemeinsam Führungsleitlinien erarbeitet und inzwischen verabschiedet. Unser Leitbild – der Grundwertekanon unserer Organisation – ist in die Führungsleitlinien eingeflossen. Wir waren das ganze letzte Jahr stark an dem Thema dran und haben uns mit vielen Werten auseinandergesetzt wie der Frage nach der Loyalität. Sind Mitarbeiter der sozialen Arbeit verpflichtet oder auch dem Unternehmen? Wie können wir Konflikte gut miteinander bewältigen? Ein weiteres großes Thema Führung und Delegation wurde intensiv diskutiert, was können wir verbessern, damit Mitarbeiter wachsen und ihre Aufgaben eigenständig wahrnehmen können. Wir haben viele Parallelen aus unserer Arbeit mit behinderten Menschen abgeleitet und in die Arbeit unserer Führungskräfte eingebracht.

▶ Gab es Momente, in denen die Werte noch nicht umgesetzt wurden?

Ja, es gab z. B. einen Teamkonflikt, bei dem die Gefahr bestand, dass ein Mitarbeiter aus dem Team herausgedrängt wird. Der Konflikt wurde nicht wirklich offen ausgetragen, sondern eskalierte, bis das Team nur noch die Chance sah, dass der Mitarbeiter das Team verlassen müsse. Unsere Führungskräfte haben versäumt, den Konflikt mit Instrumenten, mit Interventionen, mit Führung rechtzeitig zu bearbeiten. Das war eine typische Situation, in der die Werte nicht umgesetzt wurden, wo Möglichkeiten nicht gesehen wurden, die vorhandenen Führungsinstrumente einzusetzen.

Das man Führen darf und soll, ist in der Sozialarbeit nicht selbstverständlich. Karriere machen, Führungsaufgaben zu übernehmen, steht für manche im Konflikt zu den Inhalten sozialer Arbeit. So gibt es eine Scheu Karrierechancen zu nutzen und Führung selbstbewusst auszuüben.

▶   Es bräuchte eine Balance der Werte, um die Rolle Ihrer Führungskräfte auch zukünftig gut ausgestalten zu können.

Ja, auf diese Balance kommt es an. Wir haben stark daran gearbeitet, dass diese Führungsaufgaben bewusster aufgenommen, professioneller ausgeführt und selbstbewusster ausgefüllt werden. Das gelingt nicht jedem im gleichen Maße. Es gibt auch Situationen, wo das Pendel in die andere Richtung ausschlägt und die nötige Zurückhaltung bei einer Führungskraft fehlt, um Mitarbeiter wachsen zu lassen und ihre Potentiale zu sehen. Da sind wir noch nicht in der Balance mit unserem Wertekanon, haben die Aufgabe, einen guten Ausgleich zu finden.

▶   Zur Implementierung der Werte haben Sie schon einiges gesagt. Wie halten Sie die Umsetzung nach und sichern die Qualität Ihres Werte Managements ab?

Wir haben ein Programm aufgelegt, in dem wir unsere Führungsinstrumente weiter entwickeln und neue Instrumente einführen. So haben wir nun ein einheitliches Verfahren, wie neue Mitarbeiter eingearbeitet werden, weil wir ein relativ großes Wachstum haben und viele neue Mitarbeiter integrieren wollen. Das ist für uns auch ein großes Zukunftsthema. In fünf Jahren gehen bei uns die großen Jahrgänge in Rente und wir werden einen starken Austausch von Wissen und Erfahrung organisieren müssen.

Die Altersstufen sind bei uns nicht gleichmäßig verteilt, wir sind in den 80iger und 90iger Jahren sehr stark gewachsen. Wir haben viele Mitarbeiter, die wie ich in den 50igern sind, die dann in fünf oder zehn Jahren ausscheiden werden. Insoweit müssen wir uns stark um den Nachwuchs und um die neue Heterogenität der Teams kümmern. Die Weitergabe von Wissen an neue Mitarbeiter, das war eines der Instrumente, auf das wir im letzten Jahr besonderen Wert gelegt haben. Dieses Jahr ist es vor allem die Werbung und Akquise neuer Mitarbeiter.

▶   Wie gestalten Sie Personalentwicklung?

Wir werden ein strukturiertes Jahresgespräch als Personal- und Feedbackinstrument einführen. Das ist bislang nicht sicher verankert. Die Gespräche haben einzelne Führungskräfte durchgeführt, aber nicht systematisch und nicht mit allen.

An den Anfang unseres Programms der Führungskräfteentwicklung haben wir eine gemeinsame Verständigung auf Führungsleitlinien gesetzt, dann haben wir uns den Instrumenten zugewendet, damit wir bei der Einführung der Instrumente unsere Trainings auch darauf abstellen können. Wenn wir unser System der Rückmeldegespräche einführen, dann werden wir dies trainieren und da gibt es viele Gelegenheiten die Leitlinien einfließen zu lassen. Zum Beispiel indem es nicht nur ein einseitiges, sondern ein 360 Grad Feedback gibt.

▶ Was wären die wichtigsten Dos und Don'ts bei der Einführung von werteorientiertem Management?

Was bei einem werteorientierten Unternehmen entsteht, ist Vertrauen zwischen Führungskräften und Mitarbeitern. Vertrauen darauf, dass man gemeinsam den richtigen Weg geht. Führungskräfte müssen sehr gut aufpassen, dieses Vertrauen nicht zu beschädigen.

Ich kommuniziere auch schwierige Themen gradlinig und rechtzeitig. *Mitarbeiter vertragen es durchaus, schlechte Botschaften zu hören.* Vertrauen wird beschädigt, wenn Informationen nicht geradlinig vorgetragen oder ganz vorenthalten werden. Dazu gehört Mut und vor allem eine Nachhaltigkeit in der Kommunikation. Dass man sich daran erinnert, was man vor einem Jahr zugesagt hat, dass man dazu auch steht.

Eine Fehlerkultur auch im Management finde ich sehr wichtig. Vor Mitarbeitern sagen zu können: „Das habe ich falsch eingeschätzt, das hat sich anders entwickelt und jetzt haben wir eine neue Situation. Deshalb verändern wir unsere Richtung und entscheiden uns jetzt anders." Es ist wichtig zu erkennen, dass Entscheidungen begründet sind, dass auch der Zusammenhang einer Entscheidung Mitarbeitern transparent gemacht wird. Das ist nicht bei jeder Fragestellung möglich und sinnvoll, aber viel häufiger, als man denkt.

▶ Welcher Wert wird zukünftig für Ihre Einrichtung an Bedeutung gewinnen?

Respekt. Wenn es um Zusammenarbeit in Teams geht, auch Toleranz. Die wird auf jeden Fall auf eine große Probe gestellt werden. Unser Unternehmen ist noch relativ homogen strukturiert. Wir stecken noch in den Anfängen beim Aufbau von multikulturellen und multiprofessionellen Teams. Das bedeutet andere Anforderung an Führung. Welche Talente sind zu nutzen, wie bringt man Alt und Jung, deutsch und türkisch, Pädagoge und Handwerker zusammen, dass ein gutes Ergebnis entsteht.

Unser Elternverein hat nach wie vor einen schwachen Zugang zu Migrantenfamilien. Diese nutzen immer noch nicht selbstverständlich die Angebote, die es in Deutschland gibt. Wir sind mit unserer Klientel noch zu sehr auf die deutsche Bürgergesellschaft orientiert und noch nicht breit genug aufgestellt. Unser Eigentümer ist ein Mitgliederverein und der Eintritt in einen Verein ist nicht jedem in die Wiege gelegt. Das ist ein Schritt, den gehen einige nicht. Wir haben eine Dachorganisation und kooperieren auch mit türkischen Behinderteneinrichtungen, die dann unsere Leistung nutzen und die die Brücke in der Kommunikation zu ihrer Zielgruppe schlagen. Das sind neue Modelle, die auf uns zukommen. Das ist eine reizvolle Aufgabe vom hanseatischen Verein hin zum Großstadtdienstleister.

▷     Welche Werte sollten gesellschaftlich in Zukunft stärkere Beachtung finden?

Verantwortung zu übernehmen ist für mich ganz wichtig. Was uns der neue Bundesprä-
sident auf den Weg gegeben hat, das sind schon Worte, mit denen wir auch in der Wirtschaft
viel anfangen können. Dass wir Verantwortung tragen in unserem Handeln und zwar nicht
nur kurzfristig, sondern auf lange Sicht. CSR ist ein Wert, der in Unternehmen in Zukunft
noch viel mehr gefordert sein wird.

▷     Prägen Sie mit Ihrer Arbeit die Gesellschaft?

Das tun wir. Es gibt eine Veränderung auch in der sozialen Arbeit. Wir arbeiten nicht
mehr isoliert mit der Zielgruppe „Menschen mit Behinderung", sondern sind stärker in
der Öffentlichkeit präsent. Bestes Beispiel ist die Diskussion darum, wie Schule aufgestellt
sein soll. Es wird nicht nur darüber gesprochen, wie werden behinderte Schüler in der
Sonderschule unterrichtet, sondern wie soll Unterricht überhaupt in allen Schulformen
gestaltet werden. Daran merkt man, dass eine gesellschaftspolitische Diskussion begonnen
hat.
Das erleben wir auch stark beim Thema Wohnen. Wie soll unsere Zielgruppe in unserer Stadt ihren Wohnort finden und wie soll die Nachbarschaft sein? Wir versuchen
aktiv mit Baugemeinschaften Wohnprojekte anzugehen und realisieren dabei auch Werte
des Miteinanders. Wir haben jetzt schon das vierte Wohnprojekt, wo wir gemeinsam mit
Baugemeinschaften gebaut haben und wo einfach andere Bedingungen für Nachbarschaft
herrschen. Jeder hat seine Wohnung und sein Leben für sich, aber es hat Bedeutung, wer
in der Nachbarschaft lebt. Man kennt sich, wenn man sich draußen auf der Straße begegnet. *Wir organisieren viel an Freizeit- und Nachbarschaftsaktivitäten. So entstehen in einer
Gesellschaft, in der die Großfamilie nicht mehr prägend ist, neue soziale Bindungen.* So wirkt
soziale Arbeit auf die Veränderung der Gesellschaft hin.

▷     Für mich sind das Werte der Integration, aber auch Sensitivität und Nähe spielen
      eine Rolle.

Es gibt einen soziologischen Diskurs in der Behindertenhilfe. Wir haben früher unsere
Arbeit auch unter die Überschrift Integration gestellt. Das Wort Integration gibt Menschen
mit Behinderung nicht unbedingt eine eigenständige Rolle. Heute sprechen wir von Inklu-
sion. Dies bedeutet, gesellschaftliche Systeme, ein Nachbarschaftsquartier, eine Schule, ein
Unternehmen verändern sich so, dass Menschen mit und ohne Behinderung ihren Platz
finden können. Das ist für alle Bürger, die daran teilhaben, nützlich. Wie bspw. die barrie-
refreie U-Bahn, da kann dann auch jeder mit dem Kinderwagen leichter fahren.

▷     Nach welchen privaten Werten leben Sie?

Ich bin den Werten Würde und Respekt stark verbunden. Ich habe den gleichen Weg
in die Arbeit gefunden, wie viele, die damit in Berührung gekommen sind und sich entschieden haben, soziale Arbeit zu machen. Obwohl ich eine ganz andere Ausbildung habe.

Ich bin Diplomvolkswirt. Ich habe diese begeisternde Wirkung der Arbeit mit behinderten Menschen genau so erlebt, in dem ich als Student gejobbt habe in einer Wohngruppe. Eigentlich wollte ich in der Dritten Welt Entwicklungszusammenarbeit machen, aber das Thema hat mich nicht losgelassen. So habe ich berufliches Know-how mit der Erfahrung dieser wertvollen Arbeit verbunden. Insoweit hat das auch mit meinem Lebensweg zu tun.

Ansonsten bin ich ökologischen Werten verbunden. Ich möchte Nachhaltigkeit auch persönlich umzusetzen. Ich bin Mitglied in einem Wohnprojekt für autofreies Wohnen, habe selbst kein Auto und versuche alles mit dem Fahrrad zu erreichen. Wir wollen auch ein bisschen zeigen, dass man das machen kann und sich niemand was abschneidet, wenn man das Auto als Fortbewegungsmittel nicht zur Verfügung hat.

Ich glaube, das genügt an dieser Stelle.

▸ Vielen Dank für das Gespräch.

## WertSchätze für den Führungsalltag[1] ...

**Begeisterung**
Die Arbeit mit Menschen ist in sich sinnstiftend. Die direkte Resonanz im Kontakt gibt Bestätigung und Kraft.

**Zuversicht**
Gute Arbeit ermöglicht eine permanente persönliche (Weiter-)Entwicklung. Dies gilt sowohl für Mitarbeiter, als auch für Menschen mit Behinderung.

**Kontinuität**
Im Kontakt zu den betreuten Menschen ist eine nachhaltige und stetige Begleitung besonders wertvoll. Nachhaltigkeit in Wort und Tat gilt eben so nach innen gerichtet in Bezug auf Mitarbeiterführung.

**Respekt**
Dem Anderen mit Achtung zu begegnen und ihn mit all seinen Möglichkeiten und Grenzen zu schätzen ist ein Grundpfeiler der Arbeit.

---

[1] Diese Werte sind eine Gesprächsreflektion der Autorin. Dabei wurden bewusst spezifische Werte herausgegriffen.

# Das Spannungsfeld der Werte meistern

## Jörn Wessel, Geschäftsführer Agaplesion Diakonieklinikum Hamburg gGmbH

**Gesprächspartner: Jörn Wessel, Geschäftsführer Diakonie Klinikum Hamburg gGmbH**

Jörn Wessel, geboren 20.11.1959 in Hamburg, ist Jurist mit einer zusätzlichen betriebswirtschaftlichen Ausbildung. Er arbeitet seit 1992 im Gesundheitswesen. Zunächst im zentralen Stabsbereich des LBK Hamburg, wechselte er 1998 in den Vorstand der Diakonie Alten Eichen. In dieser Position bereitete er die Fusion von drei evangelischen Krankenhäusern vor. Seit 2003 ist Wessel Geschäftsführer des so entstandenen AGAPLESION DIAKONIEKLINIKUM HAMBURG. Ein gemeinsamer Neubau wurde 2011 bezogen.

Jörn Wessel ist verheiratet und hat einen Sohn.

K. Girbig, *Wertemanagement*, DOI 10.1007/978-3-658-02616-5_11,
© Springer Fachmedien Wiesbaden 2014

▸    Was verstehen Sie unter Werten?

Werte geben einem ein Gerüst dafür, wie man denkt, fühlt und auch entscheidet. Werte sind die wesentlichen Merkmale, an denen man sich ausrichtet. Wir reden viel über Werte im Konzern. Wir stellen in der Diskussion fest – das ist auch das Spannende daran – dass jeder in Nuancen eine andere Vorstellung hat. Man muss selber immer wieder sein eigenes Wertegerüst überprüfen. Man findet in solchen Diskussionen immer wieder neue Aspekte. Werte sind manchmal über- oder unterbewertet oder nicht sauber definiert.

▸    Welcher Wert wird überbewertet?

Eine Überbewertung ist nicht pauschal festzustellen. Werte werden je nach persönlicher Situation bewertet, dies begegnet mir oft in der täglichen Arbeit. Zum Beispiel der Wert persönliche Zufriedenheit/Wertschätzung versus Wirtschaftlichkeit. Ein sehr gern genommener Wertegegensatz. Und natürlich wird dies von der jeweiligen Position Geschäftsführer oder Mitarbeiter betrachtet. Dabei ist es wichtig, auch die jeweils andere Position zu beachten. Es verlangt wie meist bei Entscheidungen eine korrekte Werteabwägung oder zumindest die Überlegung, wie man ohne das Ziel aus den Augen zu verlieren, eventuelle Belastungen abmildern kann.

Ein Beispiel: Die unterschiedliche Leistungseinschätzung zwischen einem Mitarbeiter und mir braucht immer eine Balance zwischen Wertschätzung und Nächstenliebe sowie Transparenz und Wirtschaftlichkeit. Aber auch die Einstellung von Seelsorgern ist einerseits natürlich ein Kostenblock, der nicht unmittelbar mit dem medizinischen Geschehen zu tun hat, andererseits in einem konfessionellen Haus selbstverständlich sein sollte. Zwei Beispiele, in denen gut zwischen Werten abgewogen werden muss und wo es durchaus unterschiedliche Bewertungen geben kann.

▸    Mit welchen Werten führen Sie Ihr Unternehmen?

Ich lege sehr viel Wert auf Transparenz, ob positiv oder negativ. Hier im Haus wird jedes wirtschaftliche Ergebnis klar transportiert. Die Mitarbeiterversammlung fällt nicht aus, wenn das Ergebnis schlecht ist. Dann muss man sich dem stellen. Glaubhaftigkeit und Ehrlichkeit, darauf lege ich großen Wert. Die Mitarbeiter sollen mir abnehmen, dass die zu treffenden Entscheidungen auch richtig und gut überlegt sind.

Neben der Transparenz sind selbstverständlich Werte wie Professionalität, Wirtschaftlichkeit und diese Dinge wichtig. Ich lege auch noch großen Wert auf Nächstenliebe. Er bedeutet das Wahrnehmen des Menschen hinter dem Mitarbeiter und den Kollegen. Die Wertschätzung der Persönlichkeit ist wichtig.

▸    Sind die Werte in der praktischen Bedeutung gleichrangig?

Natürlich versucht man alle Werte bei Entscheidungen mit einzubeziehen. Aber wenn man Geschäftsführer einer GmbH ist, dann nützt es halt nichts, dann muss die Wirtschaftlichkeit auch da sein. Gerade in Zeiten, wo es nicht so gut läuft, stellt man sich immer die Frage: „Wie viel von der Nächstenliebe, wie viel von der Professionalität, wie viel von dem und dem kann man sich eigentlich noch leisten?" Letztlich führt an der Wirtschaftlichkeit kein Weg vorbei. *Wenn man nicht wirtschaftlich handelt, dann handelt man auch nicht substanzerhaltend und letztlich auch unethisch.* Weil man mit dem Kapital, das man zur Verfügung gestellt bekommen hat, schlecht umgeht. Man handelt letztlich auch nicht wertschätzend. Die Mitarbeiter vertrauen darauf, dass es dieses Unternehmen langfristig gibt. Insofern wäre es fahrlässig, wenn man den Wert Wirtschaftlichkeit nicht ernst genug nimmt und sagt: „Na, es wird schon irgendjemanden geben, der einem hilft." Das ist mit einer GmbH nicht möglich und schon gar nicht mit einem so großen Unternehmen wie diesem.

Damit habe ich an einigen Stellen auch meine persönlichen Probleme, wenn man harte Entscheidungen treffen muss. Man kann sie transparent machen, man kann in seiner Entscheidung glaubwürdig sein, aber man muss trotzdem manchmal Entscheidungen treffen, wo Wirtschaftlichkeit deutlich höher angesetzt wird als andere Werte. Damit tut man Mitarbeitern häufig weh. Wenn man z. B. Personal kürzen oder die Organisation verändern muss. Das ist dann nicht angenehm. Ich versuche aber immer, die anderen Werte bei Entscheidungen zu berücksichtigen und mindestens Glaubwürdigkeit und Transparenz können immer mitspielen. Nächstenliebe nicht immer. Ich hatte eine Zeit, als wir hier fusioniert haben, da mussten die Küchen zusammengelegt werden und wir haben zwanzig Mitarbeiter entlassen. Das war eine meiner schwierigsten Entscheidungen. Die zwanzig konnten wir nirgendwo anders mehr unterbringen. Für sie mussten wir einen Sozialplan machen. Von denen habe ich hinterher zwei auf der Straße getroffen und sie haben gesagt: „Ja, es war nicht schön, aber es war alles o.k. Wir wussten es zeitig genug." Nämlich ein Jahr davor. Diese Entscheidung sollte ein Jahr vor der Fusion gefällt werden, damit die Leute auch die Chance haben, etwas Neues zu suchen. Das war transparent, es war nachvollziehbar. Insoweit fühlten sie sich den Umständen entsprechend gut damit. Das war für mich hinterher ein positives Signal, dass bei aller Härte der Entscheidung trotzdem Glaubwürdigkeit und Transparenz anerkannt wurde.

Ich habe meine ersten Berufsjahre in einem kommunalen Unternehmen verbracht, im LBK Hamburg. Dann bin ich aus dem kommunalen Umfeld, wo ein bestimmter Umgangston miteinander herrscht, in ein diakonisches Unternehmen gekommen und ich habe diesen Unterschied deutlich gespürt. Es ist im diakonischen Bereich deutlich „wärmer", z. B. wie Entscheidungen getroffen werden. Natürlich ist dort auch nicht alles Gold, was glänzt. Aber das sind Einzelfälle. Man geht insgesamt besser miteinander um, das schätze ich sehr. Da habe ich für mich entschieden, dass ich in solch einer Unternehmenskultur gern arbeiten möchte und dazu beitragen möchte, diese Kultur zu erhalten.

▸    Wie erwecken Sie die Werte im Arbeitsalltag zum Leben?

Werte im Arbeitsalltag funktionieren nur durch die Ordnung und die Regelungen, die man sich gibt. *Wenn man es nicht vorlebt und der Kopf als Erstes stinkt, dann wird es nichts.* Man muss es vorleben, dann kann man es auch von den Mitarbeitern verlangen. Darauf habe ich mich ausgerichtet. Ich habe versucht, die Regelungen, die ich beeinflussen kann, so aufzustellen. Kleinigkeiten: Sitzungskultur, wie geht man miteinander um. Oder das Grüßen. Bei uns gilt die Regel: „Es wird sich hier im Haus gegrüßt." Ich setze mich manchmal hin und gucke, wenn die Leute so aneinander vorbeilaufen, wie sie miteinander umgehen. Blinzeln sie sich zu oder laufen sie stur aneinander vorbei, ohne sich eines Blickes zu würdigen. Das greife ich gern auf. Ich habe die Mitarbeiter manches Mal angehalten in den ersten Monaten und gesagt: „Warum grüßen Sie mich eigentlich nicht? Ich habe Ihnen nichts getan, ich habe Sie auch gegrüßt."

▸    Hat dann die Wirkung nicht eher eingesetzt, weil Sie in der Chefrolle gesehen
      wurden?

Das ist natürlich der Nachteil, wenn ich so etwas persönlich mache, dass ich nie so genau weiß, ob es daran liegt. Aber zumindest versuche ich, eine solche Kultur auf meine erste und zweite Führungsebene zu übertragen.

Meine zweite Ebene suche ich mir – wenn ich die Chance habe – danach aus, dass sie zu mir passen. In Bewerbungsgesprächen versuche ich, meinen Bauch sprechen zu lassen. Ich schaue, wie die Leute auf mich zugehen. Ich versuche sie aus der Reserve zu locken, sie zu befragen, wie sie mit Leuten umgehen. So hole ich Informationen ein und entwickle dann ein Bauchgefühl; was bisher in 80–90 % der Fälle gepasst hat. Ich trenne mich auch mal von Mitarbeitern, wenn ich sehe, dass es gar nicht passt. Wenn man da mal daneben lag, dann muss man auch wieder auseinandergehen.

Ich habe mich schon von Mitarbeitern getrennt, weil sie nicht ordentlich mit Mitarbeitern umgehen. Das ist dann schon eine wichtige Werteabwägung, gerade wenn es sich um Führungskräfte handelt. Wesentlich ist dabei, klare Regeln und Transparenz herzustellen. Was erwarte ich und was dürfen auch die Mitarbeiter erwarten und wie stark wird gegen diese Erwartungen gehandelt. Letztlich müssen auch die Konsequenzen klar definiert werden. Gerade aktuell habe ich mich von einer sehr wichtigen Führungskraft in unserem Unternehmen getrennt, morgen ist ihr letzter Tag. Dies war ein langer Prozess und die Werteabwägung fiel mir auch schwer.

Ich habe auch einem Abteilungsleiter, der über 18 Jahre im Haus ist, zwei Abmahnungen wegen seines Umgangs mit Mitarbeitern gegeben. Er hatte vor Patienten einen Mitarbeiter einer anderen Abteilung heftig zurechtgewiesen. So wollen wir nicht miteinander umgehen, dieser Wert des ordentlichen Umgangs ist bei uns wichtig. Er kann inhaltlich noch so Recht haben, da will ich mich gar nicht einmischen. Aber das muss natürlich hinter verschlossener Tür und vor allem nicht vor Patienten ausgetragen werden. *Vor einem Patienten herumzupoltern, das geht gar nicht.* Wenn ich so etwas mitbekomme, dann reagiere ich auch. Ich hänge das nicht ans schwarze Brett, aber es spricht sich dann schon rum und das ist zum Teil auch gut so.

▸ Ich sehe gerade einen Schalk in Ihren Augen blitzen. Schade, dass ich den nicht ins Buch transportieren kann.

Dem kann ich abhelfen … Es geht um die Frage, wie man als Führungskraft wahrgenommen wird, wie viel Vertrauen in eine aktive Führung vorhanden ist. Ich halte nichts von aktiver „öffentlicher" Verbreitung von Sanktionen, weil es bei aller Transparenz ein wichtiger Wert ist, Kritik hinter verschlossener Tür zu besprechen. Andererseits müssen die Mitarbeiter das Vertrauen entwickeln, dass tatsächlich auch Konsequenzen erfolgen. Im Laufe der Jahre habe ich natürlich schon etliche Kritik- oder Ermahnungsgespräche geführt, die weder vom Mitarbeiter noch von mir verbreitet wurden. Manches Mal höre ich dann hinterher: „Da haben Sie ja gar nichts gemacht. Der hat doch die Schwester Anna zusammengefaltet und nichts passiert von der Geschäftsführung." Dass ich sehr wohl reagiert habe, hat nur Niemand erfahren. Muss aus meiner Sicht auch nicht sein, Hauptsache es führt zum Erfolg. Wichtig ist schon, dass die Mitarbeiter Vertrauen entwickeln, dass tatsächlich auch Konsequenzen gezogen werden. Das ist manchmal eine schwierige Gratwanderung, insofern bin ich manches Mal nicht ganz so traurig, wenn der Mitarbeiter davon im Kollegenkreis berichtet. Bisher fahre ich mit diesem Stil ganz gut.

▸ Sie sagten Werte werde durch Vorbild gelebt. Gibt es unabhängig davon eine organisatorische Verankerung?

Wir haben für bestimmte Fälle ein Ethikkomitee. Das arbeitet selbstständig. Es besteht eine Geschäftsordnung und natürlich werde ich bei größeren Fragestellungen eingeschaltet. Es ist interdisziplinär besetzt. Die Mitarbeiter des Komitees werden vom Direktorium auf Vorschlag aus der Mitarbeiterschaft berufen. Wir haben noch zwei Externe mit im Komitee. Das Ethikkomitee gibt es seit 2007. Es ist auch in allen AGAPLESION Einrichtungen implementiert.

Im Komitee geht es meist um wichtige medizinische Fragen, insbesondere bei Behandlungsfragen, zu denen der Patient keinen eigenen Willen äußern kann. Zum Beispiel soll ein solcher Patient auf der Intensivstation weiterbeatmet werden oder nicht. Wenn Mitarbeiter vor einer schwierigen Entscheidung stehen, die sie nicht sofort auflösen können oder Zweifel haben, können sie das Ethikkomitee anrufen und sich eine Beratung holen. Das Ethikkomitee entscheidet nicht, ob eine Beatmungsmaschine abgestellt wird. Aber es kann Empfehlungen geben: Ist es ethisch noch vertretbar, weiter zu beatmen, oder ist es ethisch vertretbar, überhaupt zu beatmen, z. B. bei Komapatienten. Oder nochmal zu operieren. Wenn man bei einem 90ig-Jährigen sagt: „Wenn der bei der siebten oder achten Darm-OP ins Koma fällt, überlebt er das wahrscheinlich nicht." Er hat auch vorher gesagt: „Lasst mich bloß in Ruhe, ich will nicht mehr." Das sind schwierige Entscheidungen, die Ärzte und anderes Personal treffen müssen und dafür können sie sich Hilfe holen. Konzernweit haben wir noch eine Ethik-Arbeitsgruppe, in der sich die Ethikkomitees untereinander mit ganz wesentlichen Fragestellungen beschäftigen.

▸   Ist das ein Standard in Kliniken?

Standard nicht, aber ich glaube, viele konfessionelle Häuser haben das. Es ist eigentlich keine konfessionelle Fragestellung. Auf jeden Fall ist es ein wertvolles Werte-Instrument.

▸   In welchen Situationen haben Sie das letzte Mal gemerkt, dass Unternehmens-
     werte gelebt oder auch nicht gelebt wurden?

An Beispielen fehlt es in der täglichen Arbeit nicht. *Jede Verschwendung bedeutet, dass der Unternehmenswert „Wirtschaftlichkeit" nicht ordentlich verfolgt wird.* Schickt ein Abtei-lungsleiter wie letzte Woche gerade erlebt – alle seine Mitarbeiter zu einer Fortbildung und stockt damit der Betrieb, ohne dass er vorher geprüft hat, ob tatsächlich alle Mitarbeiter persönlich diese Fortbildung benötigen, werden Ressourcen verschwendet. Das bedeutet letztlich Unwirtschaftlichkeit. Solch ein Verhalten gilt es zu verändern und bei den Mitar-beitern zu verinnerlichen und es ärgert mich, solche Beispiele entdecken zu müssen.

▸   Wo lief es besonders gut?

Trotz großen Stresses wird unheimlich zugewandt mit den Patienten umgegangen. Ich bin immer wieder hellauf begeistert, dass man das in so einer Stresslage hinbekommt. Das ist ein Punkt, den ich in diesem Haus sehr gut finde. Über das Meinungsmanagement be-komme ich auch sehr viele positive Rückmeldungen von den Patienten.
Es gibt viele Ärzte und Pfleger, die sich für die Einzelnen auch in der Freizeit einsetzen. Sie arbeiten sowieso schon acht, neun, zehn Stunden mit allen Überstunden und Drum und Dran. Wir hatten letztens eine jugoslawische Patientin. Sie war schwerkrank und hatte kein Geld, war aber kein akuter Notfall, also nicht zwingend behandlungspflichtig. Bei uns kam ein Hilferuf an von einer niedergelassenen Ärztin. Sie hat mich dann gelöchert, sie würde das umsonst machen und auch zwei Schwestern finden, die umsonst helfen, ich müsste nur mein o.k. geben, dass der OP benutzt werden darf. Wir haben das gemacht. Die Frau konn-te geheilt werden. Da sag ich: „Chapeau! Das ist Klasse." Das kann man verschiedensten Werten zuordnen, Wirtschaftlichkeit wahrscheinlich nicht. Aber sicher Nächstenliebe und Wertschätzung.
Wir hatten jetzt mehrere Ärzte und Schwestern, die sind in ihrem Urlaub nach Eritrea gefahren und haben unter phänomenal schwierigen Bedingungen operiert und geholfen. Das sind Mitarbeiter, die zu uns passen. Daraus ziehe ich auch Zufriedenheit für meine Arbeit. Hätte ich nicht solche Erlebnisse, dann hätte ich längst nicht so viel Spaß an meiner Arbeit. Die Erfüllung von Werten finde ich gut!
Wir sind in der AGAPLESION mitten in der Werteumsetzung. Alle Führungskräfte in unserem Konzern haben vor zwei Jahren gesagt, wir haben ein Leitbild, wir haben eine Vision mit Werten, aber diese noch einmal griffig zu definieren, das stünde jetzt an. Wir haben eine jährliche Management-Konferenz mit 120 Mitgliedern. Die haben wir genutzt, um uns um unsere Werte zu kümmern. Wir mussten uns erst mal klar machen: Welche

Werte haben wir? Verstehen wir alle das Gleiche darunter? Es war ein spannender Prozess, zwei Tage lang. Herausgekommen sind sechs Kernwerte, die wir herausgearbeitet haben. Nächstenliebe war leicht, das ist in einem konfessionellen Haus natürlich ein Selbstgänger. Aber über die Definition von Transparenz und Wirtschaftlichkeit haben wir viel gesprochen. Dann haben wir uns gefragt: „Wie leben wir diese Werte?" Vor drei Jahren haben wir eine Werteabfrage bei den Mitarbeitern gemacht. Wie die Mitarbeiter einschätzen, ob Werte im Unternehmen gelebt werden und wenn ja welche.

Ich glaube, dass so etwas wenige Unternehmen machen. Es war uns aber wichtig. Weil wir als konfessioneller Konzern auch sagen: „Wir sind eigentlich die ‚Besseren', weil wir werteorientierter arbeiten als etliche Andere, z. B. private Konzerne." Klar, die haben auch einen Wert: Die Rendite. Das sehen wir schon etwas differenzierter. Mit der Werteabfrage wollten wir wissen, ob all unsere Bemühungen und unsere Regeln über Verhalten und Führung auch beim Mitarbeiter ankommen. Sehen diese das nur als: „Naja, das macht man mal für Qualifizierungsaudits." oder meinen sie das tatsächlich ernst und wollen es auch leben. Und wenn ja, wie viel Mühe geben sie sich damit.

Wir werden solche Befragungen in regelmäßigen Abständen machen, um zu schauen, ob wir daraus auch Etwas entwickeln. Wir wollen allen unseren 19.000 Mitarbeitern klar machen, warum wir auch ein werteorientiertes Unternehmen sind. Kennen Sie eigentlich unseren Leitspruch?

▸    Werte verbinden?

Ja und das war auch der Hintergrund: Noch einmal Allen präzisieren, was dies eigentlich heißt. Das sind die sechs Kernwerte. Unsere Kernwerte verbinden uns. Aber auch die Patienten oder Kooperationspartner können sich damit verbinden. Zuerst war es auf den Konzern bezogen. Dann haben wir eine Werte-Lenkungsgruppe gebildet und es in allen Einrichtungen diskutiert.

2012 haben wir zehnjähriges Bestehen des Konzerns gefeiert und die Veranstaltung unter das Thema Werte gestellt. Dazu haben wir alle Einrichtungen aufgerufen, Projekte zu machen. *In unserem Haus haben wir einen Wertebarometer entwickelt:* Sechs Plexiglas-Röhren genommen, Tischtennisbälle und ein Aquarium gekauft und die Tischtennisbälle hineingetan. In einer Bildschirmpräsentation am Haupteingang haben wir die Werte vorgestellt und mit der Frage: „Welchen der Kernwerte man an diesem Tag bei uns wahrnehmen konnte?", zum Mitmachen eingeladen. Beim Hinausgehen konnte man Einen oder mehrere Tischtennisbälle in die Röhre tun. Für jede der Röhren war ein Kern Wert vorgesehen. Unsere Idee dabei war, dass in dem Moment, wo sich Mitarbeiter entscheiden, etwa einen Ball in die Röhre „Transparenz" oder in „Nächstenliebe" zu werfen, sie sich innerlich damit auseinandersetzen. Es war vor allem in Richtung der Mitarbeiter gedacht, aber es haben sich auch viele Patienten und Besucher beteiligt, was ich gut fand. Die Aktion lief zwei Wochen lang. Über 1600 Tischtennisbälle wurden bewegt. Ein gutes Ergebnis.

Im Anschluss daran galt es, einen Kern Wert besonders in den Fokus zu rücken – in unserem Haus war das der Wert Professionalität. Diesmal nur mit den Mitarbeitern. Im

Umkleidebereich haben wir Stellwände aufgestellt. Wir wollten wissen, was die Mitarbeiter unter Professionalität verstehen. Das Sammeln und Clustern wurde mit der altbekannten Kärtchen-Abfrage gemacht, um dann ein Stimmungsbild herauszufinden, was den Mitarbeitern wichtig ist. Wir wollen uns kontinuierlich und unaufgeregt mit den Werten beschäftigen und uns dabei weiter entwickeln. Wir haben dabei unsere Strategie verfolgt, bei der großen Arbeitsbelastung der Mitarbeiter die Wertediskussion lieber bei passenden Gelegenheiten in den normalen Teamsitzungen usw. als in gesonderten Arbeitsgruppen zu behandeln. Selbstverständlich war das Ergebnis der Abfrage ein besonderer Anknüpfungspunkt für solche Diskussionen.

▶    Wo sehen Sie noch Potenziale bei der Umsetzung Ihrer Unternehmenswerte?

Ich glaube bei allen. Bei der Transparenz sehe ich noch ganz viel Potential. Soviel, dass man sich eigentlich fragen muss: „Wie viel Transparenz ist eigentlich gut?" Bei Verantwortung sehe ich Luft, da schwächeln wir ein bisschen, auch Eigenverantwortung zu übernehmen. Nicht, wenn es problematisch wird, „vor die Füße kippen" und sagen: „Das muss mal die Geschäftsführung regeln." Sondern: „Ich bin hier Führungskraft und werde nicht schlecht bezahlt. Da kann ich mich auch mal selbst drum kümmern."

Beim Thema Professionalität ist auch noch Luft. Hier im Hause ist einerseits viel Professionalität, andererseits müssen wir uns in etlichen organisatorischen Bereichen weiterentwickeln. Das ist in unserer speziellen Situation normal. Wir sind aus drei Häusern in dieses Haus zusammen gezogen. Damit waren all die Ordnungen, die Wege, die informellen Entscheidungsstrukturen völlig aufgehoben. In einer solchen Situation passiert es, dass die Mitarbeiter sich an den Rand stellen und sich das Neue erst mal anschauen. „Gibt es eine Regel, dass ich für etwas zuständig bin? Nein, die gibt es noch nicht. O.k. dann guck ich erst mal." Ziel muss es sein, wieder eine gute Kultur des Mitdenkens, sich kümmern und der Identifikation zu bekommen. Dies war in den alten Häusern klarer und damit besser. Jetzt müssen wir es auch im Neubau wieder erreichen.

▶    Welche Werte werden aus Ihrer Sicht zukünftig für Ihr Unternehmen an Bedeutung gewinnen?

Das Thema Professionalität muss stark gewinnen. Es gibt einen klaren Qualitätswettbewerb, der ohne Professionalität kaum zu gewinnen ist. Daneben wird die Notwendigkeit zur Effizienz stark zunehmen. Das geht einher mit Wirtschaftlichkeit. Die Aussichten für das Gesundheitswesen sind alles andere als berauschend. Wir werden schon seit Jahren in die Effizienzschere gebracht, indem die Erlösmöglichkeiten niedriger als die Kostensteigerungen durch Tarif u. a. sind. Das wird sich in den nächsten Jahren nicht ändern, eher verschärfen. Man muss dann schlussendlich über Rationierung nachdenken, die aber professionell und nicht aktionistisch sein muss. Ich weiß nicht, ob Sie heute Morgen im Radio den Vertreter der Krankenkasse gehört haben, es würde viel zu viel operiert. Das ist dann ein Aufgalopp zu Diskussionen, dass man mit 80 Jahren auch keine neue Hüfte mehr bekommen muss. Professionelle Auswahlkriterien o. ä. werden aber nicht diskutiert, sondern es werden eher pauschale Gesamtaussagen gemacht. Dies ist ein harter Angriff auf das Wertegerüst. Ich mag noch gar nicht drüber nachdenken, welche Werte damit in Gefahr geraten. Sicherlich sind auch die weichen Werte-Faktoren wie Nächstenliebe oder der Umgang miteinander zukünftig bei weiterem Personalabbau mehr im Fokus, denn sie sind Grundpfeiler unseres Wertegerüstes und stehen letztlich in Spannung zu Wirtschaftlichkeit und Effizienz.

▸ Welche Dos und Don'ts würden Sie für eine werteorientierte Führung empfehlen?

Ich muss mir darüber erst mal klar werden, welche Werte wichtig sind – oder gelten. Dann muss ich überlegen, wie ich diesen Wertekanon in meine Regeln, in mein Tun und meine Maßnahmen auch einbaue. Dann muss ich nachdenken, wie ich dies strategisch gestalte. *Bei Entscheidungen muss ich mir die Zeit nehmen und reflektieren, wie stark eine Entscheidung gegen den Wertekanon verstößt und möglichst konsequent sein.*

▸ Was heißt konsequent sein?

D.h., wenn ich einen bestimmten Wert habe, den ich über andere setze, dass ich auch danach entscheide; und zwar möglichst durchgängig, weil ich sonst keine Linie habe oder zeige.

Ein Don't wäre, ständig zwischen den Werten hin und herzuspringen. Im Laufe einer Zeit können sich Werte verschieben oder sich neue Werte in den Vordergrund schieben. Das ist ganz klar. Aber man muss schon eine gewisse Kontinuität als Führungskraft haben und von den Mitarbeitern einschätzbar sein. Mit Sprunghaftigkeit kann kein Mitarbeiter umgehen.

▸ Welche Werte sollten gesellschaftlich in Zukunft größere Beachtung finden?

Verantwortung ist aus meiner Sicht der Wert, der gesamtgesellschaftlich am meisten gefährdet ist. Wenn ich mir anschaue, wie z. B. der Generation Y viele Sachen egal sind. Es ist teilweise unglaublich, wie verantwortungslos viele Jugendliche mit ihrer Gesundheit, ihrer Bildung, mit so vielen Dingen umgehen.

Auch Wertschätzung ist ein Punkt, der nicht aus dem Fokus geraten darf. Es macht sich Kälte in vielen Gebieten breit. Ob es im Arbeitsleben ist, z. B. mit den vielen Leihkräften, den Diskussionen wie Firmen mit ihren Mitarbeitern umgehen, wie die Firmen untereinander umgehen, wie die Menschen miteinander umgehen, die vielen U-Bahn-Schlägereien. Das sind alles kleine Indizien für eine gesamtgesellschaftliche Entwicklung. Irgendwann ergeben die mal ein Gesamtmuster. Wenn das klar erkennbar ist, dann ist es in der Regel meist zu spät.

▶    Prägen Sie mit Ihren Unternehmenswerten die Gesellschaft?

Ich bin zutiefst davon überzeugt, dass ein konfessionelles Krankenhaus für eine Gesellschaft positiv ist. Medizin bekommt man überall, das ist klar. Ich glaube, dass konfessionelle
Krankenhausarbeit ihren eigenen Stellenwert hat. Alle Mitarbeiter wollen ihr Gehalt bekommen und müssen es auch erhalten, keine Frage. Aber bei der Begründung, warum sie
Krankenschwester sind und warum sie hier sind, da schwingt noch anderes mit. So ein
bisschen wünsche ich mir dieses „add-on" bei Allen.

▶    Mehr Altruismus?

Nein, ich meine nicht, dass ich sie danach aussuche, ob sie noch ein paar Überstunden
mehr machen. Sondern solche Menschen, die eine Zufriedenheit daraus ziehen, anderen
Menschen zu helfen, anderen geholfen zu haben. *Es gibt auch solche, die froh sind, wenn
sie ihre Acht-Stunden-Schicht ohne Unfälle überstanden haben.* Von denen haben wir auch
genügend. *Ich freue mich aber immer, wenn ich die anderen treffe.* Mit denen arbeite ich
auch lieber zusammen.

▶    Glauben Sie, dass das Prinzip Nächstenliebe auch auf andere Branchen übersetz-
     bar ist? Der Wunsch nach Wertschätzung wird oft ironisiert „Wir wollen doch hier
     keinen Kuschelkurs." Aber die Sehnsucht nach Wertschätzung ist groß.

Nächstenliebe übersetze ich so, dass man den Menschen in seinen Schattierungen mögen muss. Das lässt sich auf fast alle Branchen hervorragend übertragen. Ich glaube schon,
dass ein gutes Betriebsklima auch andere Ziele und Werte voran bringt. Wenn das über
zufriedene Mitarbeiter geht, umso besser.

▶    Welche privaten Werte sind für Sie wichtig?

Die gleichen. Ich lege hier nichts ab, wenn ich rausgehe und umgekehrt.

▶    Vielen Dank für das Gespräch.

**WertSchätze für den Führungsalltag[1] ...**

**Glaubwürdigkeit**
Eine aufrechte Haltung wird besonders in der ungeschönten Kommunikation
schwieriger Nachrichten sichtbar.

---

[1] Diese Werte sind eine Gesprächsreflektion der Autorin. Dabei wurden bewusst spezifische Werte
herausgegriffen.

Führungskräfte werden – im positiven Sinne – als berechenbar erlebt, wenn den Ankündigungen auch entsprechende Maßnahmen folgen.

**Balance**

Entscheidungsfindung bedeutet häufig ein Ausbalancieren von Wertespannungsfeldern.

Die Herausforderung besteht darin, ein Gleichgewicht zwischen materiellen und immateriellen Werten und den damit verbundenen Unternehmenszielen herzustellen.

**Eigenständigkeit**

Als Führungskraft muss man beständig an der Etablierung einer Kultur arbeiten, in der jeder von sich aus über den eigenen Verantwortungsbereich hinausschaut.

Das bedeutet auch bei auftretenden Problemen zunächst alle Handlungsspielräume und -möglichkeiten auszuschöpfen, bevor nach oben delegiert wird.

# Sinnerfüllung durch Beziehungsarbeit

## Pastor Dr. Friedemann Green, Vorsteher Das Rauhe Haus

**Gesprächspartner: Pastor Dr. Friedemann Green, Vorsteher Das Rauhe Haus**
Dr. Friedemann Green wurde 1954 in Eckernförde an der Ostsee geboren und verbrachte dort Kindheit und Jugend. Nach Schulbesuch und mehrjährigem sozialem Freiwilligendienst in England und den USA studierte er von 1978 bis 1985 Evangelische Theologie in Berlin und Hamburg. Nach seinem Vikariat in Hamburg-Lurup wurde er zunächst Gemeindepastor an der Hauptkirche St. Michaelis. Von 1988 bis 1992 war er als Pastor und wissenschaftlicher Mitarbeiter an der Arbeitsstelle Kirche und Stadt der Universität Hamburg tätig und promovierte zum Thema „Kirche und Stadtentwicklung". Von 1992 bis 1999 war er Gemeindepastor in Sörup, im ländlichen Kirchenkreis Angeln, von 1999 bis 2008 Propst des Kirchenkreises Eiderstedt an der schleswig-holsteinischen Nordseeküste und seit 2009 ist er Vorsteher der Stiftung Das Rauhe Haus in Hamburg-Horn.

K. Girbig, *Wertemanagement*, DOI 10.1007/978-3-658-02616-5_12,
© Springer Fachmedien Wiesbaden 2014

> Friedemann Green ist verheiratet, Vater dreier Kinder und genießt, neben dem kulturellen Reichtum der Metropole Hamburg mit ihren umgebenden ländlichen Räumen, das Segeln auf der Ostsee.

▷    Was verstehen Sie unter Werten?

Werte sind Grundorientierungen für das Handeln der Menschen. Sie gelten unbedingt und sind darum z. B. auch nicht in Geld aufzuwiegen. Mit dem Rauhen Haus gründen wir auf einer Schnittmenge von Werten, die von vielen Menschen geteilt werden, die in Verbindung zu unserer Einrichtung stehen: Mitarbeiter/-Innen ebenso wie viele Menschen, die unsere Arbeit mit Spendengeldern oder freiwilligem Engagement unterstützen. Diese Werte bilden auch einen breiten gesellschaftlichen Konsens ab, was u. a. darin seinen Ausdruck findet, dass unsere sozialen und Bildungsangebote zum überwiegenden Teil staatlich refinanziert sind. Es ist sozialpolitischer Konsens in der Bundesrepublik, dass diese Werte in sozialen Absicherungen und Angeboten umgesetzt werden. Werte wie Menschenwürde, Chancengleichheit und Gerechtigkeit finden ihren Niederschlag in Sozialgesetzen, in denen Ansprüche auf bestimmte Unterstützungsleistungen verbrieft sind. Beispielsweise der Anspruch von Menschen mit Behinderungen auf Assistenzleistungen oder von Familien auf Hilfen zur Erziehung.

▷    Mit welchen Werten führen Sie Ihr Unternehmen?

Die Frage hat eine persönliche, eine das Unternehmen und eine die einzelnen Mitarbeiter betreffende Ebene. *Wir führen einen permanenten Diskurs um und über die Werte, die tatsächlich handlungsleitend sind.* Es gibt normative Werte, die sich schnell aufzählen ließen. In welcher Gewichtung sie dann eine Rolle spielen in den Ansprüchen der Unternehmensleitung und in der Wahrnehmung der Mitarbeiterschaft, das differenziert sich durchaus.

Aufgrund unseres christlichen Herkommens sind natürlich die biblisch verankerten Werte obenan zu nennen. Zu allererst die Nächstenliebe, die unverbrüchliche Menschenwürde, die jedem Menschen eigen ist und aus welcher die Gerechtigkeit folgt. Auf dem biblisch begründeten Menschenbild basiert auch die Verantwortung des Einen für den Anderen. Keiner kann gut allein glücklich werden, sondern wir brauchen immer auch den Anderen. Das beginnt mit der der Geburt und mit den Händen, die uns das erste Mal tragen und geht weiter durch das Leben bis hin zu den Händen, die wir hoffentlich halten, wenn wir unseren letzten Atemzug tun.

Das christliche Menschenbild weiß auch um die Unvollkommenheit jedes Menschen und um die Möglichkeit des Scheiterns, theologisch gesprochen: von seiner Neigung zur Sünde. *Wir erleben es täglich, dass wir selbst, unser persönliches Umfeld oder auch der Betrieb Ansprüche stellen, die wir im Prinzip bejahen, an denen wir aber scheitern.* In einen betrieblich handhabbaren Wert übersetzt, könnte er lauten: Fehlerfreundlichkeit. D. h. Irrtümer, Fehler, Scheitern gehören dazu und mit ihnen wird auf eine wertschätzende, die Person und ihr Handeln unterscheidende Weise umgegangen. Dass ein konstruktiver Umgang mit Fehlern Anlass zur Weiterentwicklung, sowohl für die beteiligten Personen als auch für die Organisation bedeuten kann, ist bekannt.

▸ Welcher Wert hat für Sie die größte Bedeutung?

Es gibt das Fundament des christlichen Menschenbildes, auf das sich verschiedene Werte gründen. Nächstenliebe ist eine Säule. Die biblische Referenzstelle wäre die des barmherzigen Samariters. Daneben stehen Gerechtigkeit, Menschenwürde, Anspruch auf Teilhabe und auch die Verantwortung für die aktive und nachhaltige Gestaltung der Welt, bzw. der Schöpfung. Wir sind allesamt mit dem gleichen Recht und der gleichen Würde ausgestattet und haben deswegen die gleichen Ansprüche, Teil der Gesellschaft zu sein. Wo immer diese Perspektiven und Potenziale eingeschränkt sind, dort erwächst eine sozialpolitische Veränderungsaufgabe. Wenn Menschen strukturell bedingt aus politischen Themen herausgehalten werden, dann wird der Grundwert ihrer Menschenwürde berührt. Als Unternehmen stehen wir ständig in der Spannung, einerseits den individuellen Bedürfnissen gerecht zu werden und andererseits mit den uns anvertrauten Ressourcen verantwortlich umzugehen. Der Grundwert der Nächstenliebe setzt beim bedürftigen Menschen an, während die Unternehmensleitung Fragen der Betriebswirtschaft obenan stellt. Aufeinander bezogen, bleiben diese beiden Pole immer und diesen Bezug verantwortlich zu gewährleisten, ist eine Grundaufgabe eines diakonischen Unternehmens. Wird einer dieser Pole missachtet, dann droht eine Krise: entweder eine der diakonischen Identität oder eine der Ökonomie.

▸ Wie erwecken Sie die Werte im Arbeitsalltag zum Leben?

Das geschieht auf sehr unterschiedliche Weise und ist am besten als ein dauerhafter Prozess vorstellbar. Das hängt grundsätzlich mit den individuell ausgesprochen, verschiedenen Haltungen und ebenso mit den im Alltag immer wieder anders auftretenden Fragestellungen zusammen.

Wir thematisieren die biblischen Quellen unser christlichen Werte in Andachten, Gottesdiensten und diakonischen Fortbildungen. Außerdem bieten wir Mitarbeiter/-Innen und Klienten sogenannte „Oasentage" mit spirituellen Angeboten an und einen viertägigen diakonischen Fortbildungskurs „Diakonie kompakt".

Zwei verbindliche Einführungstage für neue Mitarbeiter/-Innen legen außerdem einen starken Akzent auf die Werteorientierung des Rauhen Hauses. Außerdem haben wir einen Gesprächsprozess über das Selbstverständnis des Rauhen Hauses als Diakonische Einrichtung gestartet. Auf Leitungsebene haben wir in mehreren Diskussionsrunden einen relativ knappen Text entwickelt, der die Fachlichkeit des Rauhen Hauses in Beziehung setzt zu seinem christlichen Herkommen. Dieser sprachlich sehr konzentrierte Text wird in den Einrichtungen thematisiert mit der Bitte um Kommentierungen und Rückmeldungen.

▸    Was war Ihr Ziel mit diesem Prozess?

Die Sprachfähigkeit zu fördern bezüglich der diakonischen Orientierung des Unternehmens. Es ist gut, wenn die Mitarbeiterschaft über die Geschichte und auch über die Grundanliegen des Rauhen Hauses orientiert ist und sich eingeladen fühlt, ihr eigenes Verhältnis dazu zu entwickeln. Das ist zwar durchweg bereits der Fall und wir freuen uns auch über eine relativ hohe Mitarbeiterbindung. Aber gelegentlich bedürfen die leitenden Werte einer ausdrücklichen Thematisierung, denn *mit den Werten ist es wie mit dem Singen: wer ständig behauptet, singen zu können, es aber niemals tut und auch probt, der verlernt das Singen mit der Zeit.*

Die Grundfigur des Rauhen Haus ist die Assistenz für bedürftige Menschen: Behinderte, psychisch Kranke, Familien, die mit der Erziehung allein nicht klar kommen, Arbeit mit Schulverweigerern usw. Soziale Arbeit ist grundsätzlich sehr beziehungsintensiv. Da wird nicht nur technisch etwas abgeliefert, sondern da begegnen sich Menschen und es entsteht eine lebendige Beziehung. In der Regel sind unsere Mitarbeiter/-Innen mit dem Herzen bei ihren Klienten und das kann auch eine sehr spezifische professionelle Beanspruchung bedeuten. Und wenn man, wie im Altenpflegeheim, einmal im Jahr einen Wechsel von 30 Prozent der Bewohner/-Innen hat, weil die Personen sterben, dann ist das emotional eine ganz spezielle Beanspruchung, der wir uns auch bemühen gerecht zu werden. Wir machen z. B. regelmäßig Aussegnungen, die den Angehörigen ebenso gut tun wie den Mitarbeiter/-Innen. Das ist ein Stück Konkretion des Wertes Menschenwürde.

▸    Wie wird das Thema Werte Management bei Ihnen voran getrieben?

Die uns leitenden Werte werden in verschiedenen Abläufen und auch Einzelangeboten und -projekten thematisiert und auch problematisiert: Das habe ich gerade beschrieben. Darüber hinaus ist die Seelsorgerin des Rauhen Hauses für Klienten und Mitarbeiter/-Innen da, führt regelmäßig öffentliche Gespräche zu ethischen Aspekten sozialer Arbeit und im Pflegeheim leitet sie mit der Mitarbeiterschaft ethische Fallbesprechungen. Hier werden Mitarbeiter ermuntert und angeregt, die Werte auf ihr konkretes Aufgabenfeld zu beziehen und sich zu ihnen zu verhalten.

▸    In welchen Situationen haben Sie das letzte Mal gemerkt, dass Unternehmenswerte gelebt oder nicht gelebt wurden?

Wenn wir Feste feiern und Menschen ganz unterschiedlicher Herkunft und Bedürftigkeit, Betreuende, Betreute und freiwillig Engagierte zusammen reden, singen usw. Wir haben z. B. eine Theatergruppe, deren Schauspieler eine Behinderung haben. Das ist natürlich professionell eine andere Liga als z. B. das Schauspielhaus, aber die Bühnenpräsenz dieser Menschen ist dennoch ausgesprochen packend. Wenn die etwas auf die Bühne bringen, die Zuschauer das bewegend finden und auch die Akteure ihren Spaß daran haben und ihre Fähigkeiten und Gaben entdecken und Andere ihnen dazu verhelfen, dann ist das gelebte Lebensfreude, Menschenfreundlichkeit, Gemeinschaft. Das sind gelebte und erfahrene Werte!

Natürlich gibt es auch Erfahrungen nicht gelebter und ignorierter Werte: Zum Beispiel wenn Menschen in Konflikten übereinander anstatt miteinander sprechen – und zwar schlecht – oder wenn ein Bereich den anderen aussticht und schlecht macht.

> Wo sehen Sie noch Potenziale bei der Umsetzung Ihrer Unternehmenswerte?

Bei der Verankerung der Werteumsetzung in der Balanced Scorecard z. B. Da kann manches noch besser systematisiert und aus der Abhängigkeit von persönlichen Schwerpunkten einzelner Mitarbeiter herausgenommen werden.

Wir haben auch noch eine Wegstrecke vor uns bei der gegenseitigen Akzeptanz in der Unterschiedlichkeit der Funktionen. *Es ist ein altes Leiden der Diakonie, betriebliche Hierarchien zu moralisieren oder als vermeintlich nicht diakonisch zu bezeichnen und sie nur unwillig zu respektieren.* Hier liegt ein theologischer Irrtum vor, denn die Tatsache, dass unter Christen keine theologischen oder geistlichen Hierarchien existieren, verträgt sich durchaus mit der Tatsache, dass es funktionale Hierarchien gibt. Diese Tatsache könnte mancherorts vielleicht noch etwas klarer vermittelt werden.

> Eine individuelle Definitionsmacht, darüber, was gut und was schlecht ist.

Das hängt miteinander zusammen. Es gibt das verbreitete, oft unausgesprochene aber durchaus wirkungsmächtige Verständnis: Wir Christen sind die Guten. Wir opfern uns auf für Andere und darum haben wir auch in der Regel Recht. Abgesehen davon, dass das natürlich von vornherein anmaßend ist, wird es besonders schwierig, wenn man mit dieser Haltung an interne Konflikte zwischen hierarchischen Ebenen herangeht. Zum Beispiel, wenn der Vorgesetzte dem Mitarbeiter sagt: „Du hast einen Fehler gemacht, das musst du in Zukunft anders machen." Wenn der kritisierte Mitarbeiter dann die Position bezieht: „Als Christ darfst Du mir doch nicht so begegnen. Ich bin doch auf der Seite der Guten und liege eigentlich immer richtig.", dann werden Werte falsch verstanden und für eigene Interessen funktionalisiert.

> Welche Werte werden aus Ihrer Sicht zukünftig für Ihr Unternehmen an Bedeutung gewinnen?

Ich vermute, dass persönliche Zufriedenheit der Mitarbeiterschaft, im Sinne von Erfüllung finden bei der Arbeit, schon immer ein wichtiger Wert war, aber weiterhin an Bedeutung gewinnen wird. Wir gehen immer mehr auf einen Fachkräftemangel zu und müssen als Arbeitgeber mittelfristig um Mitarbeiter werben und uns als attraktiver Arbeitgeber profilieren. Dazu gehört neben anständigem Entgelt auch ein zufriedenstellendes Arbeitsumfeld. Es muss freundlich, ermunternd, fordernd und fördernd sein. Es muss Erfolgserlebnisse und das Gefühl der Sinnhaftigkeit der eigenen Tätigkeit vermitteln. Es muss

auch Zustimmung zu Grundanliegen des Arbeitgebers vorhanden sein. Da hat die Sozialbranche mit ihrem sozialen Bezug ein gutes Pfund, mit dem sie wuchern kann.

Ich glaube, dass es eine wachsende Sensibilität für das Thema Glaube und Religion gibt.
*Wenn die eigene Arbeit zu diese Fragestellungen transparent ist und ein Stück Lebenssinn
vermitteln kann, dann macht auch das einen Arbeitgeber attraktiv.*

▸     Welches wären die wichtigsten Dos und Don'ts ihrer Meinung nach bei der
      werteorientierten Führung?

Respektvoller Umgang miteinander, Offenheit in der Kommunikation, Verständigung
über die gemeinsamen Ziele. Das braucht ein modernes Unternehmen. Insbesondere in
der Sozialbranche brauchen wir einen breiten Konsens über den gesellschaftlichen Sinn
und Zweck unseres Handelns und über dessen nachhaltige Wirkung.

Was nicht passieren darf? Die polaren Gegenbegriffe: Verweigerung von Respekt und
ein missachtender Umgang miteinander. Mangelnde Kommunikation zwischen hierarchischen Ebenen. Unzumutbare, ungerechte Arbeitsbedingungen. Reduzierung der Arbeit auf
die Sicherung der materiellen Existenz und auf das Geldverdienen.

▸     Welche Werte sollten gesellschaftlich in Zukunft größere Beachtung finden?

Solidarität, Nachhaltigkeit, Zufriedenheit im Sinne von Lebensbejahung und Lebensfreude. Beim letzten Punkt erlebe ich unsere Zeit manchmal als etwas defizitär. Mehr Zuversicht täte uns gut. Der Zusammenhang zwischen Lebensfreude und materiellerer Ver-
sorgung ist als Ergebnis mancher Zufriedenheitsumfragen immer wieder verblüffend: Die
Ärmsten sind die Fröhlichsten. Deutschland gehört zu den reichsten Ländern und ist Top
in Bezug auf den materiellen Versorgungsgrad, aber die unsere subjektive Zufriedenheit
erzielt statistisch dennoch nur sehr niedrige Werte.

▸     Prägen Sie mit Ihren Unternehmenswerten die Gesellschaft?

Das Rauhe Haus ist – wenn auch rechtlich autonom – doch in der öffentlichen Wahrnehmung ein Teil der Kirche und es gibt auch viele Verbindungen zur verfassten Kirche.
Die Kirche ist eine Kultur und Werte prägende Einrichtung, die in der Mitte der Gesellschaft Orientierung anbietet. Daran partizipieren wir. In unserem Bereich der Diakonie
kann man z. B. ablesen, wie ein Wert wie Nächstenliebe sich alltäglich und konkret übersetzt. Natürlich geschieht das auch woanders und wir scheitern auch immer wieder an der
Umsetzung dieses Wertes, aber gleichwohl wollen wir in diese Richtung gehen, weil wir das
als unseren Auftrag betrachten.

▸     Welche privaten Werte sind für Sie wichtig?

Ich lebe stark davon, dass ich ein Gemeinschaftswesen bin. Ich weiß, dass ich weder alleine leben will noch könnte. Ich habe Familie, Freunde, Menschen mit denen ich gemeinsam

privat und beruflich unterwegs bin und einen sinnerfüllten Arbeitsplatz. Das bereitet mir Freude und ist etwas Wunderbares. Das verpflichtet auch. Da spielen dann Werte hinein wie Verantwortung, der ich mich stellen will. Inwieweit das gelingt, müssen andere bewerten. Ich selbst jedenfalls bemühe mich verantwortungsvoll zu sein und zu leben. Verantwortungsvoll umzugehen mit den Menschen in der Nähe und in der Ferne. Das heißt für mich respektvoll, ermunternd, bestärkend, tolerant. Ich lebe davon, dass mir so begegnet wird und ich hoffe, dass ich auch selbst im Fahrwasser dieser Werte bleiben kann und werde.

▹     Vielen Dank für das Gespräch.

**WertSchätze für den Führungsalltag[1] ...**

**Würde**
Den Anderen mit seinen Stärken und Schwächen zu sehen und zu schätzen ist eine Voraussetzung für Nächstenliebe.

**Toleranz**
Das Eingestehen der Möglichkeit des eigenen und fremden Scheiterns schützt vor Idealisierung.
Gut reflektierte Fehler bergen für Mitarbeiter und Unternehmen Lernchancen.

**Gemeinschaft**
Zusammensein kann zelebriert werden.
In Ritualen und Feiern werden Wertewelten greif- und fühlbar.
Freude trägt und kann geteilt werden.

**Konsens**
Über den Sinn und Zweck des Handelns im Rahmen der Organisation muss ein einheitliches Verständnis herrschen.
Dieser Bewusstseinsprozess muss stetig und aktiv durch geeignete Maßnahmen unterstützt werden.

---

[1] Diese Werte sind eine Gesprächsreflektion der Autorin. Dabei wurden bewusst spezifische Werte herausgegriffen.

# Vielfalt der Nährboden für Kreativität

## Alexander Yazdi, Geschäftsführer Beratung Scholz & Friends Group GmbH

**Gesprächspartner: Alexander Yazdi, Geschäftsführer Beratung bei Scholz & Friends Hamburg**

Alexander Yazdi ist seit Januar 2004 Geschäftsführer Beratung bei Scholz & Friends Hamburg.

Nach Beendigung des BWL Studiums und MBA-Studienganges startete Alexander 1992 bei Michael Conrad & Leo Burnett. Nach 6 Jahren Zusammenarbeit mit dem Kunden Philip Morris übernahm er unterschiedliche Aufgabengebiete für weitere Kunden wie Walt Disney, Delta Air Lines, Focus Magazin Verlag, Europäische Kommission/Directorate-General VI Agriculture (europaweite Imagekampagne für Oliven Öl) und anderen. Bei TBWA konnte Alexander im Jahr 1999 sein Wissen gewinnbringend für die Marken Absolut Vodka, Bic und Röhnquelle einsetzen.

2001 wechselte Alexander Yazdi als Client Service Director und Mitglied der Geschäftsleitung zu J. Walter Thompson. Seine Stärken im Bereich der FMCG konnte

K. Girbig, *Wertemanagement*, DOI 10.1007/978-3-658-02616-5_13,
© Springer Fachmedien Wiesbaden 2014

Alexander übergreifend für Kunden wie Reckitt Benckiser (Veet, Sagrotan, Kukident), Unilever Bestfoods Deutschland (Mondamin), Diageo (Smirnoff, Bailys) und Interbrew (Becks) einbringen. Bei Scholz & Friends ist Alexander Yazdi verantwortlich unter anderem für Kunden wie Müller (alle Marken) und OTG (Messmer, Milford).

Nebenberuflich engagiert sich Alexander Yazdi für die Aidshilfe.

▸    Was verstehen Sie unter Werten?

Wenn ich an Werte denke, fallen mir grundsätzlich erst mal zwei Kategorien ein. Die eine sind die materiellen Werte, da geht es um Geld, Auto, Uhr. Die andere ist immateriell, also z. B. zwischenmenschliche Werte, die wichtig für das Funktionieren einer Gemeinschaft sind. Zum Beispiel verhalten sich unsere Mitarbeiter in der Agentur Scholz & Friends nach einem Werte Set, das sich von anderen Agenturen unterscheidet. Aus diesen Werten leiten sich gewisse Handlungen, Prozesse und Tonalitäten ab. Damit können die Menschen arbeiten. Sowas wie Freundschaft, Gerechtigkeit und Vertrauen. Dies wird dokumentiert durch die Philosophie der Agentur und getragen durch das Handeln der Personen, die sich hier in der Agentur befinden und die diese Werte leben.

Ich denke es ist wichtig, dass insbesondere eine Werbeagentur Werte hat. Denn im Gegensatz zu produzierenden Unternehmen, die Maschinen besitzen und große Produktionsstätten aufweisen, hat eine Werbeagentur eigentlich nur die Mitarbeiter. Es gibt ein paar Computer und that's it. Menschen sind Menschen und deshalb sind Wertesets, die man vorleben muss, wichtig für die Mitarbeiter.

▸    Welches sind die wichtigsten Werte nach denen Sie führen?

Wir führen nach Werten, die uns als Werbeagentur gut tun und ein Nährboden für Kreativität sind. Zum Beispiel Selbstbestimmung, Offenheit und ein gewisses Maß an Gleichberechtigung.

▸    Partnerschaftlichkeit?

Mit Gleichberechtigung meine ich, dass eine gleichwertige Meinungsfreiheit existiert. Dass viele Menschen auch in unterschiedlichen Hierarchiestufen ihre Meinung äußern können, ohne dass es zu einem Konflikt kommt bzw. dass die Meinung des Senior nicht die Meinung des Junior übertrifft.

▸    Im Prinzip ist gleiche Augenhöhe gemeint.

Ja genau. Die Gleichwertigkeit von Ansichten. Jede Meinung eines Einzelnen ist eine Sicht auf ein kreatives Produkt, auf eine Idee. Diese helfen uns, eine Meinungspluralität zuzulassen und zu fördern.

Auf der anderen Seite ist Vertrauen und Transparenz wichtig. *In einigen Agenturen gibt es das Prinzip des Königswissens – man lässt nur ganz wenige Informationen raus, damit die Menschen gerade so ihren Job erledigen können.* Wenn man allerdings transparenter ist und den ganzen Kontext vermittelt, können die Mitarbeiter viel eigenständiger und selbstbestimmter arbeiten.

Was wir häufig von den Mitarbeitern hören ist das Thema „Wertschätzung der eigenen Arbeit". Viele Mitarbeiter liefern einen Textbaustein, ein Bild für eine Anzeige oder eine Idee im Onlinebereich. Dann wird deren Beitrag zu einer Kampagne zusammengefügt und mit dem Kunden besprochen. Derjenige, der den Textbaustein geliefert hat, weiß vielleicht gar nicht mehr so genau: „Was war mein Beitrag zu dem Ergebnis? War das wertvoll?". Da geht am Ende des Tages einiges an motivierenden Informationen verloren. Das führt dazu, dass der Mitarbeiter seinen eigenen Beitrag nicht richtig versteht. Daran versuchen wir zu arbeiten. Wir müssen unseren Mitarbeitern immer wieder klar machen, was deren Beitrag zum Gesamtergebnis war und vermitteln ihnen so das Gefühl, dass sie und ihre Idee notwendig sind und wir ihre Arbeit wertschätzen.

Wir machen jedes Jahr eine anonyme Mitarbeiterumfrage. Neben verschiedenen anderen Themen kristallisiert sich auch dort immer wieder das Thema „Wertschätzung der Arbeit" heraus. Da geht's den Mitarbeitern nicht darum, als Wertschätzung 100 € mehr im Monat zu bekommen. Auch nicht darum, dass einem ein Vorgesetzter von oben herab auf die Schulter klopft und sagt: „Danke."

In unseren Besprechungsräumen kultivieren wir das Bild des runden Tisches. An einem runden Tisch gibt es kein Tischende, wo ein Patriarch sitzt, der bestimmt und allein entscheidet. Jeder, der an einen runden Tisch eingeladen ist, teilt seine Meinung mit, bringt Ideen ein oder äußert ein kritisches Argument, sodass man die Arbeit nochmal überdenkt und zu einem besseren Ergebnis kommt. Das führt vielleicht dazu, dass wir ab und zu größere Meetings haben, als dies zwingend nötig wäre, aber alle dürfen mitspielen und jeder kriegt mit, worum es geht. Das hat wieder was mit Wertschätzung der Einzelarbeit zu tun, mit Mitspracherecht und der Pluralität der Meinungen.

▶   Ich musste vorhin lächeln, als Sie von Schubladen sprachen. Meine Schublade
    für Werbebranche ist z. B. eine Duz-Kultur. Stimmt das?

Ja richtig, wir duzen uns und auch die meisten Kunden. Selbst auf Kundenseite untereinander findet man im Marketing häufig eine Duz-Kultur. Das liegt daran, dass die Entwicklung von Kommunikation eine persönliche und emotionale Seite hat. In dem Moment, in dem man formell wird, z. B. durch Siezen oder ein sehr konservatives Verhalten, baut man eher Distanz auf und es ergeben sich Missverständnisse. Für eine Agentur-Kunden-Beziehung ist es wichtig, dass man, wie in einer privaten Beziehung, Gemeinsamkeiten und ähnliche Sichtweisen sucht. In der Entwicklung von Kampagnen reden wir meist über etwas, das man sich vorstellen muss, da es ja noch nicht existiert, über eine Idee. Wir versuchen durch emotionale Nähe einen gleichen Blick mit dem Kunden auf das Entstehende, auf einen Film, auf eine Szene oder auf ein Plakat zu entwickeln. Hierbei hilft eine Duz-Kultur.

▶    Welche weiteren Werte spielen in der Agenturarbeit eine Rolle?

*Wir fördern Eigeninitiative und auch Flexibilität, denn diese Werte sind der Nährboden für Kreativität.* Wenn jemand in einem kreativen Prozess nicht autark beginnt nachzudenken, kommen auch keine guten Ideen zutage. Für uns sind daher die Kommunikations- und Kooperationswerte wichtig, die wir vorleben. Die Arbeit in einer Agentur besteht hauptsächlich aus Prozessen und Kommunikation mit Menschen über Ideen, die noch gar nicht realisiert wurden. Das ist nicht mit einer Fließbandproduktion oder dem Bearbeiten eines Versicherungsantrages vergleichbar. Es geht erst mal darum, sich bewusst zu machen, welche Notwendigkeit ein Werbemittel haben soll. Man muss sich viele Gedanken zum Markt, zur Zielgruppe, zum Wettbewerb, zur Marke und zu den Kommunikationskanälen machen und diese mit den Kollegen besprechen. Bis zum finalen Werbemittel findet in jedem Prozessschritt eine Meinungsbildung statt. Das sind viele verschiedene Steps, in denen Menschen zusammenkommen und kommunizieren müssen. *Das konstruktive Miteinander ist in unseren komplexen Prozessen ein wichtiger Erfolgsfaktor und dieses Miteinander kann man nicht von oben herab anordnen.*

▶    Sei kreativ!

Ja, genau: wir brauchen ständig neue Ideen in kürzester Zeit. Da kommt man zu der Frage, ob man Kreativität leiten muss oder in Prozesse gießen kann. Auf der einen Seite stehen Agenturabläufe und Termine und auf der anderen Seite der Funkensprung einer kreativen Idee. Man kann einem Maler auch nicht so gut vorgeben, wann er einen Funken liefern soll und bis wann das Kunstwerk fertiggestellt sein soll. Wir versuchen einen Nährboden für den kreativen Funkensprung zu schaffen. Uns helfen dabei die Kommunikations- und Kooperationswerte, Teamgeist, Offenheit, Fairness.

▶    Das hat auch ein stückweit mit Authentizität zu tun, dass ich Verlässlichkeit in meinen Aussagen und Handlungen transportiere.

Wir kultivieren das Konsensprinzip. Die meisten Entscheidungen werden durch die Mitarbeiter getragen, weil sie sie verstehen, weil sie diese beeinflusst und mitdiskutiert haben. Natürlich kann man nicht jede Business-Entscheidung mit Allen diskutieren, aber wir versuchen auch bei strategischen Entscheidungen von Führungskräften die Teams miteinzubinden.

▶    „Über Geschmack lässt sich nicht streiten". Das Konsensprinzip in einer Werbeagentur stelle ich mir schwierig vor.

Ja, das ist nicht immer ganz einfach. Aber wenn es um Kreativität geht, dann ist es doch häufiger eine Frage einer herausragenden Idee. Weniger eine Frage des Geschmacks, der oberflächlicher ist. Eine gute Idee ist ja eher inhaltlicher Natur. Natürlich sollte sichergestellt werden, dass die Idee, die bisher nur auf dem Papier existiert, von allen gleich verstanden wird. Der eine sieht eine Idee so, der andere so. Es ist schon sehr interessant zu sehen, wie die einzelnen Menschen Ideen für sich interpretieren. Für eine gute Diskussion einer Idee ist eine Klärung von Verständnisfragen daher essentiell.

▶    Wie achten Sie auf die Umsetzung der Werte in Ihrem Arbeitsalltag?

Wir versuchen die Kommunikation der einzelnen Mitarbeiter untereinander zu fördern und den Kollegen klar zu machen: Bitte redet miteinander. Wir haben hierfür Tools zur Verfügung gestellt, die man aus anderen Kontexten kennt, z. B. aus sozialen Netzwerken. Unser Intranet wurde auf Google-Apps umgestellt. Hier haben die Mitarbeiter die Möglichkeit vom Büro oder auch von zu Hause aus miteinander zu chatten oder sogar Videochats zu machen. Mehrere Leute können hier gleichzeitig an Dokumenten arbeiten, um sicherzustellen, dass verschiedene Disziplinen miteinander arbeiten und wir effizienter zu einem tollen Ergebnis kommen.

Wir haben verrückte Agenturfeste, bei denen ein inspirierendes Motto vorgegeben wird und die Mitarbeiter sich entsprechend kreativ verkleiden. Letzte Woche haben wir mit den Mitarbeitern eine Skireise gemacht. Neben dem Skifahren geht es auch darum, zwischen den einzelnen Gruppen und Disziplinen Nähe zu schaffen und Distanz abzubauen.

Es gibt zwei- bis dreimal im Jahr impulsgebende Veranstaltungen von der Scholz & Friends Group, bei denen ein Austausch zu verschiedenen Themen stattfindet. Aktuell haben wir ein Digital Camp, zu dem die Mitarbeiter aus den deutschlandweiten Scholz& Friends-Agenturen zusammenkommen. Das dahinterliegende Ziel ist neben der Beschäftigung mit digitalen Themen das Kennenlernen vieler interessanter Leute, auf die man im Anschluss zugehen kann bei Fragen wie „Da gab es ein erfolgreiches Onlinetool, das ich vielleicht auch nochmal für meinen Kunden anbringen könnte." So ein Ideenaustausch verläuft viel leichter, wenn man sich persönlich kennt.

▶    Wann wurden aus Ihrer Sicht das letzte Mal bei Ihnen Werte umgesetzt und wann nicht?

*Wenn Werte nicht umgesetzt werden, kriegen wir die Watschen automatisch.* Ich hatte Wertschätzung der eigenen Arbeitsleistung genannt: Wenn viele Mitarbeiter mit viel Aufwand eine Kampagne in kurzer Zeit und unter hohem Druck entwickeln und wir währenddessen oder hinterher den Wertbestandteil der Arbeit des einzelnen Mitarbeiters nicht rückkoppeln, dann kriegen wir das hinterher um die Ohren gehauen. Dann wird direkt gefragt: „Was ist denn nun aus meinem Bestandteil geworden?" Manchmal können wir aufgrund des Zeitfensters einer Präsentation nicht alle Ideen besprechen. Auch in diesem Fall sollten wir die Wertschätzung der Arbeit des Mitarbeiters aber nicht vergessen. In Feedbackgesprächen versuchen wir offen und transparent damit umzugehen in Sinne von: „Das

war eine tolle Idee und die hat auch gut in die Präsentation reingepasst. Aber leider konnten wir Deinen Beitrag in den 1,5 Stunden nicht besprechen. Gerne werden wir dies in
einem Folgetermin machen." Die Mitarbeiter, die nicht an den Kundenterminen teilneh-
men, aber die letzten Woche auf dem Projekt gearbeitet haben, sind natürlich hungrig nach
Informationen.

Schließlich sprechen wir in den Kundenterminen häufig über Ideen, also keine fertig
produzierten Werbemittel, und diejenigen, die Entwürfe entwickelt haben, wollen natürlich was von der Reaktion des Kunden spüren.

> ▶    In der Situation ist es sicher eine Herausforderung die Balance zu halten zwi-
>       schen Rechtfertigung und Weitergabe von Informationen als Nährboden für
>       Kreativität und Lernen.

*Je transparenter man auch bei schmerzhaften Prozessen mit Informationen umgeht, um-
so mehr fördert man die Eigenverantwortlichkeit der Mitarbeiter.* Eine Werbeagentur ist in
Abgrenzung zu vielen anderen Industriezweigen amorph, die Agentur verändert sich sehr
stark. In dem Moment, in dem neue Kunden gewonnen werden, gibt es ganz neue Arbeitsgruppen, die auf diesem neuen Kunden arbeiten. Andere Kunden gehen wiederum. Wenn
Mitarbeiter sich eben noch mit dem einen Kunden beschäftigen, so haben sie es in drei
Monaten unter Umständen mit einem ganz anderen Kunden zu tun.

Wenn es ein Unternehmen gibt, das seit vielen Jahren Bier herstellt, gibt es klare und
standardisierte Prozesse und Arbeitsabläufe. In einer Werbeagentur, die sich stets auf neue
Situationen einstellen muss, ist dies ganz anders. Wenn bei uns ein Kunde neu dazu kommt
und plötzlich ein Drittel der gesamten Mannschaft auf diesem neuen Kunden arbeitet, verändert sich die ganze Agentur. Der Veränderungsprozess bei uns ist so stark und schnell,
dass ich in dem Moment, indem ich mit Kollegen Mitarbeiterbeurteilungsgespräche führe im Hinterkopf habe, dass der Kunde morgen vielleicht viel größer ist, eine ganz andere
Aufgabe an uns heranträgt oder es diesen Kunden gar nicht mehr bei uns gibt.

Jeder Kunde, der eine Anforderung an uns heranträgt, bestimmt auch immer ein bisschen das Bild der Agentur mit. In den Kundenteams auf Agenturseite muss auch ein Verständnis für die Arbeitskultur und Werte des Kunden herrschen. Diese müssen verstanden
und mit unseren Werten in Einklang gebracht werden. Es gibt daher Kunden, die von ihrer
Arbeitsweise und Einstellung zu bestimmten Agenturen einfach nicht passen. Einige Kunden, die eine neue Agentur suchen, durchlaufen einen sogenannten Chemistry Prozess.
Offiziell wird hier abgeglichen, ob die Agentur den Kundenanforderungen entspricht, aber
darüber hinaus geht es dem Kunden darum, herauszufinden, ob auf Agenturseite Personen
sind, mit denen man in Zukunft gern zusammenarbeiten möchte und ob die „Chemie" von
Agentur und Kunde zueinander passt.

> ▶    Ein Beschnuppern.

Genau. Quasi ein hormonelles Beschnuppern – und das ist wichtig. Der Kunde redet
über Ideen und wie sich diese ausgestalten lassen lieber mit Menschen, die ihn verstehen

und bei denen er das Gefühl hat, dass sie die Dinge ähnlich sehen. Dies hat letztlich auch etwas mit ähnlichen Wertesets zu tun.

▶    Wie implementieren Sie die Werte in Ihrem HR-Management?

In einer Agentur gibt es, wenn es um kreative Prozesse geht, unterschiedliche Persönlichkeiten, die unterschiedliche Fähigkeiten mitbringen. Da gibt es Mitarbeiter, die eher eine Affinität für das Bankgewerbe oder für Versicherungen haben und daher für diese Kunden arbeiten möchten. Sie sehen die Challenge sich mit deren Aufgabenstellung auseinanderzusetzen und aus diesem Kontext heraus kreative Ideen zu entwickeln. Dazu braucht man einen bestimmten Schlag Menschen. Genauso ist das, wenn es darum geht eine bestimmte Teesorte oder ein Joghurt-Produkt zu bewerben. Da brauche ich wieder einen anderen Schlag. Wir haben die Agentur in Gruppen gegliedert, in denen sich Mitarbeiter ansammeln, die eine Neigung und ein Talent für eine bestimmte Kategorie haben. Da gibt es diejenigen, die Lebensmittel, Reisen, Kosmetik und die schönen Dinge lieben und dann gibt es diejenigen, die Technik und Dienstleitungen interessant finden, wie Versicherungen, Banken und Telefonie. Und dann gibt es noch die Autofans, die „Benzin im Blut" haben. Diese Untergruppen bilden eine kleine Kultur in der großen Kultur. Die haben alle unterschiedlichen Erfahrungen und begeistern sich für unterschiedliche Produktkategorien, aber sie arbeiten mit ähnlichen Prozessen.

▶    Auf welche Werte legen Sie denn bei der Auswahl besonderen Wert?

Wir achten bei Neueinstellungen auf Team- und Kundenpassung. Wir haben die Arbeitsgruppen im Hinterkopf und wissen, wie dort gearbeitet wird. Dann fragen wir uns, ob sich die neuen Mitarbeiter sich in die jeweilige Teamstruktur gut einfügen und wir versuchen herauszukriegen, wie diese Person in der Vergangenheit gearbeitet hat und welche Erwartungen an die neue Arbeitsstelle bestehen. Insgesamt sind uns also Kompatibilität und Kooperationswerte wichtig.

▶    Manch einer hat ein verzerrtes Selbstbild ...

Das ist bei uns auch schon vorgekommen, dass sich ein Kandidat in einer bestimmten Art dargestellt hat und dahinter ein ganz anderer Mensch war. Das hat man in den ersten vier Wochen rausgefunden. Der neue Mitarbeiter sitzt zu zweit oder zu dritt in einem Büro, da wird miteinander kommuniziert, da beschnuppert man sich und nach einer Zeit bröckelt die Fassade, falls da eine sein sollte.

*Wir wollen Mitarbeiter, die besondere Talente haben, besonders fördern.* Dafür haben wir sogenannte Orchestertrainee's, die ein besonderes Traineeprogramm durchlaufen, bei dem diesen Trainees über verschiedene Standorte und Disziplinen hinweg das Gesamtbild der Agenturgruppe aufgezeigt wird. Durch den Zugang zu sämtlichen Agenturleistungen bekommen die Orchestertrainee's mit, wie die einzelnen Fäden zusammenlaufen.

▸    Was tun Sie in der Personalentwicklung für die Umsetzung der Werte?

Personalentwicklung ist in einer Agentur immer ein bisschen schwieriger als in der Industrie. Die Mitarbeiter hungern nach den Thema Personalentwicklung und wir versuchen das auch möglichst gut aufzuzeigen, im Sinne von: „Wenn du dies machst, kannst Du dich dahin entwickeln, wenn Du jenes machst dahin. Das hängt von Dir ab." Unsere Personalentwicklung von Mitarbeitern findet in einer Jahresperspektive statt. Ich glaube ein Jahr kann man ganz gut überschauen. Eine Drei-Jahres-Planung mit dem Mitarbeiter ist tatsächlich schwierig. Wir können in einem Personalentwicklungsgespräch einem Art Director, der auf einem bestimmten Kunden arbeitet, nicht versprechen, dass er auch in drei Jahren auf diesem Kunden arbeiten wird. Es kann sein, dass der Kunde die Agentur verlassen hat oder dass er die Kommunikationskanäle neu aussteuert, also z. B. von TV auf Online umstellt und so andere Teams übernehmen.

▸    Welche Aufgaben übernimmt dann der Art Director?

Der wird in solch einem Fall für andere Kunden eingesetzt. Die klassische Zielvorgabe in einem Personalentwicklungsgespräch erfolgt eher auf einer inhaltlichen Ebene, im Sinne von: Du musst an Dir arbeiten in Deiner Transparenz, Teamfähigkeit oder im Delegieren von Aufgaben. Besonders in der Beratung gibt es die Tendenz, dass sie alles selbst machen wollen und die Junioren nur kleine Häppchen bekommen, die sie nicht den gesamten Prozess verstehen lassen. In diesem Fall versuchen wir zu unterstützen: „Nein, mach nicht den Job alleine, erkläre die Aufgabe und den Ablauf den Junioren, delegiere Arbeitspakete und lerne Personalführung." Das sind Themen, wo wir uns in den Mitarbeiterbeurteilungsgesprächen als Coach verstehen. Manchmal sind das auch ganz menschliche Dinge, wie: „Reagiere nicht so emotional, wenn der Kunde die Dinge nicht so haben möchte, wie Du sie erarbeitest." Oder „Sei in deiner Tonalität nicht zu harsch zu Deinen Kollegen und Mitarbeitern, auch wenn Du unangenehme Inhalte weitergeben musst."
Verbindliche Zielvorgaben, wie: „In drei Jahren bist Du in einer bestimmten Position wenn du diese und jene Leistungen auf dem Kunden erbringst.", sind leider nicht immer einzuhalten. Es ist schon vorgekommen, dass ein Mitarbeiter sich sehr bewährt hat und eine tolle Performance auf einem Kunden geleistet hat und der Kunde aus bestimmten Gründen die Agentur verlassen hat und so die tolle Arbeit nicht fortgesetzt werden kann.

▸    Das heißt, Entwicklung findet nicht qua Funktion, sondern qua Aufgabe statt.

Genau, qua Aufgabe und auch auf der Soft-Skill-Ebene. In den jährlichen Mitarbeitergesprächen wird nicht nur ein Zielkorridor für die prozessualen Aufgaben, sondern auch für Anpassungen an Verhalten, Tonalität und Arbeitsweise besprochen.

▶    Welcher Wert wird für Scholz & Friends zukünftig an Bedeutung gewinnen?

Wir denken, dass Dialektik und Diskurs immer wichtiger werden. Das neue Medienzeit-
alter und der damit verbundene Einzug des Digitalen in fast alle Lebensbereiche bedingen
einen Diskurs von unterschiedlichen Meinungen aus ganz unterschiedlichen Perspektiven,
die alle ihre Richtigkeit haben. Diese Vielschichtigkeit sollten wir weiter fordern und fördern, indem wir die Mitarbeiter in ihrer Eigenständigkeit und Individualität fördern und
nicht nur zu Mitläufern von bestimmten Themen und Rädelsführern machen.
    Eine Pluralität der Individuen und Meinungen führt natürlich auch zu Konflikten. Wir
haben festgestellt, dass es eine Balance geben muss zwischen Harmoniebedürftigkeit und
Konfliktkultur.
    Bei Scholz & Friends nennen sich Arbeitsgruppen „Families". Wir benutzen explizit
Worte wie Familie und Freunde, um auf eine harmonische Arbeitsweise zuzusteuern. Auf
der anderen Seite ist es auch wichtig, den Gegenpol, eine Konfliktkultur zu haben und das
„Nein" zu fördern. „Nein, man sollte das nicht tun. Nein, ich fühle mich jetzt hier nicht
gehört." *Wenn alle nur einer einzigen Person hinterher laufen, erziehen wir uns Schafe und
das braucht eine Agentur nicht.*

▶    Das erfordert neben einer hohen Fachlich- und Sachlichkeit auch eine hohe so-
     ziale Intelligenz. In gruppendynamischen Prozessen, wie ich den Ideenentwick-
     lungsprozess wahrnehme, ist dies schon eine echte Herausforderung.

Genau in diesem Spannungsfeld befinden wir uns. Wir haben mehrere Seminare für
unsere Führungspersonen, die wir zum Thema Mitarbeiterführung anbieten. Talentierte
Kollegen steigen in der Karriereleiter auf und haben plötzlich Mitarbeiter und wissen gar
nicht, wie man mit der Situation umgehen soll. In unseren Seminaren für Führungskräfte
werden auch schwierige Themen bearbeitet, z. B. wie man Mitarbeiter motiviert auch wenn
man keine großen Geldleistungen verspricht. Sprich: Wie man Motivation bspw. auch in
ökonomisch schwierigen Zeiten erreichen kann. Natürlich gibt es unterschiedliche Persönlichkeiten, die mit solchen Themen automatisch besser oder schlechter zurechtkommen.

▶    Gibt es aus Ihrer Sicht Dos und Don'ts, die Sie jemandem empfehlen würden,
     der verstärkt werteorientiert führen möchte?

Als ‚Do' würde ich innerhalb der Agenturbranche empfehlen einen Nährboden für die
Entwicklung herausragender kreativer Ideen zu schaffen. Um dies zu erzielen, empfehle ich
den Blick über den Tellerrand und zu akzeptieren, dass das Gegenüber auch ein Mensch
ist, der gleichberechtigt seine Sicht der Welt mit in ein Gespräch hineinbringt und zweitens
zu verinnerlichen, dass andere Menschen nicht nur auf eine Facette zu reduzieren sind,
sondern vielschichtig sind.
    Da ist das Thema der Identität jedes Einzelnen. Wenn verschiedene Menschen an ei-
nem komplexen Prozess arbeiten, wird man in der Regel ab einem bestimmten Punkt sehr

sachlich und konzentriert sich auf die Aufgabe. Mitarbeiter werden manchmal aufgrund ihrer Tätigkeit in Schubladen gesteckt, wie der Technie-Nerd, der verträumte Arter oder der introvertierte Texter. Doch in jedem Menschen steckt eine Vielzahl von Facetten und ein Schubladendenken wird der Persönlichkeit und ihrer Interessen nicht gerecht. Gerade in einem kreativen Prozess, in dem Kreative aus sich heraus Ideen entwickeln müssen, hilft es die Facetten der Mitarbeiter zuzulassen – so kann z. B. ein nach außen rowdyhafter Typ ein hochsensibler und emotionaler Mensch sein. Dies hilft letztlich dem kreativen Produkt.

Was nicht stattfinden sollte, also ein klares „Don't", ist ein Hinterherlaufen von Meinungen. Streitkultur ist wichtig für die Prozesse und die Qualität der Ergebnisse.

Schopenhauer hat bereits Mitte letzten Jahrhunderts die Stachelschwein-Parabel veröffentlicht. Inhaltlich besagt diese, dass Menschen sich wie Stachelschweine verhalten: Sie suchen die Herde und kuscheln sich an die Anderen an, wenn sie gerade das Bedürfnis nach Solidarität und Gemeinschaft haben. Und wenn sie dies, wegen schlechter Charaktereigenschaften der anderen, Konflikt oder Streit nicht mehr möchten, dann stellen sie ihre Stacheln auf und entfernen sich wieder vom Nächsten. Genau diese Ambivalenz zwischen gemeinschaftlicher Nähe und individueller Persönlichkeit versuchen wir zu fördern: Harmonisches aneinander kuscheln, aber das Aufstellen der Stacheln, wenn es darum geht seine persönliche Meinung zu vertreten.

▸       Inwieweit haben Sie das Gefühl, dass Sie mit Ihrer Arbeit auch gesellschaftlich
        Werte prägen können?

Als ich in den 90ern in einer Werbeagentur angefangen hatte, hatte ich eine romantische Idealvorstellung von der Werbebranche und dachte, genauso wie die Kunst in der Renaissance eine prägende Wirkung hatte und eine Leitkultur darstellte, ist dies mit der Werbung in der Gegenwart der Fall. Diesen etwas verklärten Blick muss ich aus heutiger Sicht revidieren. Es gibt Untersuchungen, die aufzeigen, dass der Beruf des Werbers in der Beliebtheit nach dem des Versicherungsvertreters kommt, da zu viele Werbebotschaften in zu vielen Kanälen die Verbraucher abschrecken. Nichts desto trotz gibt es in unserem digitalen Zeitalter die Möglichkeit zu gesellschaftlich relevanten Themen, über die gesprochen wird, mit Hilfe von professioneller Kommunikation einen relevanten Input beizusteuern und neue Aspekte zu liefern.

Werfen wir z. B. einen Blick auf Werbeagenturen und deren Arbeit in den 70er Jahren. Zu dieser Zeit war einiges einfacher und klarer. Es gab noch gesellschaftliche Leitbilder – ob politischer, religiöser oder kultureller Natur. Diese Leitbilder haben wunderbar funktioniert und lieferten den Werbeagenturen klare Orientierung bei der Entwicklung einer Idee. Claims, Slogans oder auch Werbefiguren, die entweder Identifikation oder Polarisierung boten, erreichten mit nur wenigen Kommunikationskanälen die Aufmerksamkeit der Verbraucher. Damals wurden Geschichten geschrieben, über die man sprach. Kommunikation und Werbung hatte noch einen ganz anderen Stellenwert. *Heute befinden wir uns in einer Ära von mangelnden Leitbildern, in der nicht nur der eine Weg richtig ist, der Weg, der zum Erfolg führt, sondern es gibt eine Pluralität der Wege.* Eine Pluralität der Kommunikationskanäle und Pluralität der Ideen, die alle richtig sind. Die Gefahr dabei ist, wenn alle Wege richtig sind, dass man unter Umständen keinen Schritt mehr geht und im Stillstand verharrt.

▸ Ein Phlegma, das durch ein Überangebot an Optionen ausgelöst wird.

Genau. Eine Gleichrichtigkeit der Wege durch den Mangel an gesellschaftlich relevanten und funktionierenden Leitbildern und Zunahme der Kommunikationskanäle. Erschwerend kommt der Wechsel zwischen Wegen, der uns heute zur Verfügung steht, hinzu. Neben einer Vielzahl von beruflichen Zielen kommen heute deutlich mehr Entscheidungen zum persönlichen Weg und über das eigene Leben hinzu. Wenn man z. B. auf einem macht- und karrieregetriebenen Weg feststellt, dass Macht für einen selber gar nicht so interessant ist, wie man anfangs dachte und sich verliebt, Kinder bekommt und plötzlich feststellt, dass auf einmal ganz andere Themen relevant sind.

▸ Macht und Familie schließen sich in der Kombination nicht unbedingt aus. Welche Werte sollten gesamtgesellschaftlich in Zukunft stärker fokussiert werden?

Mir würde es gut gefallen, wenn man an bestimmte Themen mit ein bisschen weniger Ernsthaftigkeit rangeht. Wir Deutsche tendieren schon dazu alles sehr korrekt und präzise zu tun. Für bestimmte Abläufe und Themen ist das perfekt. Aber *wenn sich Rahmenbedingungen ändern, neue Weichenstellungen aufkommen, z. B. eine neue Generation heranwächst, der auch Freizeit wichtig ist, dann ist Präzision und Korrektheit nicht immer die einzige Lösung.* Spaß wäre zu viel, aber ein Loslassen und spielerisches Umgehen mit neuen Rahmenbedingungen und neuen Situationen fände ich gut.

Ich habe mich in der Uni mit der Entscheidungstheorie beschäftigt, also nach welchen Mustern Entscheidungen getroffen werden und welche unterschiedlichen Modelle es gibt. Mir persönlich hat schon immer das Modell der flexiblen Planung am besten gefallen. Da ist das dahinterliegende Prinzip, bei mehrstufigen Entscheidungen unter Ungewissheitsfaktoren, also nicht vollständigen Informationen, zum heutigen Zeitpunkt nur den nächsten Schritt festzulegen und zukünftige Schritte nur bedingt zu planen. Also: Ein eher flexibler und kein dogmatischer Weg. Es gibt heute so viele unterschiedliche Einflüsse, die man annehmen und in seinem Weg spielerisch einbauen kann.

▸ Nach welchen privaten Werten leben Sie?

Ich habe für mich festgestellt, dass mir Offenheit wichtig ist. In mir kann man lesen, wie in einem Buch. Ich sage alles genau so, wie es mir durch den Kopf geht, ohne Berechnung und Hintergedanken. Genauso ist es in meinem Privatleben, in der Agentur oder bei Kunden. In dem Moment, in dem Menschen mich begreifen, also erkennen wie ich wirklich bin, schafft dieses eine wunderbare Basis für Vertrauen. Ich habe es mir abgewöhnt meine Handlungsweise und Gedanken ständig zu filtern und zu kontrollieren. Damit meine ich nicht nur das gesprochene Wort, sondern auch Körperhaltung, Körpersprache, wie ich auf Menschen zugehe usw. Es gibt ganz viele Arten sich mitzuteilen. Es ist wie in der Liebe – je mehr ich bedingungslos liebe, desto mehr Liebe werde ich erhalten und *je mehr ich von mir preisgebe, desto mehr bekomme ich zurück* – auch wenn ich mal gegen die Wand laufe. Ich versuche den Menschen, die mit mir zu tun haben, die Möglichkeit zu geben eine Vertrauensbasis aufzubauen. Vertrauen ist aus meiner Sicht eine wichtige Basis für ein menschliches Miteinander. Wenn ich permanent misstrauisch wäre, gegenüber allem und jedem, dann würden meine Skepsis und Unsicherheit das menschliche Miteinander in meinem Umfeld erschweren.

▷     Vielen Dank für das Gespräch.

**WertSchätze für den Führungsalltag[1] ...**

**Offenheit**
Neues und Anderes sensitiv erkennen und zulassen bringt Vielfalt.

**Transparenz**
Klarheit in Prozessen und Entscheidungsfindung fördert Einblicke und schafft die Basis für Verständnis.

**Beitrag**
Für die individuelle Zufriedenheit ist es relevant, den persönlichen Bestandteil am Arbeitsergebnis in seiner Einzigartigkeit zu erkennen und zu würdigen.

**Vielfalt**
Besondere Stärken und Talente müssen Raum zur Förderung erhalten. Dabei gilt es die Balance zu halten, zwischen individueller Interessenslage und gemeinschaftlichem Harmoniebedürfnis.

---

[1] Diese Werte sind eine Gesprächsreflektion der Autorin. Dabei wurden bewusst spezifische Werte herausgegriffen.

# Die Führungskraft als Vorbild

## Erwin Faust, Mitglied des Vorstands Aurubis AG

**Gesprächspartner: Erwin Faust, Mitglied des Vorstands Aurubis AG**
Erwin Faust ist Jahrgang 1957. Nach dem Studium der Wirtschaftswissenschaften an der Handelshochschule in St. Gallen (Schweiz) war er zunächst bei der Otto Wolf Industrie-Anlagen GmbH in Köln tätig.

Von März 1989 bis 1995 arbeitete er im Volkswagen-Konzern und leitete im Zuge der Übernahme von Skoda das Marken-Controlling. Anschließend bekleidete er bis 2007 leitende Positionen bei der VAW Aluminium in Bonn.

In Anschluss daran wirkte Herr Faust als Finanzchef der europäischen Aluminiumwalzaktivitäten von Alcan Inc. und der Nachfolgeorganisation Novelis Inc. In seiner Funktion als Finanzchef Novelis Europa war Erwin Faust auch in Aufsichtsgremien der europäischen Gesellschaften sowie als kaufmännischer Geschäftsführer der deutschen Gesellschaft tätig.

Mit Wirkung zum 1. Oktober 2008 wurde Erwin Faust in den Vorstand der Aurubis AG berufen und übernahm das Ressort Finanzen.

K. Girbig, *Wertemanagement*, DOI 10.1007/978-3-658-02616-5_14,
© Springer Fachmedien Wiesbaden 2014

▶   Was verstehen Sie unter Werten?

Wahrscheinlich eher grundsätzlichere Dinge. Von Anselm Kiefer gab es letztens einen Artikel, in dem er darüber spricht, dass Führung erst mal eine in sich ruhende Führungskraft
braucht, die ein entsprechendes Wertegerüst hat. Der Artikel ist mir deswegen in Erinnerung geblieben, weil er mein Meinungs- und Gefühlsbild zu dieser Frage wiedergegeben
hat. Werte trägt jeder in sich. Wichtig sind Grundwerte wie Integrität verbunden mit Achtung füreinander. Man muss bei der Wertediskussion auch sehen, von welchem Menschenbild man jeweils ausgeht.

Vieles, was im HR-Bereich und Unternehmen gemacht wurde, leitet sich aus Menschen-
und Funktionsbildern ab, die in den 50er und 60er Jahren in Amerika entwickelt worden
sind. Ich frag mich manchmal, inwieweit diese Paradigmen valide sind oder nicht.

▶   Welches Menschenbild haben Sie?

Was wollen Menschen in der Regel? Sie wollen einen ordentlichen Chef, Verlässlichkeit und vertragen eine klare und offene Kommunikation. *Menschen wollen Erfolge haben,
wachsen und sich entwickeln.* Das klappt gut, wenn sich ein Vertrauensverhältnis zwischen
Chef und Mitarbeiter einstellt. Daran müssen beide Seiten arbeiten. Wenn das nicht klappt,
nützen die Führungstechniken wenig. Ab einer bestimmten Ebene durchschauen Mitarbeiter einen schnell und denken: „Aha, der hat wieder im Lehrbuch nachgesehen." Ich
bemühe mich, meine Mitarbeiter so zu führen, wie ich selbst gern geführt werden würde.
Das gelingt nicht immer, aber zumindest ist es eine Marschrichtung.

▶   Neben den bereits genannten, mit welchen weiteren Werten führen Sie?

Ich bemühe mich schon sehr, eine gegenseitige Vertrauensbeziehung herzustellen. Ich
führe unter Achtung des Individuums und durch leading durch example. Viele Werte, die
auf Hochglanzbroschüren stehen, sind sehr idealtypisch. Man muss sich ja überlegen, wie
reflektiert denkt man morgens, bevor man ins Büro fährt, darüber nach, mit welchen Werten man heute führen will. Das passiert im Untergrund. Für mich wäre deswegen die Frage
eher: Welche Werte habe ich?

Ich glaube an das Selbstbestimmungsrecht jedes Einzelnen. *Der Sinn der menschlichen
Existenz liegt nicht darin in einem Unternehmen sehr gut zu funktionieren, sondern im Leben
mit sich selbst glücklich zu werden.* Da gibt es die unterschiedlichsten Facetten. Jeder muss
sich bemühen, dieses Glück für sich zu finden im oder außerhalb eines Unternehmens. Ich
kann auch gut mit Leuten, die andere Vorstellungen haben. Ich versuche Leuten Sicherheit
zu geben und Vertrauen entgegen zu bringen, indem ich mich selber exponiere. Führung
ist etwas sehr Emotionales und Individuelles. Menschen spüren Ehrlichkeit. Das bringt
Mitarbeiter dazu, einem Chef oder Leader zu folgen.

▸    Wie sieht Ihre Wertestruktur aus?

Wenn man jemandem abkauft, dass er authentisch ist und sich ein positives Gesamtbild formt, dann würde ich das Zusammenspiel der Werte nicht so festlegen wollen.

▸    Wie erwecken Sie die Werte im Arbeitsalltag zum Leben?

Indem ich sie lebe.

▸    Wie leben Sie Integrität?

Indem man integer ist. Das ist etwas, was man als Persönlichkeit in sich trägt oder nicht. Wenn man sich wahnsinnig anstrengen müsste den Wert Integrität zu geben, dann hat man ihn auch nicht.

▸    Wie ist das Thema organisatorisch verankert?

Wir haben in einem Projekt Zielwertestrukturen definiert und kommuniziert. Aurubis ist ein Traditionsunternehmen, ist in den letzten Jahren stark gewachsen und baut konzernale Strukturen auf. Wir verlieren damit Werte und haben damit automatisch eine Kulturvielfalt. Im Moment gibt es hier drei Kulturen, mit denen wir sehr bewusst umgehen und die wir versuchen zur Annäherung zu bringen. Teilweise sind die Standorte von sehr deutlichen Werten getragen. Das kann man nicht einfach vermitteln. Werte entstehen über Jahrzehnte, bis sie ins Unternehmen gelangen. Wenn sie da sind, kriegt man sie auch nicht mehr weg.
Ich glaube, an Standorten trifft man eher Wertestrukturen an, als in Unternehmen. *Wenn man über Unternehmen spricht, will man das Ganze integrierter sehen als es oft ist.* Es ist schwierig, ein Dachwertesystem zu etablieren. Man kann vielleicht zwei, drei, maximal fünf Werte in die Unternehmung bekommen durch Wiederholen und Exempel statuieren im positiven und negativen Sinne.

▸    In welchen Situationen haben Sie das letzte Mal gemerkt, dass Unternehmenswerte gelebt oder auch nicht gelebt wurden?

Die Unternehmung hat aufgrund der Historie sehr starke Werte. Manchmal funktioniert es gut und manchmal nicht so gut. Die Firma hat eine ganz ausgeprägte Kultur des Krisenmanagements und damit verbunden eine Kultur der Verantwortungsübernahme und Kooperation auf allen Ebenen. Wenn wir einen größeren Schaden haben, ist das Wir-Gefühl ganz groß. Da rufen sich die Meister an, dass die Techniker bitte ins Werk kommen sollen. Die Führungskraft ist da noch gar nicht involviert oder hat gerade gehört, dass etwas passiert ist. Das sind Werte, die sind seit Jahrzehnten da und haben sich im Laufe der Zeit perpetuiert.

▸    Und wo wurde es Ihrer Meinung nach noch nicht gelebt?

Die Frage ist, kann man Dingen den Spiegel vorhalten? Das hängt mit den eigenen Entwicklungswelten zusammen. Wenn man hier im Werk dreißig Jahre ist, wird man betriebsblind. Man erkennt Werte und ihre Funktionsweisen nicht mehr so unmittelbar, wie es möglich ist, wenn man von außen kommt. Wenn man das mit einer gewissen Reflektion tut, erkennt man die dahinterliegenden Strukturen leichter.

▸    Wo sehen Sie noch Potenziale bei der Umsetzung Ihrer Unternehmenswerte?

Wie vorher bereits erläutert, halte ich „die Umsetzung" von Unternehmenswerten für ein schwieriges Unterfangen. Ich denke, dass es praxisfern ist, dies als technokratisch abzuarbeitende Aufgabe zu sehen.

Als Skoda von VW übernommen wurde, war ich von Stunde null an dabei. Die Distanzen der Wertegerüste waren so deutlich und groß, dass sie erkennbar waren. So bekommt man auch Wanderungsbewegungen leichter hin. *Meistens sind die Wertegerüste wenig different, sodass die Spannungsunterschiede zu niedrig sind.* Ich denke auch, dass das mit der Akkulturierungsfähigkeit zusammen hängt. Wenn man eine Fusion macht, stellt sich die Frage: Wer übernimmt wen? Wenn ein Unternehmen die Integrationskraft hat, dann funktioniert so etwas. Oft wird integriert, und es passiert wenig. Das sind dann Standortkulturen, die sich nach fünf unterschiedlichen Besitzern wenig verändert haben.

▸    Welche Werte werden aus Ihrer Sicht zukünftig für Ihr Unternehmen an Bedeutung gewinnen?

Man muss ein Werteumfeld schaffen, das die sozial-akzeptierte Betriebserlaubnis für das wirtschaftliche Tun mit sich bringt. Die Atomindustrie hat das verloren. Die Banker nagen daran. Das sind langfristige Prozesse, wo man auch awareness im Unternehmen erzeugen kann. Das tun wir auch. Man muss den Mitarbeitern ein Arbeitsumfeld liefern, das ihren Bedürfnissen entspricht. Viele Grundbedürfnisse sind gleich geblieben. Aber Lebensumstände und -modelle haben sich durchaus verändert. Hier muss man sich immer wieder überprüfen, inwiefern die Wertevorstellungen in die Welt passen.

▸    Welches wären aus Ihrer Sicht die wichtigsten Dos und Don'ts bei der Einführung eines werteorientierten Managements?

Wichtig sind Nachhaltigkeit, Integrität, Compliance und offene, flexible Arbeitsmodelle. In der Diskussion der letzten fünf Jahre sind Integrität und Compliance zunehmend in den Vordergrund getreten. Hinter Compliance steht Ehrlichkeit. Das ist aktuell in Unternehmen herein zu tragen. Nachhaltigkeit gewinnt auch vor dem gesellschaftlichen Hintergrund immer mehr an Bedeutung. Dem Ganzen muss man sich auch stellen.

▸ Prägen Sie mit Ihren Unternehmenswerten die Gesellschaft?

Dafür sind wir zu klein. Es gibt vielleicht Unternehmenswerte an bestimmten Standorten, die die Einstellung der Menschen zu ihrer Arbeit prägen.

▸ Welche Werte sollten gesellschaftlich in Zukunft größere Beachtung finden?

Das Abendland hat christliche Ursprünge und beruht auf diesem Wertefundament. Dann hatte man zwischendrin noch mal eine marxistische Ideologie mit bestimmten Werten, die im letzten Jahrhundert immer wieder geprägt hat. Man muss die Werte so nehmen, wie sie sind. Man wünscht sich natürlich eine freiheitliche Gesellschaft. Ich bin geprägt von einem European Way of Life. Ich habe jetzt einen ganz interessanten Vortrag vom Altbundespräsidenten gehört. Er sagte, dass wir Europa in der sich verändernden Welt brauchen, um unseren Lebensstil zu erhalten. Andere Wertumstände kann ich mir für mich nicht denken. Auch *weniger Karrierefixierung und mehr Verantwortung gegenüber dem sozialen Umfeld würden uns sicher gut tun.* Die Frage ist: „Sind die Menschen so?" Adenauer sagte: „Man muss mit den Menschen auskommen. Es gibt keine Anderen."

▸ Welche privaten Werte sind für Sie wichtig?

Es ist eine primäre Aufgabe für Menschen, grundsätzlich erst mal mit sich selbst klar zu kommen und ihr Glück auf dieser Erde zu finden. Das sollte man in einer sozial verträglichen Art und Weise tun. Wenn das gelungen ist, hat man schon sehr viel geschafft. Dann hat man auch eine ausgeglichene Persönlichkeit, die es einem erlaubt, in sein Umfeld zu schauen und da segensreich tätig zu sein.

▸ Vielen Dank für das Gespräch.

**WertSchätze für den Führungsalltag[1] ...**

**Vorbildlichkeit**
Wer sich mit seinem Handeln am selbst gesetzten Richtmaß orientiert, erhöht die Chancen, dass das Umfeld folgt.
**Aufrichtigkeit**
Ehrlicher und integrer Umgang ist die Grundlage für eine verlässliche Arbeitsbeziehung.

---

[1] Diese Werte sind eine Gesprächsreflektion der Autorin. Dabei wurden bewusst spezifische Werte herausgegriffen.

**Selbstständigkeit**

Die vornehmste Aufgabe eines Menschen besteht darin, sich zu verorten und zu schauen, wo im Leben persönliches Glück und Zufriedenheit zu finden sind.

# Tragfähige Beziehungen durch Leistung und Zuverlässigkeit

## Kristian Ludwig, Regional Lead Partner Nord-Ost Ernst & Young GmbH Wirtschaftsprüfungsgesellschaft

**Gesprächspartner: Kristian Ludwig, Regional Lead Partner Nord-Ost der Ernst & Young GmbH Wirtschaftsprüfungsgesellschaft**

Herr Ludwig, Jahrgang 1961, studierte in Bayreuth, Braunschweig und Kiel. Nach Abschluss seines betriebswirtschaftlichen Studiums startete er 1987 bei einer der Vorgängergesellschaften von EY als Prüfungsassistent. 1991 wurde Herr Ludwig zum Steuerberater und 1993 zum Wirtschaftsprüfer bestellt. In die Partnerschaft wurde er 1997 aufgenommen. 2002 übernahm er die Verantwortung für die Prüfungsabteilung von EY in Hamburg. Seit 2008 ist Herr Ludwig für die Büros von EY in der Region Nord-Ost mit insgesamt sieben Standorten verantwortlich.

Er ist unter anderem Mitglied der Kuratorien von COMMON PURPOSE in Hamburg sowie von AIESEC in Hamburg.

Herr Ludwig hat zwei Töchter.

K. Girbig, *Wertemanagement*, DOI 10.1007/978-3-658-02616-5_15,
© Springer Fachmedien Wiesbaden 2014

▸    Was verstehen Sie unter Werten?

Ich bin in einem christlich geprägten Elternhaus, mit den christlichen Werten groß geworden. Die zehn Gebote, das sind für mich Werte. Mit dem Thema Werte habe ich mich nicht
wirklich intensiv auseinandergesetzt, aber ich glaube, wenn man versucht, das Thema zu
den Ursprüngen zurückzuverfolgen, dann landet man immer wieder bei diesen zehn Geboten als den Dos und Don'ts des menschlichen Zusammenlebens.

▸    Mit welchen Werten führen Sie?

Ich versuche, meine Kolleginnen und Kollegen so zu führen, sie so zu behandeln, wie
ich selbst gern behandelt werden möchte. Ein ganz zentraler Begriff ist dabei Respekt – dass
ich meine Mitmenschen mit Respekt behandele. Was mir ganz offen gestanden, leider nicht
in jeder Lebenssituation so gelingt, wie ich es mir wünschen würde.
Wir, bei EY, sind ein globales Unternehmen mit über 170.000 Mitarbeitern weltweit.
Wir haben uns die folgenden Werte gegeben, mit denen wir unser Unternehmen führen:
„People who demonstrate integrity, respect and teaming. People with energy, enthusiasm
and the courage to lead. People who build relationships based on doing the right thing."
Diese Werte beschreiben, was wir von unseren Mitarbeitern erwarten, aber auch, wie wir
unsere Mitarbeiter führen und behandeln wollen, um weltweit erfolgreich zu sein.

▸    Welcher Wert hat für Sie die größte Bedeutung?

*EY ist, um es etwas salopp zu formulieren, eine „Hochleistungsveranstaltung".* Insofern
steht Leistung ganz klar im Mittelpunkt unseres Denkens und Handelns. Bei einem der
weltweit führenden Prüfungs- und Beratungsunternehmen ist das gar nicht wegzudenken.
Wir können unsere Prüfungs- und Beratungsleistungen aber nur dann erfolgreich erbringen, wenn unsere Mitarbeiter sich als Mitglied eines Teams verstehen und jederzeit bereit
sind, ihre persönlichen Interessen dem Erfolg des Teams, in dem sie gerade arbeiten, unter-
zuordnen. Unsere Leistung wird immer von einem Team erbracht. Der Einzelne ist bei uns
nur ein kleines Rädchen im großen Räderwerk. Er trägt mit seiner Leistung selbstverständlich zum Erfolg des Projektes bei und kann dem Projekt entscheidende Impulse geben. Der
Erfolg des Projektes steht und fällt aber damit, dass die Mitglieder des Teams sich wirklich
als Team begreifen und ohne wenn und aber zusammenarbeiten.

▸    Ein hehrer Anspruch.

Das ist nicht nur ein hehrer Anspruch, das ist gelebte Realität. Wenn Sie unsere Mitarbeiter fragen „Warum kommen Sie zu EY?" oder „Warum bleiben Sie bei EY?" dann erhalten
Sie insbesondere als Antwort „Wegen der Arbeitsatmosphäre in den Teams". Das ist für
unseren Berufsstand typisch, obwohl die Fluktuation bei uns und unseren großen Wettbe-
werbern, PwC, KPMG und Deloitte, im Durchschnitt zwölf bis fünfzehn Prozent pro Jahr
beträgt.

▸    Das heißt Ihre Ex-Mitarbeiter sagen: „Es war eine kurze, aber schöne Zeit."

Ja, das sagen sie, und dass die Zeit sehr intensiv war. Da sind wir wieder beim Thema Leistung bzw. Leistungsorientierung. Bei uns gilt der Grundsatz „Grow or Go". Das heißt, unsere Mitarbeiter entwickeln sich entweder bei uns auf der Karriereleiter nach oben oder sie entscheiden sich für einen Wechsel zu mittelständischen Wirtschafts-, Steuer- und Unternehmensberatungsgesellschaften oder in die Industrie.

Da der Schwerpunkt unserer Tätigkeit in den Bereichen Wirtschaftsprüfung und Steuerberatung liegt, ist aber der Wert Integrität von höchster Relevanz für uns und zwar in einem viel, viel stärkeren Maße als dies bei anderen Unternehmen der Fall ist. Unsere Branche hat das zuletzt im Jahr 2002 erlebt, als Arthur Andersen, ein global tätiges Unternehmen mit weltweit mehr als 50.000 Mitarbeitern, quasi über Nacht vom Markt verschwunden ist. Wenn der Markt das Vertrauen in eine Wirtschaftsprüfungs- und Steuerberatungsgesellschaft verloren hat, dann entzieht er ihr die Existenzgrundlage, indem er ihr keine Aufträge mehr erteilt.

*Für uns bildet daher das uneingeschränkte Vertrauen des Marktes in unsere Integrität unsere Existenzgrundlage.* Deshalb steht „Integrity" auch an erster Stelle unserer Werte. Insofern ja, wir sind leistungsorientiert, ohne jede Frage, aber gleichzeitig auch teamorientiert und insbesondere integer.

▸    Wie erwecken Sie die Werte im Arbeitsalltag zum Leben?

Wir versuchen, unsere Werte tagtäglich vorzuleben. Ich bringe immer gern folgendes Beispiel: Wenn Sie kleine Kinder haben und ihnen Tischmanieren beibringen wollen, dann können Sie ihnen hundertmal sagen: „Bitte iss mit Messer und Gabel." Wenn Sie sich aber selbst – und sei es nur hin und wieder – das Essen mit den Fingern in den Mund schieben, dann werden Ihre Kinder niemals den Umgang mit Messer und Gabel lernen. Sie werden vielleicht sogar verstehen, dass sie mit Messer und Gabel essen sollten, aber wenn es ihnen nicht vorgelebt wird, dann werden sie es nicht annehmen.

Nehmen wir zum Beispiel den Wert Integrität, der lässt sich ja nicht mathematisch, nicht mit einer Formel erklären. Das Leben ist ja nicht Schwarz oder Weiß, sondern sehr häufig Grau, und die Frage, die sich uns stellt, lautet: „Ab welchem Grad ist Grau gleich Schwarz?"

Wir müssen uns immer wieder fragen: „Wieweit gehen wir bestimmte Dinge noch mit? Wieweit akzeptieren wir Bilanzierungs- und Bewertungsentscheidungen eines Mandanten?" Wir versuchen, unseren jüngeren Mitarbeitern durch unsere Entscheidungen vor Ort vorzuleben, dass es Grenzen gibt, die wir auch dann nicht überschreiten dürfen, wenn wir dadurch einen Auftrag verlieren könnten. *Die Frage ist: „Wie biegsam sind Sie?"* Unsere Mitarbeiter müssen lernen, dass wir uns bei unseren Entscheidungen zwar in Bandbreiten bewegen, dass bei der einen oder anderen Entscheidung auch eine gewisse Flexibilität im Denken erforderlich sein mag, dass es aber Grenzen gibt, bei denen wir sagen: „Tut uns leid, wir können es drehen und wenden, wie wir wollen, das ist mit Gesetz und herrschender Meinung nicht in Übereinstimmung zu bringen. Und es ist so wesentlich, dass wir das nicht mehr mitgehen können." Da ist man durchaus immer mal wieder Situationen ausgesetzt, in denen ein Mandant antwortet: „Wenn Sie diesen Weg nicht mitgehen wollen oder können, dann muss ich mir gut überlegen, ob es noch eine Grundlage für eine langfristige Zusammenarbeit mit Ihnen gibt." Und dann müssen wir sagen: „Das ist sehr bedauerlich, dass Sie das so sehen, aber dann gibt es diese Grundlage vielleicht wirklich nicht mehr." Manchmal ist das so im Leben.

▸     Wie ist das Thema in Ihrem HR-Management eingebunden?

Unsere Mitarbeiter werden regelmäßig geschult, sowohl im Bereich der fachlichen Skills als auch im Bereich der sogenannten Soft Skills. Unsere Werte spielen dabei immer eine wichtige Rolle. Jedes Jahr können unsere Mitarbeiter, weltweit, Kolleginnen und Kollegen für den Chairman's Value Award nominieren. Gewinner des Chairman's Value Award werden diejenigen, die in den Augen ihrer Kollegen unsere Werte im Alltag am besten gelebt haben. Ich glaube, dass dieser Prozess einen sehr großen Multiplikator Effekt hat. Unseren Mitarbeitern wird dadurch regelmäßig vor Augen geführt, wie wichtig das Thema Werte für unser Unternehmen ist.

▸     Geschieht das auch lokal in Hamburg?

Nein, dieser Award wird nicht auf lokaler, sondern nur auf globaler Ebene vergeben. Unsere Werte spielen aber natürlich eine wesentliche Rolle in der jährlichen Beurteilung unserer Mitarbeiter, vom Assistenten bis zum Partner.

Nach jedem Projekt erhalten unsere Mitarbeiter eine Beurteilung, in die nicht nur die fachliche, sondern auch die soziale Kompetenz einfließt. Diese Beurteilungen werden einmal im Jahr zu einer Gesamtbeurteilung zusammengefasst.

Darüber hinaus gibt es einmal im Jahr eine Beurteilung unserer Mitarbeiter bottom-up. Ein anonymes Multisource-Feedback, bei dem insbesondere die Soft Skills unserer Führungskräfte im Vordergrund stehen. Hier beurteilen unsere Mitarbeiter, ob unsere Führungskräfte sie so fordern und fördern, so mit ihnen umgehen, wie wir das erwarten.

▸     Wie werden diese Ergebnisse ausgewertet?

Der einzelne Mitarbeiter bekommt das Multisource-Feedback, das er erhalten hat, und sein Vorgesetzter, mit dem er sein Jahresgespräch führt, bekommt es auch. Das Ergebnis des Multisource-Feedback und die daraus abzuleitenden Maßnahmen sind dann ein wesentlicher Bestandteil des Jahresgesprächs. Das Ergebnis fließt in die endgültige Beurteilung des Mitarbeiters und damit auch in seine Vergütung ein.

▸ In welchen Situationen haben Sie das letzte Mal gemerkt, dass Unternehmenswerte gelebt oder auch nicht gelebt wurden?

Dass sie gelebt werden, merke ich täglich. Situationen, in denen es nicht immer einfach
ist, sie zu leben, sind zum Beispiel dann gegeben, wenn wir uns aktiv von einem Mitarbeiter trennen. Das ist für den Mitarbeiter, aber auch für den Vorgesetzten keine einfache
Situation. Ganz wesentlich ist, dass man in einer solchen Situation respektvoll mit dem Mitarbeiter umgeht. Auf der einen Seite muss man dem Mitarbeiter unmissverständlich klar
machen, dass er bei uns keine Perspektive mehr hat und unsere Wege sich daher trennen
sollten. Auf der anderen Seite bedarf es eines gewissen Feingefühls, um den Mitarbeiter
nicht zu verletzen und gemeinsam einen Weg des Ausstiegs zu finden.

Und natürlich gilt dabei auch der berühmte Satz „Man sieht sich immer zweimal im
Leben". Die überwiegende Anzahl der Mitarbeiter, die uns verlässt, wechselt in die Industrie und kann damit ein potentieller Auftraggeber werden. Wenn wir uns nicht respektvoll
voneinander trennen, sondern in einer Art und Weise, dass man sich hinterher nicht mehr
in die Augen schauen kann, dann wird das mit dem potentiellen Auftraggeber wohl eher
nichts.

▸ Wobei die Motivation für Respekt nicht die sein sollte, dass der Mitarbeiter ein
potentieller Mandant ist.

Ganz ehrlich, ich kann das nicht immer von einander trennen. Da ich in einem christlichen Umfeld großgeworden bin, ist das Bemühen um Respekt in mir drin. Aber nichtsdestotrotz habe ich in solchen Situationen durchaus vor Augen, dass ich dem Mitarbeiter
auch mal in einer anderen Situation begegnen könnte.

Sehr viele Mitarbeiter schicken, wenn sie uns verlassen, zum Abschied eine E-Mail an
alle Mitarbeiter des Büros. Es kommt durchaus vor, dass wir uns aktiv von einem Mitarbeiter trennen, was von den Mitarbeitern, die mit diesem Mitarbeiter zusammengearbeitet
haben, aber überhaupt nicht verstanden wird. Wenn dieser Mitarbeiter dann noch eine
„nette" Abschieds-E-Mail schreibt, dann ist der immaterielle Schaden groß. Ein weiterer
Grund für einen respektvollen Umgang in jeder Situation.

Meine Erfahrung ist, dass es sehr dabei hilft, wenn man authentisch bleibt. Ich bin jetzt
seit mehr als 25 Jahren bei EY und die Mitarbeiter kennen mich und meinen Ruf. Sie wissen
doch, wie das ist. Irgendwann treffen die Mitarbeiter, wenn sie neu bei uns anfangen, auf
den Namen Ludwig und fragen: „Wer ist das? Was ist das für ein Typ?" Das gilt für jeden
Partner, für jede Führungsperson.

*Ich soll zu denen gehören, die ziemlich klar und deutlich aussprechen, was Sache ist.* Wenn
ich dann sensible Trennungsgespräche führe, muss ich selbstverständlich auch eindeutig
kommunizieren. Wenn ich in schwierigen Situationen anfangen würde, um fünf Ecken zu
reden, fühlte sich mein Gegenüber doch auf den Arm genommen. Der merkt doch schnell,
was gerade Sache ist und er weiß doch ganz genau, dass ich sonst ganz anders rede. Zum
Vermitteln und Vorleben der Werte gehört es, authentisch zu sein. Das gilt zum Beispiel
auch für Kollegen, die mal ziemlich laut werden können.

▸   Choleriker?

Dazu gibt es sicherlich unterschiedliche Auffassungen bei uns im Haus. Ich glaube, mal laut zu werden, schadet auch nichts.

▸   Dass authentisch sein mit mangelhaft höflich sein dürfen gleichgesetzt wird, finde ich immer schwierig.

Es gibt Kollegen, die werden vielleicht mal laut. Es gibt aber auch Kollegen, die sind immer leise und höflich, aber z. B. sehr sarkastisch. Was ist schlimmer?

▸   Das ist die Wahl zwischen Pest und Cholera.

Ich glaube, in unserem Unternehmen macht der klassische Choleriker auch keine Karriere. Bei uns muss man als Partner sowohl nach innen als auch nach außen mit Menschen kommunizieren können. Nach außen muss man es schaffen, eine vertrauensvolle Zusammenarbeit zu Mandanten bzw. potentiellen Mandanten aufzubauen. Nach innen muss man es schaffen, mindestens so beurteilt zu werden, dass einem eine Führungsposition zugetraut wird. Einem klassischen Choleriker wird beides nicht gelingen.

Entscheidend ist für mich, dass man Werte nur glaubhaft vorleben kann, wenn die Umwelt das Gefühl hat, dass man sich dafür nicht verbiegen muss. Wenn man z. B. im tiefsten Inneren seines Herzens ein Problem mit Frauen in Führungspositionen hat, dann kann man sich im Zeitalter von Diversity und Inclusiveness nicht vor die Mitarbeiter stellen und sagen: „Wir haben leider erst 15 Prozent Frauen in Führungspositionen. Ich würde es sehr begrüßen, wenn wir bald 30 Prozent hätten." Das nimmt Ihnen niemand ab!

▸   Und wo hat die Umsetzung der Werte noch nicht funktioniert?

Ach, ich befürchte, dass sie „im Kleinen" häufig nicht gelebt werden. Ein konkretes Beispiel dafür habe ich aber nicht vor Augen.

▸   Wann haben Sie sich das letzte Mal geärgert?

Ich kann mich nicht erinnern, ich müsste ziemlich weit zurückgehen. Ich ärgere mich sehr selten.

*Grund zum Ärgern gibt es, wenn die Kommunikation nicht so funktioniert, wie ich es mir wünsche.*

Wir haben z. B. manchmal einen Interessenskonflikt zwischen dem, was wir unseren Mandanten versprechen und dem, was wir unseren Mitarbeitern versprechen. Es gibt z. B. Situationen, in denen wir einem Mandanten versprechen müssen: „In vier Wochen liefern wir die ersten Ergebnisse." Unseren Mitarbeitern versprechen wir, dass wir ihnen im Sinne von Work-Life-Balance genügend Freiraum geben. Das ist ein Konflikt, der immer mal wieder aufbricht. Da gibt es ein Problem im täglichen Leben unserer Werte – Leistungswerte versus Kooperationswerte. Und es ärgert mich, wenn wir unseren Mitarbeitern gegenüber dann nicht ehrlich sind und ihnen nicht gleich zu Beginn dieses Projektes „reinen Wein einschenken".

▸ Das könnte überspitzt formuliert als Vertragsbruch gesehen werden im Sinne von: Ich, Unternehmen, verspreche Dir Karrierechancen und Work-Life-Balance, obwohl ich schon jetzt weiß, dass die Einhaltung fraglich ist.

Ach, wissen Sie, wenn Sie in die Internetforen gehen, in denen sich unsere Mitarbeiter und/oder Studenten über uns austauschen, dann ist allen klar, dass EY, wie ich es eingangs salopp formuliert habe, eine Hochleistungsveranstaltung ist. Und in einer Hochleistungs-veranstaltung gehört man vor dem Hintergrund des „Grow or Go" mit dem Wunsch nach einer vierzig Stundenwoche eher zum „Go" und nicht zum „Grow". Die meisten Studenten kommen zu uns, weil sie „Grow" und nicht „Go" wollen.

Aber die Frage ist natürlich immer: Wo werden Grenzen überschritten? Grenzen, die insbesondere vor dem Hintergrund dessen, was wir gegenüber unseren Mitarbeitern kom-munizieren, nicht überschritten werden sollten. Das kommt leider immer wieder einmal vor. Ich würde es aber nicht unter Vertragsbruch einordnen. Sie können natürlich sagen: „Ein permanentes Nicht-Erfüllen der Erwartungen ist irgendwann mehr als nicht erfüllte Erwartung, will sagen Vertragsbruch. Ich würde das aber nicht so überspitzt formulieren wollen, insbesondere nicht vor dem Hintergrund, dass das bei uns zwar immer einmal wie-der, aber nicht permanent vorkommt.

▸ Wo sehen Sie noch Potenziale bei der Umsetzung Ihrer Unternehmenswerte?

Wir hatten kürzlich eine interne Diskussion zu diesem Thema. Wir müssen unsere Wer-te ständig weiterentwickeln, weil sich unsere Gesellschaft ständig weiterentwickelt und weil sich dadurch auch die Erwartungen unserer Mitarbeiter ständig weiterentwickeln. *Das „mit Leben füllen" unserer Werte ist ein dynamischer Prozess.*

Als ich vor mehr als 25 Jahren anfing, war Diversity und Inclusiveness kein Thema. Ob-wohl in unserem Beruf schon immer viele Frauen angefangen haben zu arbeiten, haben sie – aus welchem Grund auch immer – aber nur sehr selten Karriere gemacht. Und kein Mensch hat damals darüber nachgedacht, warum das so ist, ob man etwas dagegen unter-nehmen sollte und wenn ja, was.

Heute, vor dem Hintergrund der zunehmenden Knappheit an qualifiziertem Personal, kann ich als Führungsperson einen solchen Zustand nicht mehr akzeptieren, sondern muss aktiv gegensteuern, zum Wohl von EY, aber auch zum Wohl unserer Gesellschaft.

Und die Geschwindigkeit der Änderungen nimmt kontinuierlich zu, wenn Sie sich The-men wie Flexibilisierung der Arbeitszeit, „Work at home", etc. vor Augen halten. Das sind alles Themen, die auch einen Einfluss darauf haben, wie wir uns und unsere Mitarbeiter entwickeln. Für mich heißt Entwickeln immer auch Führen und das hat dann stets auch eine Abstrahlung auf unsere Werte.

Wir, als EY, setzen uns permanent mit diesen Fragen auseinander und versuchen, das pro aktiv umzusetzen, was wir für unsere weitere Entwicklung als wichtig erachten. Wir müssen dabei selbstverständlich auch berücksichtigen, dass unsere Mitarbeiter sich viel stärker mit Werten auseinandersetzen, als wir das vor 25 Jahren getan haben.

▸   Ich denke, das Wertebewusstsein ist insgesamt größer geworden.

Genau, und genau das müssen wir vordenken und angemessen adressieren – sowohl im Internet, aber natürlich auch in unserem Intranet. *Wenn wir die gesellschaftlichen Entwicklungen nicht rechtzeitig aufnehmen und adressieren, dann sind wir lost.* Wir, bei EY, als einem der weltweit führenden Prüfungs- und Beratungsunternehmen versuchen, den gesellschaftlichen Wandel, so gut es geht, vorauszudenken und rechtzeitig Antworten zu entwickeln, für uns und unsere Mandanten.

▸   Welche Werte werden aus Ihrer Sicht zukünftig für Ihr Unternehmen an Bedeutung gewinnen?

*Ich glaube, das Thema Selbstverwirklichung wird an Bedeutung gewinnen – das bewusste Nachdenken über den Sinn des eigenen Lebens.* Die jungen Menschen denken in einem viel stärkeren Maße als wir früher darüber nach, was der Sinn ihres Lebens ist, was sie von der Gesellschaft erwarten und wie sich in die Gesellschaft einbringen wollen. Wir haben früher nach dem Studium primär darüber nachgedacht, welcher potentielle Arbeitgeber uns die besten Ausbildungs- und Karrierechancen bieten konnte.

▸   Heute sind eher nichtmaterialistische Werte gefragt?

Ja, ich glaube, das spielt in einem viel größeren Maß eine Rolle als es früher der Fall war. Als ich anfing, hat kein Mensch über die Arbeitszeiten nachgedacht, sondern gearbeitet so viel und so lange, wie es erforderlich war. Als dann vor einigen Jahren bei uns die Flexibilisierung der Arbeitszeit eingeführt wurde, sagte ein älterer Kollege: „Ich weiß gar nicht, was das soll. Unsere Arbeitszeit war doch schon immer flexibel. Die Kernarbeitszeit geht von halb neun bis halb sieben und der Rest ist doch flexibel." So können Sie heute weder denken noch führen. Ähnliches gilt für das Thema „Work at Home".

▸   Welches wären die wichtigsten Dos und Don'ts, die man in der werteorientierten Führung beachten sollte?

Der mit Abstand wichtigste Punkt bleibt für mich nach wie vor Respekt. Und zwar in dem Sinne, dass ich die Mitarbeiter so behandele, wie ich selbst behandelt werden möchte.
Ganz wesentliche Don'ts sind mangelnde Fairness und mangelnde Ehrlichkeit.
Wichtig beim Führen ist Authentizität. Man darf sich nicht verbiegen. Das würde ich fast unter Ehrlichkeit einordnen, obwohl es da nicht wirklich hingehört.

▸    Es ist eine Form der Ehrlichkeit sich selbst gegenüber.

Ja, das stimmt und es ist enorm wichtig. Denn Führung heißt ja nicht nur, der Truppe etwas zu vermitteln und die Truppe in eine bestimmte Richtung zu bewegen, sondern es heißt auch, dass die Truppe sich dabei wohlfühlt. Und wann fühlt sie sich wohl? Wenn sie weiß, der da vorne, der sagt: „Ich führe euch in eine Schlacht.", der weiß, wovon er redet, der trifft die richtigen Entscheidungen und der setzt das Leben des Einen oder Anderen nicht leichtfertig aufs Spiel. Das können Sie eins zu eins auf das Arbeitsleben übertragen.

▸    Ich bin immer überrascht, wie häufig im Arbeitskontext Kriegsmetaphern ge-
     nutzt werden. Kann Arbeit nicht auch durch etwas Schönes und Leichtes ver-
     bildlicht werden.

Arbeit ist etwas Schönes und Leichtes. Das sollte es zumindest sein. Wenn ich mich mit Mitarbeitern, die sich beruflich verändern wollen, oder aber auch mit meinen Töchtern über deren Zukunftspläne unterhalte, dann pflege ich immer zu sagen: *„Macht etwas, bei dem ihr Spaß habt, dann kommt der Erfolg von ganz allein."*

▸    Welche Werte sollten gesellschaftlich in Zukunft größere Beachtung finden?

Offenheit. EY befragt regelmäßig Unternehmen, wie sie ihre aktuelle Situation und ihre weitere Entwicklung einschätzen, und veröffentlicht die Ergebnisse im sogenannten Mittelstandsbarometer. Wenn sie die Entwicklung im Zeitablauf verfolgen, dann geht es den Unternehmen mal gut und mal nicht so gut und dann wird die weitere Entwicklung mal positiv und mal nicht so positiv beurteilt. Ein Bereich, der jedoch seit vielen Jahren und von Jahr zu Jahr mit mehr Sorge betrachtet wird, ist der Mangel an qualifizierten Arbeitskräften. Ich würde vielleicht noch nicht von einer „Burning Platform" reden, aber es geht in diese Richtung.

Den Bedarf an qualifizierten Arbeitskräften werden wir, nicht zuletzt aufgrund der demographischen Entwicklung, nicht selbst decken können, da müssen wir uns nichts vormachen. Daher müssen wir in einem viel, viel stärkeren Maße Zuwanderung zulassen und das erfordert Offenheit!

Als erstes muss der gesetzliche Rahmen so geändert werden, dass legale Einwanderung und legales Arbeiten in Deutschland einfacher werden. Einwanderer werden aber nur dann nach Deutschland kommen, wenn sie das Gefühl haben, dass sie hier wirklich willkommen sind. Wir müssen daher bereit sein, diese Menschen mit allen damit verbundenen Pro's und Con's zu integrieren. Das erfordert Offenheit von beiden Seiten. Wir müssen offener als bisher gegenüber anderen Kulturen und damit auch gegenüber anderen Werten sein. Potentielle Einwanderer müssen aber auch bereit sein, unsere Werte als Grundlage für ihr Zusammenleben mit uns zu akzeptieren.

▸    Prägen Sie mit Ihren Unternehmenswerten die Gesellschaft?

Ja, insbesondere mit dem Wert Integrity. *Was wir mit unserer Arbeit schaffen, insbesonde-re im Bereich Wirtschaftsprüfung, ist Vertrauen, ohne das ein funktionierender Kapitalmarkt nicht denkbar ist.* Unser Berufsstand hat in den letzten Jahren immer wieder am Pran-ger gestanden, dass wir bestimmte Entwicklungen entweder nicht oder zu spät gesehen haben und es als Folge dann Unternehmens- und sogar Wirtschaftskrisen gegeben hat. Zuletzt die Finanzmarktkrise, bei der unserem Berufsstand vorgeworfen wird, seine Früh-warnfunktion nicht angemessen wahrgenommen zu haben. Das sehen wir naturgemäß anders. Nichtsdestotrotz, das Funktionieren einer zunehmend globalen Gesellschaft, eines globalisierten Kapitalmarktes setzt voraus, dass die Marktteilnehmer auf bestimmte Infor-mationen vertrauen. Dass sie auf diese Informationen vertrauen können, das stellen wir durch unsere Arbeit sicher. Das führt bei uns wieder dazu, dass Integrity ganz vorn bei unseren Werten steht.

▸    Welche Werte sind privat für Sie wichtig?

Die wichtigsten Werte sind für mich Ehrlichkeit, Fairness, Respekt und Nächstenliebe. Dazu gehört, nicht zu vergessen, dass es Menschen gibt, denen es nicht so gut geht wie mir, ohne dass sie dafür etwas können. Das möchte ich bei all meinem Wohlfühlen nicht vergessen.

Ich bin mit dem Spruch groß geworden: „Der liebe Gott lässt keine Bäume in den Him-mel wachsen." Immer mit beiden Beinen auf dem Boden der Tatsachen bleiben und die Augen für die Sorgen und Nöte um einen herum nicht verschließen, das ist mir wichtig.

▸    Vielen Dank für das Gespräch.

---

**WertSchätze für den Führungsalltag[1] …**

**Achtung**
Sorgsamer Umgang mit anderen Menschen erfordert ein sensibles Gleichgewicht zwischen Ehrlichkeit und Rücksichtnahme.

**Leistung**
Erfolge potenzieren sich häufig erst im Verbund.

**Rechtschaffenheit**
Eine auf Dauer angelegte Beziehung wird durch ein Miteinander, das sich auf Zuver-lässigkeit und Redlichkeit gründet, untermauert.

---

[1] Diese Werte sind eine Gesprächsreflektion der Autorin. Dabei wurden bewusst spezifische Werte herausgegriffen.

**Souveränität**

Werteprinzipien zu leben, bedeutet auch moralisch stark genug zu sein, deren Einhaltung stets zu prüfen und wenn nötig Grenzen zu setzen. Auch wenn das heißt, eine – scheinbar – attraktive Chance zu vergeben.

# Über Karrierewege und gute Kinderstube

## Frank Grube, Regionalvorstand KPMG AG Wirtschaftsprüfungsgesellschaft

**Gesprächspartner: Frank Grube Regionalvorstand KPMG AG Wirtschaftsprüfungs-gesellschaft**

Geboren 1966, begann Herr Grube seinen beruflichen Weg mit einem Studium zum Diplom-Finanzwirt (FH) in der Finanzverwaltung Schleswig-Holstein. Nach dem Abschluss 1988, dem Besuch der Bundeswehr und drei Jahren Tätigkeit im Finanzamt, erfolgte 1992 der Wechsel in die Steuerabteilung der KPMG in Hamburg. Seit 2001 ist er Partner im Bereich Tax und hat zunächst sieben Jahre den Bereich M&A Tax in Hamburg aufgebaut und geleitet. 2007 hat er die Leitung für den Bereich Tax in der Region Nord übernommen und ist seit April 2012 Regionalvorstand für die Büros in Hamburg, Bremen und Kiel. In der laufenden Mandatsarbeit liegt sein Schwerpunkt in der Beratung von Familienunternehmen.

Er ist seit 1991 verheiratet und hat einen Sohn. Zu seinen Hobbys zählen u. a. regelmäßiges Laufen, Segeln und Golf.

K. Girbig, *Wertemanagement*, DOI 10.1007/978-3-658-02616-5_16,
© Springer Fachmedien Wiesbaden 2014

▸     Was verstehen Sie unter Werten?

Zunächst möchte ich voranstellen, dass ich persönlich sehr durch das Aufwachsen in einem ländlichen Umfeld mit starker Prägung durch die Familie und durch viele Jahre Mannschaftssport beeinflusst bin. *Bodenständigkeit, geerdet sein und zu bleiben ist für mich sehr wichtig.* Ausfluss dessen sind bestimmte Erwartungen an das Miteinander im privaten wie beruflichen Umfeld. Nehmen wir mal folgende Situation als Beispiel: Man trifft sich mit Kolleginnen und Kollegen zu einer internen Veranstaltung im privaten Umfeld mit Begleitung in einer Gruppe von ca. vierzig Personen. Es kommt dann ein Kollege mit seiner Ehefrau zum ersten Mal zu dieser Gruppe dazu und begrüßt nur die Hälfte der Anwesenden. D.h. er geht nicht rum und stellt sich vor, soweit man sich noch nicht kennt, obwohl man gemeinsam Zeit zusammen verbringen möchte. Natürlich kann das unterschiedliche Gründe haben: das kann Unsicherheit sein, das kann Arroganz sein. Wenn man in dieser Situation aber nicht alle begrüßt, hat man nach meinem Verständnis in der „Kinderstube" etwas nicht gelernt. Ein höflicher wertschätzender Umgang sollte automatisch Bestandteil unserer Gesellschaft sein.

Ich habe früher viel Mannschaftssport gemacht, habe Handball gespielt. Über den Sport habe ich persönlich den großen Wert einer starken Gemeinschaft kennen gelernt: dass man selbst nur so stark wie das Team ist. Wenn das funktioniert, kann man gemeinsam viel erreichen. Die anderen müssen sich dabei aufeinander verlassen können.

▸     Welche privaten Werte sind für Sie wichtig?

Verlässlichkeit und Vertrauen sind für mich sehr bedeutende Werte. Dazu passt, dass man unter Norddeutschen auch sagen kann: der Handschlag zählt. Ein weiterer wichtiger Wert ist Gerechtigkeit mit all seinen Schwierigkeiten, denn was ist gerecht? Respekt hat für mich auch eine hohe Bedeutung, dass man andere Menschen achtet, unabhängig davon, ob man sie sympathisch findet und welche gesellschaftliche Stellung oder Hintergrund sie haben. Dazu zählt auch Toleranz gegenüber anderen Meinungen. Natürlich ärgert man sich auch mal und ist vielleicht sogar wütend über den Standpunkt Anderer. Aber spätestens wenn man darüber eine Nacht geschlafen hat, sollte man sich immer fragen: „Muss ich das tolerieren oder will ich persönliche Konsequenzen ziehen?"

▸     Mit welchen Werten führen Sie?

Mir sind Transparenz, Ehrlichkeit und das offene Wort beim Führen ganz wichtig. Viele sagen zu mir, dass ich schon sehr gerade heraus bin, dass sie sich dadurch aber auch auf mich verlassen können. Ich versuche durch aufrichtige Kommunikation meinen Mitarbeitern Orientierung zu geben. Gerade in wichtigen und anspruchsvollen Situationen, wenn es um Beurteilungen, um Perspektiven geht, sollte man versuchen, Konflikte nicht auf die lange Bank zu schieben; dass man ein offenes Gespräch darüber führt, was nicht läuft bzw. was für einen weiteren Karriereschritt notwendig ist. In dem Moment verstehe ich mich auch als Coach, der sich mit in die Veränderung einbezieht und Unterstützung anbietet. Manchmal werden Situationen an mich herangetragen, dass man mit Partnerkollegen oder Managern einen Dissens oder sich über sie geärgert hat. Ich versuche dann schon mit Rat weiterzuhelfen. Aber auch wenn ich als Vorgesetzter angesprochen werde, so versuche ich das Problem in einem ersten Schritt gerade nicht durch meine Rolle zu lösen. Viel besser ist, wenn die Betroffen versuchen, das Thema selbst zu lösen. In den meisten Fällen sage ich: „Sucht das offene, ehrliche Gespräch." *Wer viel mit Menschen zu tun hat, muss lernen, solche Konflikte selbst zu lösen.* Wenn das nicht hilft, kann es schon sein, das ich mich als Moderator oder Mediator, falls notwendig auch als Entscheider involviere. Dabei muss man natürlich schauen, in welchem Rahmen das Gespräch stattfindet.

▸    Wann wurden das letzte Mal Unternehmenswerte gelebt oder auch nicht gelebt?

Es gibt den Wert „Wir kommunizieren offen und ehrlich." Viele behaupten sicher von sich, dass sie diesen Wert leben. Nach meiner Beobachtung gibt es gerade bei großen Unternehmen immer wieder verschiedene Situationen, wo gerade dieser Wert dann aus den verschiedensten Gründen nicht gelebt wird.

▸    Haben Sie ein Beispiel im Kopf?

Das Vorleben dieses Wertes ist z. B. immer dann gefährdet, wenn es um schlechte Nachrichten geht. Ein typisches Beispiel habe ich bereits angedeutet. Jemand erwartet den nächsten Karriereschritt. Je weiter es nach oben geht, umso kleiner wird die Gruppe und umso geringer wird auch die Anzahl der Plätze, die zur Verfügung stehen. *Wenn dann Versprechungen gemacht werden, um jemanden für den Moment oder die nächsten Monate ruhigzustellen ist das nicht ehrlich.* Das ist häufig auch dadurch verursacht, dass der Vorgesetzte dann konfliktscheu ist und eine negative Nachricht vermeiden möchte.

Mitarbeiter haben nach meiner Beobachtung selbst bei negativen Entscheidungen eine höhere Bindung und Loyalität zu einem Unternehmen, wenn sie wissen die Kommunikation ist offen und ehrlich. Das hängt besonders von den jeweiligen Führungskräften ab. Weiß man aus Beobachtungen und Erfahrungen von anderen, der Chef ist ehrlich, kann man sicher sein, dass er sich auch entsprechend bei einem selbst verhält. Umgekehrt: in einem Team, in dem ein Vorgesetzter mit negativen Nachrichten nicht offen und empathisch umgeht, kann er durch sein Verhalten nicht nur den Mitarbeiter verlieren, dem er die negative Nachricht zunächst nicht übermittelt hat, sondern auch noch andere um ihn herum, da dann auch diese Mitarbeiter weniger Vertrauen zu dem Vorgesetzten haben.

▸    Sie beschreiben einen nicht sichtbaren und häufig auch nicht kommunizierten Vertrauensverlust der Mitarbeiter, der Unternehmen sehr viel kostet.

Führungskräfte müssen offen und ehrlich sein, um das Vertrauen ihres Teams zu gewinnen. Die meisten Mitarbeiterinnen und Mitarbeiter können mit ehrlichen und ggf. auch für sie selbst negativen Informationen und Entscheidungen über einen längeren Zeitraum am besten umgehen.

▸    Idealtypisch sind die Werte mit den Personalinstrumenten verknüpft, so dass
     z. B. in Mitarbeitergesprächen eine gezielte Rückkopplung erfolgen kann.

Ja, und diese Rückkopplung erfolgt auch umgekehrt. Sowohl bei den Managern, als auch bei den Partnern führen wir Bottom-up-Beurteilungen durch. Dabei beurteilen die Mitarbeiter die Manager und die Mitarbeiter und Manager die Partner. Der Fragebogen ist so angelegt, dass auch geprüft wird, wie die Werte von der einzelnen Person vorgelebt werden. Der beurteilte Manager oder Partner erhält die Auswertung anschließend in Bezug auf ca. 50 Fragen. Diese werden in sechs bis sieben große Gruppen zusammengefasst, die wiederum diverse Einzelfragen enthalten. Hier kann der beurteilte Manager oder Partner in eine Detailauswertung gehen. Ich als Vorgesetzter sehe dann im Gespräch mit dem Partner oder Manager nur die Zusammenfassung und bei Bedarf analysieren wir gemeinsam die Detailinformationen.

▸    In welcher Form erhalten denn die Mitarbeiter unter der Managementebene
     Feedback?

Die Mitarbeiter unterhalb des Managements beurteilen sich nach verschiedenen Kriterien, wie z. B. Motivation, Kooperation, Fachkenntnis und Organisation zunächst selbst. Auch der Vorgesetzte macht sich vorab seine Gedanken. Danach setzt man sich zusammen und tauscht sich vertrauensvoll aus, über die Vergangenheit und über die Zukunftspläne. Da sind sicherlich auch zwei bis drei Kriterien dabei, die einen direkten oder indirekten Bezug zu den Unternehmenswerten haben, aber es gibt keinen direkten Link.

▸    Gibt es eine Wertehierarchie? Wo legen Sie bei Entscheidungen den größten
     Fokus?

Man muss Werte aus interner und externer Betrachtung differenzieren. Aus externer Betrachtung, also der Sicht unserer Mandanten steht natürlich Qualität über allem. Intern stehen neben dem Anspruch an Qualität das Abfordern von Zuverlässigkeit und Loyalität ganz vorne. Dabei kommt es dann auch darauf an, dass man als Teamplayer auftritt und kooperiert.

▸    Welche Unternehmenswerte haben noch Potenzial?

Kooperation und Kommunikation. Was in jedem größeren Unternehmen schwierig ist, ist das Thema zentrale Kommunikation, wie und wann bestimmte Dinge bekannt oder auch nicht bekannt gegeben werden. *Bei Kommunikation innerhalb einer kleinen Gruppe oder zwischen zwei Personen gilt: eher zum Telefonhörer greifen, auch mit dem Ziel der Konfliktvermeidung.* Eine E-Mail ist schnell formuliert und der Empfänger grübelt dann wie es gemeint ist. E-Mails können unnötige Auseinandersetzungen auslösen, weil der Sender nicht die Sensibilität für den Empfänger hat. Am Telefon bzw. im persönlichen Gespräch hat man den Vorteil, dass man sofort merkt, wie der andere reagiert.

▶    Was sind für Sie Dos und Don'ts beim werteorientierten Management?

Dos sind offen und ehrlich zu sein, im Positiven wie im Negativen, nicht den möglichen Konflikten aus dem Weg zu gehen. Soweit es passt sollte man auch aus der Rolle des Führenden Nähe schaffen und zeigen, dass man als Führungskraft Teil des Teams ist, also eher Führungsspieler und nicht Trainer. Im engeren beruflichen Umfeld bzw. im Team erzähle ich auch gern mal etwas Privates, ich verschließe mich da nicht. Bei uns gibt es z. B. alle zwei Monate eine Happy Hour, das ist eine ideale Möglichkeit für einen lockeren Austausch und besser als eine formale und steife Kommunikation.

▶    Eine häufige Sorge von Führungskräften ist, dass wenn sie zu viel von sich preis-
     geben, ihre Autorität in Frage gestellt werden könnte. Wie setzen Sie Grenzen?

Das habe ich auch schon gehört, persönlich aber bisher nie schlechte Erfahrungen gemacht. Das ist in gewisser Weise auch Typsache. Sofern man sich auch persönlicher z. B. über Privates mit Gesprächspartnern austauscht, ist es doch in der Regel so, dass diese dann auch eher von sich etwas preisgeben. *„Menscheln" sollte man natürlich nur dann, wenn man davon überzeugt ist und es auch gerne macht.* In der Regel verhält man sich in dieser Hinsicht im privaten und beruflichen Umfeld ähnlich. Ein früherer Kollege hat z. B. nie erzählt, wenn er in den Urlaub gefahren ist. Auf einmal war er weg. Selbst seine Sekretärin wusste selten, wo er war und manchmal auch nicht, wann er wiederkam. Für mich war das ansonsten ein sehr geschätzter Kollege. Ich denke aber, dass der Umgang mit seinem Urlaub so geheimnisvoll war, weil er dachte, er muss irgendwo eine Grenze setzen. Vielleicht hat er früher schlechte Erfahrungen gemacht und wollte durch dieses Verhalten keine Angriffsfläche schaffen. Für mich ist es normal, das Umfeld zu informieren und bei Interesse auch zu erzählen, dass man in Urlaub geht und wohin.

Es fehlt noch ein Beispiel für ein Don't. Das ist der Fall, wenn man sich im Umgang mit Mitarbeitern in bestimmten Situationen vor Konflikten drückt. Möchte man sich z. B. von einem Mitarbeiter trennen, kann man das nach meiner eigenen Erfahrung und Einschätzung sehr oft auch in Anbetracht der Konfliktsituation gut und wertschätzend hinbekommen. Sofern man respektvoll mit den betroffenen Kollegen umgeht, kann man sich dann später auch weiterhin auf einer angemessenen Ebene begegnen.

▶    Solche Gespräche sind meist der Graus von Führungskräften und Mitarbeitern.
     Die Durchführungskompetenzen kann man gut erlernen. Dafür muss aber ein
     Leidensdruck da sein und der ist zumeist einseitig.

Das ist richtig, jeder hat seine Stärken und Verbesserungsfelder und jeder kann nicht überall gut sein. Es gibt Führungskräfte, die sind gut in ihrem Business, super im Umgang

mit Mandanten, werden auch vom Team, gerade von denen, die selbst fachlich hervorragend sind, sehr geschätzt, aber wenn es um eine andere Art von Führungsaufgaben geht oder Konfliktsituationen, dann wird's problematisch, weil es ihnen nicht liegt, oder sie sich einfach nicht darauf einlassen wollen.

▸ Inwieweit prägen Sie auch gesellschaftliche Werte durch Ihre Arbeit?

Durch moralische Ansprüche, die einfach zum Gesellschaftsbild gehören, z. B. Integrität. Das bedeutet, dass man als Berater oder Wirtschaftsprüfer im Extremfall auch ein Mandat ablehnen sollte. Wenn die Risiken zu hoch sind und wegen Gesetzesverstößen nicht dem Werteverständnis entsprechen, wie ein Unternehmen handeln sollte, muss das Mandat letztendlich niedergelegt werden. Das kommt nur selten vor, ist dann aber ein Spagat zwischen Mandatsverhältnis und Vertrauensschutz.

▸ Welche Werte sollten zukünftig in unserer Gesellschaft an Bedeutung gewinnen?

*Es wäre schön, wenn Kindern weiterhin bestimmte Grundwerte vermittelt werden.* Dies betrifft z. B. Respekt, Höflichkeit und Freundlichkeit. Dazu gehört nachfolgend das entsprechende Verhalten im späteren Business, wenn man z. B. miteinander Essen geht, dass man sein Handy oder Blackberry für diese Zeit auch mal ausstellt.
Da gibt es Einiges, was es wert ist, sich aus der eigenen Kindheit in Erinnerung zu rufen. Es gibt heutzutage aber auch Eltern, die diese Werte möglicherweise nie schätzen gelernt haben und m. E. mehr in die Erziehung integrieren sollten. Dies führe ich darauf zurück, dass es eben Eltern gibt, die zu ihren Kindern sagen: „Du musst jetzt noch nicht Dankeschön oder Guten Tag sagen, das kommt später." Aber wann ist denn das richtige Alter dafür um es zu lernen? Und wann ist es zu spät?

▸ Vielen Dank für das Gespräch.

**WertSchätze für den Führungsalltag[1] ...**

**Herkunft**
Sich der eigenen Wurzeln bewusst zu sein, ankert im (Berufs)leben.
**Aufmerksamkeit**
Tugenden wie Höflichkeit und Taktgefühl kommen im Miteinander und in neuen Situationen zum Tragen.

[1] Diese Werte sind eine Gesprächsreflektion der Autorin. Dabei wurden bewusst spezifische Werte herausgegriffen.

**Geradlinigkeit**

Die eigene Meinung ohne Umschweife darzulegen, erspart Missverständnisse und Taktieren.

Die Klärung von Dissonanzen sollte idealerweise im direkten Kontakt von Angesicht zu Angesicht geschehen.

**Kollegialität**

Indem man den Anschluss zu Mitarbeitern und Kollegen pflegt, stärkt man gleichzeitig den Arbeitsverbund.

# Mit Sicherheit Vertrauen säen

## Dr. Heiko Fischer, Vorsitzender des Vorstands (CEO) VTG Aktiengesellschaft

**Gesprächspartner: Dr. Heiko Fischer (*1967, Würzburg), Vorsitzender des Vorstands (CEO) der VTG Aktiengesellschaft**
Dr. Heiko Fischer, Jahrgang 1967, studierte Wirtschaftswissenschaften in Würzburg und Albany, New York. 1995 startete er seine berufliche Laufbahn als Büroleiter der VTG-Geschäftsführung in Hamburg. 1999 wechselte er in den Geschäftsbereich Schienenlogistik und Waggonvermietung der ehemaligen VTG-Lehnkering AG. Hier baute er die Sparte TRANSWAGGON auf. 2004 wurde Dr. Heiko Fischer zum Vorsitzenden des Vorstands der VTG AG berufen.

▸    Was verstehen Sie unter Werten?

Werte sind allgemeingültige Normen, die die Grundlage für unser Zusammenleben bilden. Sie bieten Orientierung, geben eine bestimmte Richtung vor, beschreiben möglicherweise

K. Girbig, *Wertemanagement*, DOI 10.1007/978-3-658-02616-5_17,
© Springer Fachmedien Wiesbaden 2014

auch Grenzen akzeptierten Verhaltens. Gebündelt ergeben sie einen Wertekosmos, der sich als Gesamtphilosophie darstellt. Einen Kontext, in dem sich Individuen sicher bewegen können.

▶ Das ist eine sehr schöne, pragmatische Definition. Wenn Sie von Wertekosmos sprechen, wie sieht denn der Wertekosmos der VTG aus?

Wir sind vor dem Hintergrund eines über Jahrzehnte etablierten Unternehmens in die Erwartungshaltungen, die unser Kulturkreis an Unternehmen stellt, eingebunden. Nicht kurzfristig, sondern langfristig ein verantwortungsvolles Unternehmertum zu leben, das sich aus verschiedenen Quellen speist. Diese stammen bspw. aus dem jüdisch-christlichen Weltbild, der katholischen Soziallehre oder der protestantischen Arbeitsethik. Gerade hier in Hamburg wird natürlich auch das Verständnis des ehrbaren Kaufmanns hoch geschätzt. Alle diese Leitbilder zielen auf Vertrauen im Geschäftsleben ab. Vertrauen heißt hier, dass ein Geschäftspartner sicher sein kann, dass man seinem Leistungsversprechen jederzeit nachkommt.

Genauso können die Mitarbeiter darauf vertrauen, dass arbeitsvertragliche und soziale Zusagen Gültigkeit haben. Mit Werten werden somit ein Stück weit Unsicherheiten reduziert. Das gilt für das Geschäftsleben ebenso wie für das private Umfeld. *Heute versucht man Vertrauen häufig durch immer mehr vertragsrechtliche Ausgestaltungen zu untermauern oder sogar zu ersetzen.* Aber der Handschlag des Kaufmannes beinhaltet dies bereits alles. Das ist der Unterschied zwischen Werten und Verträgen. Wenn ich mit meinem Gegenüber einen mehr oder weniger gleichen Wertekosmos habe, dann benötige ich kaum ein Schriftstück. Dies beschreibt auch die Unternehmenskultur der VTG. Unser Unternehmen prägt ein grundlegendes Verständnis von Vertrauen. In jedem Zusammenleben von Menschen, auch in der Familie, ist ein Urvertrauen die Basis. Viele gesellschaftliche Probleme stellen eine Vertrauenskrise dar. Manchmal mit sich selbst, mit Unternehmungen, mit dem Arbeitgeber oder sonstigen Institutionen.

Auf dieser Basis ergeben sich für die VTG weitere Ziele: Sicherheit, Qualität und Zuverlässigkeit sind eng mit unseren Produkten und Leistungen verbunden. Aber Vertrauen steht letztlich über allem. Wir geben Sicherheits- und Qualitätsversprechen rund um die Betriebsmittel Waggon und Tankcontainer sowie mit diesen verbundene Logistikleitungen. Diese prägen das tägliche Handeln unserer Mitarbeiter. Dabei ist unsere Tätigkeit auf Langfristigkeit ausgelegt. Diese Werte haben also nachhaltig Bestand.

Wir sind ausschließlich im B2B-Geschäft tätig und haben langjährige Beziehungen zu unseren industriellen Kunden. Glücklicherweise müssen wir keinen kurzfristigen Trends hinterherlaufen. Daher entwickeln wir uns kontinuierlich. Diese berechenbare Verlässlichkeit leben wir auch gegenüber unseren Mitarbeitern. In Bezug auf Betriebszugehörigkeiten, Mitarbeiterschulungen- und Entwicklungsmaßnahmen sowie Sozialleistungen, gibt es eine große Verlässlichkeit. Dies spiegelt sich sozusagen in einer Art Urvertrauen zur VTG als Arbeitgeber wider.

> ▷    Wie schaffen Sie es Organisationsstrukturen so zu gestalten, dass diese Werte in
>       der Arbeit gelebt werden können?

Da hat jede Zeit eigene Lösungen. Natürlich richten wir unsere interne Kommunikation stark daran aus und betonen dies immer wieder anhand aktueller Beispiele. Wir arbeiten heute nicht mehr wie 1951, sondern in anderen, internationalen Managementstrukturen.

Wir haben kürzlich eine größere Veränderung vollzogen. Dabei gingen wir partizipativ vor. Unser Ziel war es, unsere Waggonvermietung in Europa zukunftsorientiert auszurichten – und das über Ländergrenzen hinweg. Die, mit dieser Zielsetzung in Zusammenhang stehenden, Veränderungen haben wir mit rund zweijährigem Vorlauf vorbereitet. U.a. galt es die entsprechenden Managementfunktionen und das dazugehörige IT-System zu entwickeln. Das ging durch Beteiligung vieler später Betroffener. Diese Vorgehensweise hat bereits im Vorfeld mögliche Widerstände abgebaut. Nicht dass nachher alle einer Meinung sein müssen. Das wird man nicht hinbekommen. Aber die Mitarbeit schafft auch hier Vertrauen.

> ▷    Das ist ja die Form, also „wie" Veränderung etabliert wird, durch Partizipation.
>       Gibt es bei Ihnen auch eine Stelle, wo die Mitarbeiter wissen, da werden Werte
>       und Unternehmenskultur nachgehalten?

Eine Abteilung kümmert sich bspw. geschäftsbereichsübergreifend um Qualitätsprozesse und Prozessabläufe. Ebenso fokussiert sich der Arbeitsschutz auf fest definierte Werte. Wir haben z. B. vor einigen Jahren ein Neubauwerk für Waggons übernommen. Dort galt es, unsere Philosophie und unsere Prozesse zu verankern und mit Leben zu erfüllen.

Selbstverständlich haben wir auch einen Compliance- und einen Risiko-Ausschuss.

Ein weiteres Forum ist die interne Kommunikation mit ihren Kommunikationskanälen wie Mitarbeiterzeitschrift oder Intranet-Portal.

Wir sind mit insgesamt ca. 1200 Mitarbeitern ein relativ überschaubares Unternehmen, viele Mitarbeiter kenne ich seit Jahren persönlich. Es gibt zudem diverse Gesprächsrunden, wo sich in kleineren Gruppen auch einmal inoffiziell ausgetauscht wird.

Ebenso gibt es natürlich auch ein Leitbild und einen Code of Conduct. Dieses Richtlinienkorsett hilft einem Konzern nicht nur im Bereich Ethik und Moral, sondern gibt auch vor, wer in Entscheidungen einzubeziehen ist und liefert klare Wertgrenzen. Letztendlich ist aber immer noch auch der gesunde Menschenverstand gefragt.

> ▷    Wenn Sie Ihren Alltag reflektieren: Was war denn das letzte positive und negative
>       Erlebnis, das Ihnen bei der Werteverwirklichung aufgefallen ist?

In der Vergangenheit habe ich in komplexen Konzernstrukturen die Erfahrung gesammelt, dass nicht immer das kommuniziert wurde, was tatsächlich gemeint war. Daraus habe ich persönlich viele Lehren gezogen und *sage deshalb so klar wie möglich, was ansteht.* Zum Beispiel die Reaktion auf die Krise 2009. Wir haben offen kommuniziert, dass wir auf alle

Eventualitäten vorbereitet sein wollten. Ein relativ zufriedener, aber auch auf seine Besitz-stände schauender Mitarbeiterstamm hat signalisiert: „Ok, das haben wir verstanden und mal sehen, wie wir das gemeinsam erarbeiten können." Von den entwickelten Maßnah-men mussten wir glücklicherweise kaum etwas umsetzen. Deren Vorbereitung hat jedoch gemeinschaftlich sehr gut funktioniert – auch ein deutliches Zeichen von Vertrauen.

▸ Für Vertrauen gibt es Indikatoren und es lässt sich messen, z. B. durch anonyme Mitarbeiterbefragungen.

Wir haben zum Jahresende 2012 eine konzernweite Mitarbeiterbefragung durchgeführt. Die VTG hat sich über die Jahre stark verändert. Wir wollten wissen, ob es uns gelungen ist, die Mitarbeiter auf diesem Weg mitzunehmen. Insgesamt haben mehr als 80 Prozent der knapp 900 per E-Mail befragten Mitarbeiter an der Umfrage teilgenommen. *Verände-rungsbedarf sehen unsere Mitarbeiter vor allem bei den Arbeitsprozessen und in der Kommu-nikation.* Insgesamt sind jedoch 72 Prozent mit der VTG zufrieden und 84 Prozent würden ihren Freunden die VTG als Arbeitgeber weiterempfehlen.

In den jährlich stattfindenden Mitarbeitergesprächen haben die Mitarbeiter zudem die Möglichkeit, in vertrauensvoller Atmosphäre mit ihrem direkten Vorgesetzten die persön-liche Arbeit zu reflektieren, Ziele und Entwicklungsfelder zu vereinbaren, aber auch sich einmal in Ruhe auszutauschen. Diese Gespräche haben sich sehr bewährt.

▸ Gibt es Unternehmenswerte, die aus Ihrer Sicht zukünftig bei VTG stärker fokus-siert werden sollten?

In der Mitarbeiterbefragung wurde deutlich, dass die VTG-Unternehmenskultur von Vertrauen und Toleranz geprägt ist. Dennoch wird bei Themen wie offener Kommunikati-on, Mitarbeiterwertschätzung oder Bereitschaft zum Wandel auch seitens der Mitarbeiter Veränderungsbedarf gesehen. Gerade bei einer weiteren Internationalisierung sind Offen-heit und Toleranz verbunden mit einer offenen Kommunikation entscheidend.

Durch die vielfältigen Übernahmen in den vergangenen Jahren haben wir Offenheit und Neugierde gefördert, da wir immer wieder neue Leute dazugewonnen haben. Zu berück-sichtigen sind dabei natürlich die von außen herangetragenen Wertekorsetts. Man muss die komplexen Kodizes managen und ausbalancieren.

Mit dem Thema Eisenbahn sind wir auf einem sehr regulierten Markt unterwegs. Die Regularien und Anforderungen nehmen stetig zu und als Unternehmen muss man ent-sprechend damit umgehen. Auch sind im Zusammenhang mit dem Schienengüterverkehr gesellschaftspolitische Fragestellungen zu lösen, insbesondere das Thema Lärmbelastung. Hier muss gemeinschaftlich nach nachhaltigen Lösungen gesucht und diese dann auch umgesetzt werden. Dies ist letztendlich nur ein Beispiel für die Erwartungshaltung der Öffentlichkeit, die eigentlich einen Mangel an Vertrauen an Unternehmertum und Wirt-schaftsunternehmen ausdrückt. Dies ist eine Herausforderung der nächsten Zeit.

▸ Sie wollen sich bei VTG ein Stück Authentizität wahren und trotzdem weiterentwickeln.

Authentizität ist mir ganz wichtig. Aber sie ist nicht so leicht zu beschreiben, weil der
andere ja gar nicht versteht, was für einen selbst authentisch ist. Authentisch sein heißt
ja auch, dass man sein eigenes Selbstbild reflektiert. Der Andere findet das vielleicht nur
konfus, wie man handelt und sich gibt. *Es gehört Vertrautheit und Erfahrung dazu, um dieses
verlässliche Reagieren und Handeln zu kennen. Im hektischen Geschäftsleben ist das nicht
immer so simpel.*

▸ Was wären denn die Dos und Don'ts für eine werteorientierte Führung Ihrer Meinung nach?

Im Prinzip die amerikanische Entsprechung von Authentizität, das „walk your talk". Ankündigungen sollen Realitätsbezug haben, Versprechungen einhaltbar sein und es muss
das Bemühen erkennbar sein, dies auch in einer vertretbaren Zeit umzusetzen. Dazu gehört auch Rückmeldung zu geben, wenn sich etwas geändert hat. Es ist wichtig, auf eine
vernünftige und klare Art zu kommunizieren, was einem gefällt und was nicht. Das ist
nicht immer leicht. Weiterhin müssen anspruchsvolle Ziele gesetzt werden, im Sinne der
Unternehmens- und Wertentwicklung. Man sollte der Organisation immer einen gedank-
lichen Schritt voraus sein. Wenn es um Werte geht, ist man heute mehr Vordenker als
reagierender Manager.

▸ Kann die Unternehmensspitze Zukunft managen?

Es ist die Aufgabe eines Unternehmensleiters, das Unternehmen zukunftsfähig zu machen und zu erhalten. Das bedeutet, in Szenarien zu denken, aber auch das Wünschbare
und von Externen Erwartete mit dem Machbaren abzugleichen. Auch hier zeigt sich dann
Standfestigkeit, Vertrauenskultur und Authentizität der Unternehmensspitze. Und diese
Managementkultur wird immer wichtiger für den Unternehmenserfolg.

▸ Was halten Sie von folgender Aussage: „Nur wenn ich Geld verdiene, kann ich
ethisch handeln."

Das hieße ja, Ethik ist Luxus. Ein gefährliches Statement. Auf der umgekehrten Seite: Jedem Modetrend hinterherzurennen, der für das Unternehmen keinen ökonomischen
Mehrwert bringt, ist auch nicht gut. Nachhaltigkeit und Corporate Social Responsability
müssen auch mit der Ökonomie eines Unternehmens in einer Balance stehen. Aber Ethik
geht in die Grundüberzeugungen und Werte ein. *Bei allem gibt es ein Grundwertelevel, das
nicht disponibel ist.*

▸ Wenn man die VTG und die Arbeit, die hier geleistet wird, betrachtet, glauben
Sie, dass Sie damit auch gesamtgesellschaftliche Werte prägen?

Man sollte sich nicht selbst überhöhen. Ich glaube, dass man zusammen mit vielen anderen gut geführten Unternehmen sicher viele Werte prägt und positive Zeugnisse für unser Wirtschafts- und Gesellschaftssystem ablegt. Aber natürlich fallen die Negativbeispiele stärker auf und es wird leider in der Gesellschaft zu häufig übersehen, wie viel werteprägende oder ihre Werte gut lebende Unternehmen es gibt.

▸    Was wären die Werte, die unsere Gesellschaft zukünftig stärker fokussieren sollte?

Wir könnten uns ein bisschen mehr Pragmatismus, Unaufgeregtheit, ein positives Welt- und Zukunftsbild und daraus abgeleitet eine größere Gelassenheit im Umgang miteinander angewöhnen. Denn dafür, dass wir so ein starkes und reiches Land sind, klimatisch und ökonomisch begünstigt, könnten wir manchmal etwas gelassener und positiver sein. In dieser Hinsicht könnten wir uns das ein oder andere bei den Angelsachsen abschauen. Das würde eine positive Grundstimmung in unserer Gesellschaft bewirken.

*Die gerade in Deutschland häufig zu beobachtende große Pendelbewegung – von Himmel hoch jauchzend hin zu Tode betrübt – sollte man ein bisschen stärker moderieren.* Wir haben große Stärken. Aber diese müssen mit Augenmaß, ein bisschen größerer Gelassenheit und einem Stück mehr Fairness gelebt werden.

▸    Meine abschließende Frage betrifft Sie als Privatperson: Was sind Ihre privaten Werte, nach denen Sie leben?

Die unterscheiden sich gar nicht so stark von meinen beruflichen Werten. Zum einen ist es das humanistisch-christliche Weltbild mit dem ich aufgewachsen bin. Da spielen eine ganze Reihe von bildungsbürgerlichen und christlichen Werten offen und implizit hinein. Die versuche ich genauso an meine Kinder weiterzugeben. Vieles findet sich ja im Unternehmensalltag wieder. Das gehört zum Thema Authentizität dazu, dass man da gar nicht trennen kann. Ich glaube, Beruf und Privat verschwimmen ohnehin stark, nicht zuletzt durch die modernen Kommunikationsmöglichkeiten.

▸    Vielen Dank für das Gespräch.

## WertSchätze für den Führungsalltag[1] ...

### Sicherheit
Durch nachhaltige Kommunikation und Arbeit kann ein Gefühl der Stabilität vermittelt werden.

---

[1] Diese Werte sind eine Gesprächsreflektion der Autorin. Dabei wurden bewusst spezifische Werte herausgegriffen.

**Verlässlichkeit**

Die geradlinige Umsetzung vom gesprochenen Wort in die Tat, fördert das Vertrauen in die Führung und das Unternehmen.

**Beteiligung**

Durch den konsequenten Einbezug der Mitarbeiter in Veränderungsprozesse kann das Verständnis und die Akzeptanz für Neuerungen erhöht werden.

**Weitblick**

Führung heißt, den Blick für ein zukunftsfähiges Werte- und Kulturgerüst zu schärfen und geeignete Ziele für dessen Umsetzung zu setzen.

# Rückhalt durch Loyalität

## Michael Eggenschwiler, Vorsitzender der Geschäftsführung Flughafen Hamburg GmbH

**Gesprächspartner: Michael Eggenschwiler, Vorsitzender der Geschäftsführung Flughafen Hamburg**

Michael Eggenschwiler (54) ist im Januar 2003 in die Geschäftsführung des Hamburger Flughafen eingetreten. Seit März 2005 ist er Vorsitzender der Geschäftsführung. Der Betriebswirt, der an der Universität in St. Gallen studiert hat, begann seine berufliche Karriere bei der Crossair und wechselte 1991 zur Swissair, wo er in diversen leitenden Positionen tätig war, zuletzt als Leiter des Marktes Schweiz.

Im Nebenamt ist Michael Eggenschwiler stellvertretender Präsident der Arbeitsgemeinschaft Deutscher Verkehrsflughäfen ADV, Mitglied des Plenums der Handelskammer Hamburg und des ACI Europe Boards sowie diverser Beiräte.

Michael Eggenschwiler ist verheiratet und hat zwei Kinder.

K. Girbig, *Wertemanagement*, DOI 10.1007/978-3-658-02616-5_18,
© Springer Fachmedien Wiesbaden 2014

▸    Was verstehen Sie unter Werten?

Das sind die Werte im Umgang miteinander. Der gegenseitige Respekt, egal auf welcher
Stufe und unabhängig von der Funktion. Das ist für mich die gute Kinderstube und wie ich
gelernt habe, mit anderen umzugehen. Ich gebrauche oft den Begriff der Loyalität. Das ist
ein ganz hoher Wert, den ich vorlebe und auch von anderen erwarte. *Wenn die Loyalität
stimmt, strahlt das auf alle anderen Themen aus.*

▸    Was heißt Loyalität für Sie?

Ehrlichkeit, Offenheit, Verlässlichkeit im internen und externen Umgang. Dass ich im
Führungskreis die Offenheit habe, auf ein gemeinsames Ziel hin zu arbeiten und das Wissen, dass man die Kräfte bündelt und einen gewissen Egoismus hinten anstellt. So würde
ich das nicht akademisch zusammenfassen. Ich will einfach wissen, dass die Leute, die mit
mir arbeiten, in dieselbe Richtung ziehen. Wenn sie Dinge mal anders sehen, erwarte ich,
dass sie diese ansprechen und zwar direkt und nicht irgendwo anders. So weiß ich immer,
woran ich bin und die anderen wissen das auch.
    Wenn ich bspw. die Wahl hätte zwischen einem fachlichen und einem menschlichen
Crack hätte, würde ich immer den menschlichen Crack bevorzugen, weil man mit dem
längerfristig mehr erreichen kann.

▸    Mit welchen weiteren Werten führen Sie Ihr Unternehmen?

Natürlich auch mit Zielwerten, die messbar sind. Das gehört zum Unternehmen. Da
kommen sie nicht dran vorbei. Wir führen aber auch mit weichen Zielen: der Umgang
miteinander und der Kundenfokus. Gelingt es z. B. sich in einen Kunden hinein zu ver-
setzen. Zu diesen Zielen gebe ich Werte vor, wo wir eigentlich hinwollen. Wir haben jetzt
gerade eine Aktion gehabt, um das Wir-Gefühl im Konzern zu stärken und verstärkt darauf zu achten. Das ist der Faktor nach innen. Dass die Leute sagen: „Ich gehöre dazu." Der
Faktor nach außen sind unsere Kunden, sie sollen gern zu uns kommen, uns loben und
positive Rückmeldung geben.

▸    Wie erwecken Sie die Werte im Arbeitsalltag zum Leben?

Das ist vorleben, die Plattform zu bieten, auch aufzuzeigen an Beispielen oder aktuellen
Themen, wie man Werte versteht. Da kommt bei mir das Wort Loyalität immer wieder vor.
Loyalität kann ich faktisch nicht messen. Ich kann sie empfinden und spüren. Ich verbinde
damit eine Grundhaltung, von der ich mir erwarte, dass sie ins Unternehmen ausstrahlt.
    Ich hatte auch schon Fälle von Leuten, wo ich Illoyalität gespürt habe. Wenn die Loyalität
als Basis gelingt, ist der Umgang miteinander einfacher. Sie müssen keine Angst haben der
andere könnte schlecht über mich reden oder versuchen, etwas zu umgehen. Sie schaffen
eine Kultur der Offenheit und des gegenseitigen Vertrauens.

▶   Wie gelingt Ihnen das?

Mit meinem engsten Kreis treffen wir uns zwei- bis dreimal im Jahr. Da besprechen wir dieses Thema an konkreten, erlebten Ereignissen. Ich habe jetzt einen Führungskreis, in dem ich mich sehr wohl fühle und wo ich weiß, dass die Werte gelebt werden. Ich bin sicher, dass der gegenseitige Umgang genauso ist, wenn ich nicht dabei bin. Die Loyalität wird nicht nur in Richtung Geschäftsführer, sondern auch sichtbar untereinander gelebt. Ich bin überzeugt, dass dies auch auf die direkte Bereichsebene darunter weitergegeben wird.

▶   Wie ist das Thema organisatorisch verankert?

Dafür sind wir zu klein. Wir haben seit kurzem das „Kultura-Buch". Wir haben Kultura in einem Seminar mit Führungskräften erarbeitet. Die erste und zweite Berichtsebene trifft sich dreimal im Jahr. In diesem Kreis ist das Wir-Gefühl als Thema ausgemacht worden und daraus ist dieses Buch entstanden. K steht für Kommunizieren, U für unternehmensüber-greifend denken und handeln, L für Lösungen finden, T für Tolerant gegenüber Fehlern sein, U für Unpünktlichkeit vermeiden, R für Respekt und Wertschätzung für Kollegen und Mitarbeiter und A für alle halten sich dran. Dieses Buch haben wir vor drei Wochen an alle Mitarbeiter vom Gepäcklader bis zum Finanzchef verteilt. Das kam gut an.

Die Mitarbeiter haben damit die Möglichkeit zu sagen: „So wie du dich da verhältst, hat das mit ,Kultura' nichts zu tun." Solche Themen können sie nicht in einem Seminar drei Tage schulen, einen Test machen und dann ist das erledigt. Das ist eine Entwicklung, die immer wieder neu angestoßen werden muss. Es reicht nicht zu sagen: „wir haben das jetzt", sondern *wir müssen uns immer wieder mit diesen Werten auseinandersetzen*. Vieles spielt sich ein und läuft automatisch. Dann gibt es da noch das Eine oder Andere, wo man sagen muss: „Hier denk dran." Das ist für mich Aufgabe von Führung, solche Themen in Bewegung zu bringen.

Das Buch hat eine Gruppe von Mitarbeitern entwickelt. Ich hätte das vielleicht anders gemacht. Aber da bin ich loyal und sage: „Ich habe euch die Aufgabe gegeben und lasse jetzt auch zu, dass dies so umgesetzt wird."

▶   In welchen Situationen haben Sie das letzte Mal gemerkt, dass Unternehmens-
     werte gelebt oder auch nicht gelebt wurden?

Das ist eine gute Frage. Also ich spüre, dass sie gelebt werden in den Geschäftsfüh-rungssitzungen. Da ging es bspw. um die Personalplanung im nächsten Jahr. Das ist ja nie ein einfaches Thema. Jeder hätte gern mehr Personal für seinen Bereich. Und dann habe ich die unangenehme Aufgabe zu sagen: „Gibt's nicht und es gibt einen Deckel, an den ihr euch halten müsst." Bei der sich daran anschließenden Diskussion hat man gespürt, dass es darum ging, eine Lösung zu finden und nicht darum zu beweisen, dass dies nicht geht.

Und Situationen, wo die Werte nicht gelebt werden: Wir hatten schon in der Vergangenheit Fälle, wo zum Teil hinter dem Rücken der Geschäftsführung über Themen gesprochen wurde. Das ist aber schon eine Weile her.

Die Offenheit leben wir auch im Kontakt zu unseren Gesellschaftern. Wenn dort Themen aufschlagen, dann kriege ich das mit.

▷    Kann eine grenzenlose Offenheit nicht auch verunsichern?

Verunsichern würde ich nicht sagen. Es braucht zwischendurch auch Mut. Wenn ich zu loyal bin, muss ich darauf achten, dass es nicht in die falsche Richtung geht. Beispiel: Ein Mitarbeiter hat von einer anderen Firma ein Stellenangebot. Ist er loyal und kommt und sagt: „Ich habe das."? Geht er offen damit um und sagt: „Ich prüf das."? oder: „Ich gehe, wenn Sie mir nicht 20 Prozent mehr Gehalt geben." Das ist so eine Grenze, wo ich sage, das wäre loyal, aber das ist vom Umgang auch nicht ganz das Richtige.

▷    Wo sehen Sie noch Potenziale bei der Umsetzung Ihrer Unternehmenswerte?

Das Thema muss weit bis in die Basis gelebt werden. Ziel muss es sein, dass man in jedem Bereich eine offene und ehrliche Kultur hat. Das ist in einem Unternehmen, das eine längere Geschichte hat und größere Bereiche mit langjährigen Mitarbeitern nicht über Nacht hinzukriegen. Unser Ziel ist es, in allen Abteilungen und Tochtergesellschaften in diese Richtung zu gehen. Man muss sich bewusst sein, dass dies Themen sind, die Jahre brauchen bis sie verankert sind und die von oben vorgelebt werden müssen. *Dass in die Breite leben geschieht durch erleben, erfahren und spüren.*

So gelingt es auch, mehr Verantwortung an die Mitarbeiter zu geben. Sie merken das Vertrauen, die Offenheit und die Loyalität. Dies erlaubt wiederum, Dinge im Sinne des Kunden zu tun und nicht zu sagen: „Nein, gemäß Paragraph soundso darf ich das jetzt nicht."

Kultura sagt: „Ja, ich darf". Ich erwarte umgekehrt aber auch von einem Mitarbeiter, dass er diese Verantwortung dann ernst nimmt. Ich darf natürlich nicht glauben, dass meine Mitarbeiter/-innen vom ersten Tag an so handeln und denken, wie ich das tue. Das muss vorgelebt, gezeigt und besprochen werden. Das habe ich hier zum Teil erlebt. Deutschland ist anders als die Schweiz und in den Strukturen sehr hierarchiegläubig. Das sind Dinge, für die man einige Zeit braucht, damit die Leute merken, so soll es sein.

▷    Sehen Sie hier Unterschiede zu Schweizer Unternehmen?

Die Schweiz ist da selbstständiger. Da musste ich mich erst dran gewöhnen. *Dass man Dinge auch mal hinterfragt gegenüber einer höherstehender Hierarchie, damit tut man sich hier sehr schwer.* Ich habe kein Problem damit. Wenn jemand mit einer sachlichen Kritik kommt, habe ich nichts dagegen. Ich werde vielleicht eine andere Meinung dazu haben oder anders entscheiden, aber ich habe hohen Respekt, wenn Leute bereit sind zu sagen:

„Sehe ich anders." oder „Haben Sie das bedacht?" Davon lebt ein Unternehmen. Man muss den Leuten deutlich machen, dass man auf deren Know-how und Initiative angewiesen ist und dass die Summe aller den Wert eines Unternehmens ausmacht.

Der Mitarbeiter muss spüren, ich habe hier eine Aufgabe, die ist wichtig. Und die meines Kollegen nebenan ebenso. Dieses Verständnis muss im Unternehmen ankommen. Weg von Denjenigen, die sagen: „Nur ich." Es muss das Verständnis da sein: Das was ich tue, ist ganz wichtig. Aber da gibt es noch viele andere Kollegen. Wenn das gut abgestimmt und umgesetzt wird, haben wir eine gute Leistung vollbracht.

Das ist bei uns am Flughafen noch wichtiger. Wir sind in der Leistungserbringung ja nicht allein. Wir haben eine Vielzahl von Dienstleistern, die nicht unter unserer Führung agieren, sondern eigenständig sind, die aber im Gesamtbild des Flughafens ebenfalls eine wichtige Rolle spielen. Sie sind ein Teil der Gesamt-Dienstleistungs-Kette. Die Summe aller Einzelelemente ergibt das große Team.

▶ Welche Werte werden aus Ihrer Sicht zukünftig für Ihr Unternehmen an Bedeutung gewinnen?

Zum einen der gegenseitige Respekt. Ich glaube, damit kann man sich auch von anderen abheben. Ein Unternehmen, das Respekt lebt, ist in der Lage, das Eine oder Andere auch besser umzusetzen. Auch müssen wir uns noch bewusster und stärker mit der Frage: „Was wollen unsere Kunden von uns?" beschäftigen. Wir kommen aus einer sehr behördenähnlichen Struktur. Den Shift zum Dienstleister hinzukriegen diesen Weg gehen wir weiter. Wir sind nur gut, wenn unsere Kunden zufrieden sind.

Außerdem müssen wir in Zukunft vermehrt Neues andenken und noch effizienter sein. Der Druck von außen wird immer spürbarer. Wir müssen eine Kultur entwickeln, in der Neues angedacht, in Angriff genommen oder auch verworfen wird. Nicht alles Neue muss zwingend gut sein. Aber es kommt darauf an, wie ein Radarschirm immer wieder nach noch besseren Lösungen zu suchen. Jungen Führungskräften versuche ich bspw. die Möglichkeit zu geben, in andere Betriebe reinzuschauen. Wir haben gerade eine Mitarbeiterin im Controlling, die jetzt drei Monate am Flughafen Nizza war. Das ist für sie eine Motivation, aber auch die Möglichkeit, etwas anderes zu sehen, mit diesen Gedanken mutig zurückzukommen und zu sagen: „Die machen das soundso. Das müssten wir uns auch mal überlegen." Wir tauschen uns auch viel auf verschiedenen Ebenen mit anderen Flughäfen aus. So wollen wir dazu beitragen Offenheit gegenüber Neuem zu zeigen. *Das schlimmste ist zu sagen: „Funktioniert doch. Lassen wir so."*

▶ Welches wären die drei wichtigsten Dos und Don'ts bei der Einführung eines werteorientierten Managements?

Das eine ist das Vorbild. Hier wird die Wirkung oft unterschätzt. Das andere ist eine offensive Herangehensweise. Man muss sich immer wieder die Werte bewusst machen und an deren Umsetzung arbeiten. Das wären die Dos. Dont's wäre zu glauben, dass die Werte nur zweimal von der Geschäftsführung vorgestellt und im Intranet publiziert wurden und dann von Allen verstanden sind.

▸ Welche Werte sollten gesellschaftlich in Zukunft größere Beachtung finden?

Für mich ist das der Respekt und Umgang mit dem Anderen, dem Unbekannten. Da ziehen sich viele in die Anonymität zurück und tun Dinge, die man eigentlich nicht tut. Nehmen wir das Beispiel des Islamfilmes gerade. Da spielt Respekt mit, in alle Richtungen. Für die, die den Film machen, ist Respekt nicht groß geschrieben und für die, die Botschaften anzünden genau so wenig. Diesen mangelnden Respekt erlebt man auch tagtäglich auf der Straße. Letztendlich findet vieles seine Ursache bei Familie und Erziehung. Der Mensch bekommt bestimmte Verhaltensregeln mit und wenn nicht, dann wird's danach auch schwierig, diese zu verinnerlichen.

▸ Prägen Sie mit Ihren Unternehmenswerten die Gesellschaft?

Die Frage ist: „Wie wird das Unternehmen von außen gesehen?". Das spielt gerade für den Flughafen eine ganz große Rolle. In dem Sinne: Wird der Flughafen als guter, ehrlicher Partner wahrgenommen? Kümmert er sich? Wie sehen ihn seine direkten Nachbarn? Das sagt viel darüber aus, wie man im Unternehmen miteinander umgeht und wie man als Arbeitgeber wahrgenommen wird. Auf diesem Gebiet sind wir noch nicht aktiv genug. Unsere Mitarbeiter sind ja auch Multiplikatoren. Je positiver die zum Unternehmen stehen desto stärker ist auch unsere Wirkung nach außen.

Wir wollen vermitteln, dass es Spaß macht hier zu arbeiten. Wenn ich höre, dass Besucher sagen: „Alle Mitarbeiter haben gelächelt und einen zufriedenen Eindruck gemacht." dann ist das ein sehr positives Bild. Diese Rückmeldungen gebe ich an die Mitarbeiter weiter. Es ist wichtig, dass die Mitarbeiter mitkriegen, da war der XY da und hat sich positiv geäußert. Das sind zwei kleine Sätze, die eine sehr große Wirkung haben. Das ist vielleicht auch noch ein Do: die Rückkopplung und Rückmeldung. Das tut man als Chef in der Regel zu wenig. Die Rückspiegelung ist für Mitarbeiter Bestätigung und Motivation. Im Alltag kann das schon mal zu kurz kommen. Die Gefahr ist, dass man Dinge zu selbstverständlich nimmt. Aber das man dieses Verhalten schätzt, muss man als Führungskraft immer wieder rüberbringen. Das betrifft gerade Mitarbeiter, mit denen man viel und eng zusammenarbeitet.

▸ Welche privaten Werte sind für Sie wichtig?

Die, die ich im Unternehmen habe, sind auch privat für mich wichtig. Da gibt es für mich keinen Unterschied. Ansonsten wäre ich auch nicht mehr ich.

▸ Vielen Dank für das Gespräch.

**WertSchätze für den Führungsalltag[1] ...**

**Loyalität**
Die Verbundenheit zum Unternehmen ist die beste Basis für eine einträchtige Zusammenarbeit.

**Verankerung**
Werteumsetzung geschieht durch kontinuierliche Bewegung des Themas im Unternehmen und unterstützende Kommunikation.
Die inhaltliche Vertiefung wird durch konkretes Erleben und Erfahren beschleunigt.

**Verständnis**
Es gilt eine Sensitivität für die Relevanz der eigenen Arbeit und die der Kollegen zu entwickeln.

**Neuerung**
Ein unternehmerisches Werte-Set muss auch entwicklungsfähig bleiben.
Dafür muss eine Umgebung und Spielraum für Progressives und Ungewohntes geschaffen werden.

---

[1] Diese Werte sind eine Gesprächsreflektion der Autorin. Dabei wurden bewusst spezifische Werte herausgegriffen.

# Unternehmer als Vorreiter für Entwicklung

## Dr. Andreas Gent, Vorstandsmitglied HanseMerkur Versicherungsgruppe

**Gesprächspartner: Dr. Andreas Gent, Vorstandsmitglied der HanseMerkur Versicherungsgruppe**
Dr. Andreas Gent, geboren 1957, studierte Rechtswissenschaft und promovierte auf dem Gebiet des Sozialversicherungsrechts an der Universität Hamburg. Zunächst arbeitete er als Rechtsanwalt, dann bei der Techniker Krankenkasse. 1990 stieg er bei der HanseMerkur Versicherungsgruppe als Referent ein und übernahm 1991 die Leitung der Abteilung Außendienst-Vertragsverwaltung und Provisionen. Dem schloss sich die Tätigkeit des Organisationsdirektors im Jahr 1998 an. Seine Berufung zum Vorstand erfolgte 2001. Seit 2003 ist er Vorstandsmitglied der HanseMerkur Kranken- und Lebensversicherung und Mitglied des Gesamtvorstand. Sein Ressort ist zuständig für Kooperations- und Reisevertrieb, sowie Personal und Außendienstservice.

K. Girbig, *Wertemanagement*, DOI 10.1007/978-3-658-02616-5_19,
© Springer Fachmedien Wiesbaden 2014

Dr. Gent ist Vorsitzender des Aufsichtsrates der DPK Deutsche Pensionskasse AG. Er ist ehrenamtliches Mitglied im Misereor Unternehmerforum. Als Mitglied im Vorstand der Caritas-Stiftung Hamburg setzt er sich aktiv für Menschen in Not ein.

Dr. Gent ist verheiratet und hat vier Kinder.

▸    Mit welchen Werten führen Sie Ihren Bereich?

Offenheit in der Kommunikation, Fehler zulassen und Ehrlichkeit im Umgang miteinander. Ehrlichkeit heißt, dass man sich offen auseinandersetzt und auch mal negative Dinge sagt, z. B.: „Ich glaube, dass du auf dem Posten, auf dem du sitzt, nicht richtig angesiedelt bist bzw. du musst Dich verändern, um den Job auszufüllen." Ich bin fest davon überzeugt, dass sich dort, wo mit Angst und Schrecken geführt wird, nichts entwickeln kann. Sie brauchen eine Kultur der Offenheit, einen Freiraum, in dem Menschen Ideen entwickeln können, die auch mal daneben gehen. Man muss Toleranz haben und Sachen, die schief gehen, nicht negativ ankreiden. Wenn man zehn Projekte durchführt, kann nicht jedes ein Erfolg werden. Das wäre zu genial.

Sie brauchen Gestaltungsspielraum und Felder zur Horizonterweiterung gerade im Versicherungsvertrieb in dem sich in den letzten Jahren so viel verändert. Die Menschen wollen heute nicht mehr zu Hause auf dem Sofa eine Versicherung abschließen, sondern sie suchen andere Formen, um sich beraten zu lassen. In meinem Geschäftsfeld, dem Kooperationsvertrieb, muss man sich Wege überlegen, wie man ein Versicherungsprodukt platzieren kann. Das ist ungewohnt und neu, und es liegen natürlich auch Steine auf dem Weg. Die muss man beiseite räumen und einen neuen Pfad trampeln. Wenn man eine Kultur hat, wo man nicht ausprobieren darf, kann sich auch nichts entwickeln. *Wenn Leute aber Angst haben, dass sie keine Fehler machen dürfen oder Sanktionen zu erwarten sind, geht gar keiner erst los.*

▸    Gibt es aus Ihrer Sicht einen priorisierten Wert der HanseMerkur?

Wenn ich mich nur auf mein Ressort beziehe, dann ist die Gestaltungsfreiheit zentral für den Erfolg. Wenn ich auf HanseMerkur sehe, dann ist es von zentraler Bedeutung, dass wir eine Kultur der Offenheit haben.

Das ist immer ein Entwicklungs- und kein Ist Wert. Das ist ein wichtiger Punkt bei Werten. Man ist immer auf dem Weg und nie richtig angekommen. Man darf da auch nicht zu große Ansprüche haben. Der Mensch ist ja klein. Er ist mit Fehlern, Schwächen, Ängsten und Sorgen behaftet. Keiner ist tadellos. Wenn man sagt, wir haben eine gute Unternehmenskultur, dann ist das vielleicht eine Momentbetrachtung. Aber wenn man 1000 Mitarbeiter befragen würde, würden bestimmt welche sagen: „Nein, wir haben bestimmt keine gute Unternehmenskultur", weil die gerade mit ihrer Führungskraft ein Erlebnis gehabt haben, dass sie die Kultur nicht so empfinden lässt. So ist das Thema Werteentwicklung eines der zentralen Führungsthemen: Vorbild sein, Sinn stiften. Den Mitarbeitern zu sagen, Leute wir sind ein mittelständischer Konzern, wir sind verantwortlich für Millionen Versicherungskunden und für 1800 Mitarbeiter mit den dahinter stehenden Familien. Wir haben einen bestimmten Auftrag, unsere Kunden und Mitarbeiter zufrieden zu stellen. Die Kunden sollen gern über uns versichert sein. Die Mitarbeiter sollen sich bei uns wohlfühlen. Nur Mitarbeiter, die sich mit ihren Stärken und Schwächen angenommen fühlen, sind auch bereit, Höchstleistungen zu bringen. Das Geld ist das eine, aber nicht die entscheidende Facette. Die erste Aufgabe der oberen Führungsebene ist zu vermitteln: Wofür stehen wir als HanseMerkur? Was wollen wir unseren Kunden, unseren Mitarbeitern bieten? Unsere ständige Aufgabe ist, dafür zu sorgen, dass das, was wir uns im Vorstand vorstellen und vorleben auch in den verschiedenen Führungsebenen weitergelebt wird.

▸    Wie implementieren Sie die Werte?

Unsere Unternehmensphilosophie transportieren wir nach außen. Wir wollen unseren Kunden mit unseren Produkten mehr Lebensqualität bieten. Jetzt fragt sich mancher: Was haben Versicherung und Lebensqualität miteinander zu tun? Diese Geschichte versuchen wir über unser Markenprofil zu beschreiben. Das Gefühl der Sicherheit im Alter, der Vorsorge, der Gesundheit. Reise und Freizeit sind ein wichtiges Thema für Lebensqualität. Ich muss mir zumindest um den finanziellen Teil keine Sorgen machen. Dazu gehört auch, dass man mit dem Thema Vorsorge bestimmte Assistance Leistungen verkauft, dass man in einer Notlage von uns Hilfe bekommt. Das ist die Produktseite gegenüber dem Kunden. Und es gibt die Serviceseite im Kundenkontakt. Wir wollen „Profis mit Herz" sein, eine professionelle Dienstleistung erbringen. Da wir ein Personenversicherer sind, müssen wir erkennen, dass hinter jedem Menschen, der sich im Schadensfall an uns wendet immer ein individuelles Schicksal steckt.

Jemand, der bei uns eine Leistung einreicht, ist entweder krank in Deutschland oder im Ausland, hat einen Unfall gehabt oder einen Hausratschaden. Da müssen wir ihm helfen. Die Problematik an den technischen Systemen ist, dass jeder Kunde erst mal mit einer Versicherungsnummer versehen wird, um diesen effizient zu verwalten. Aber diese Nummer darf nicht dazu führen, dass die Sachbearbeiter vergessen, dass das ja eine Frau Müller ist, die bei uns Kundin ist und eine Sorge hat.

▸    Nach draußen transportieren Sie „Profi mit Herz", also Menschlichkeit mit Verstand. Wird das denn aus Ihrer Sicht auch nach innen gelebt und gespiegelt?

Ja, das versuchen wir. Es ist aber, wie gesagt, ein ständiger Prozess.

▸    Sie zucken mit den Schultern.

Ich finde das ganz schwierig. Wir versuchen das zu leben, aber mit Schwächen natürlich. Die HanseMerkur ist ein Verein auf Gegenseitigkeit. Wir sind keine börsennotierte Aktiengesellschaft. Eine Gefahrengemeinschaft tut sich zusammen und sichert gegenseitig Risiken ab. So sind Versicherungen im Mittelalter entstanden. Bestimmte Gruppen, wie z. B. Bauern, haben sich gefragt, was sie machen wenn ihr Hof abbrennt. Die Idee war, jeden Monat Geld in einen Topf zu geben. Wenn jemandem durch Blitzschlag der Hof abbrennt, konnte man aus dem Topf Geld entnehmen. So sind Brandkassen oder die Hamburger Feuerkasse entstanden. Zunächst im Bereich der Sachversicherung, zur Absicherung für Haus und Hof, weil dies die Basis für die Existenz war. Später dann im Zeitalter der Industrialisierung mit Versicherungen für den Menschen zur Absicherung seiner Arbeitskraft.

▸    Welchen Wert würden Sie daraus extrahieren?

So etwas wie eine Gemeinschaft. Ich nehme mal ein Beispiel aus der Bibel, der Bergpredigt: „Einer trage des anderen Last." Wenn man diesen Gedanken weiterspielt, dann ist man in einer Gemeinschaft, die selber die existentiellen Risiken trägt. Versicherungen werden aber heute völlig anders gesehen. Weit verbreitet ist die Vorstellung, die sitzen in ihren Glaspalästen, aber dass man letztlich eine Gefahrengemeinschaft organisiert, ist so nicht im Bild der Kunden präsent, sondern eher nach dem Motto: ich muss mal aus der Versicherung rausholen, was ich eingezahlt habe.

Diese Vorstellung führt zu einem verheerenden Kreislauf. Angenommen, man hat mit seinem Fahrzeug einen Kfz-Schaden. Jeder weiß, da steht ein Versicherer dahinter. So rechnet die Autowerkstatt höher ab, um alle Schäden, die an diesem Auto sind, mit dem einen Schaden abzudecken. Dieser wird künstlich hochgeschraubt. Die Kunden reflektieren nicht, dass sie damit insgesamt die Beiträge treiben und den Anstieg alle in dieser Gemeinschaft letztlich mitbezahlen.

▸    Wo sehen Sie denn Handlungsfelder bei der Implementierung der Werte bei der HanseMerkur?

Das entscheidende Handlungsfeld ist, das Bewusstsein zu schaffen, innerhalb des Vorstands und innerhalb der Führungsmannschaft, dass dies ein wichtiges Thema ist, welches uns treibt und zudem einen entscheidenden Erfolgsfaktor für das Unternehmen darstellt. Ich glaube, dass ist eine große Herausforderung. Denn nicht jeder sieht das als zentrales Thema. Viele sagen: „Nein, wir müssen hier einfach unseren Job machen." Die sehen das nicht als Teil ihres Jobs an. *Werte finden zwar alle wichtig, aber was das konkret für den Arbeitsalltag bedeutet? Da bin ich mir nicht so sicher, ob das bei allen präsent ist.*

▸    Nur wenn wir von den gleichen Werten sprechen, können wir die gleichen Werte leben. Glauben Sie, dass Ihre Kollegen auf Vorstandsebene, die gleichen Werte nennen würden?

Vom Gefühl her würde ich sagen: „Ja". Das Thema „Lebensqualität" und „Profi mit Herz" haben wir ja im Vorstand selbst entwickelt. Auch die nach innen gerichteten Werte

wie Offenheit in der Kommunikation, ehrlicher, fairer Umgang und freier Gestaltungs-
raum. Ja, das würden alle so sehen. Aber wir sind natürlich im Vorstand unterschiedlich
geprägt und machen in der Führung individuell auch Unterschiede.

▸    Gibt es noch weitere Ansätze, die es braucht, um Werte gut zu entwickeln?

Das Unternehmen HanseMerkur muss bestimmte Themen besetzen, wo die Mitarbeiter
erkennen, wir sind als Unternehmen Teil der Gesellschaft und tun etwas für die Gemeinschaft. Das ist Corporate Social Responsibility. Beim CSR sind wir meines Erachtens sehr
gut aufgestellt.
Wir vergeben z. B. als HanseMerkur Versicherungsgruppe den ältesten Sozialpreis
Deutschlands. Über 30 Jahre fördern wir Privatinitiativen, die sich im Bereich Kinder-
und Jugendschutz betätigen. Es gibt den bundesweit renommierten *HanseMerkur Preis
für Kinderschutz*, der einmal im Jahr vergeben wird. Das ist so ein Beispiel für unsere
Mitarbeiter, wo wir zeigen: wir stehen auch in gesellschaftlicher Verantwortung.
Aber wir sind auch hier auf dem Weg und müssen uns weiterentwickeln. So müssen wir
uns fragen, was heißt unser Preis, unser Engagement für jeden Mitarbeiter, für die Führungskräfte und für die Vorstände? Um das noch glaubwürdiger vorzuleben, müsste es von
jedem Vorstand und von jeder Führungskraft Beispiele geben, dass diese sich für bestimmte Initiativen außerhalb ihres beruflichen Feldes auch engagieren. Dass unser Engagement
nicht wie eine Marketingkampagne wirkt, sondern etwas ist, das auch von allen gelebt wird.
Generell ist dieser Preis bei den Mitarbeitern hoch akzeptiert. Auch wir Vorstände kommen
jedes Jahr mit den Preisträgern zusammen. Wenn man das noch bedeutungsvoller machen
wollte, müsste jemand aus dem Vorstand Pate für ein Projekt sein, es begleiten und sich
ehrenamtlich engagieren. Wir müssen als Unternehmenslenker Beispiel und Vorbild sein
für das Ehrenamt. Es gibt so viele Probleme und Herausforderungen in unserem Land zu
bewältigen, da müssen wir uns einbringen.
Nehmen Sie Bildung und Kinderarmut. Wenn man hört, dass in einer Großstadt wie
Hamburg ca. 20 Prozent der Kinder mit Hartz IV-Hintergrund leben, ist das skandalös.
Darum müssen sich Unternehmen kümmern. Wir erleben jetzt langsam, dass wir Probleme haben, gute Nachwuchskräfte fürs Haus zu gewinnen, weil die Jugendlichen nicht gut
ausgebildet sind. Wenn ein Kind in Armut aufwächst und morgens z. B. kein Frühstück
bekommt, weil die alleinerziehende Mutter um 7.00 Uhr im Job sein muss oder das Kind
in einer Umgebung aufwächst, wo sich keiner vernünftig kümmert.

▸    Wo kommt Ihre Sensibilität für das Thema her?

Ich habe selber vier Kinder und bin seit vierzig Jahren sozial engagiert, z. B. im Vorstand der Caritas-Stiftung für Menschen in Not. Hier unterstützen wir Jugendliche, die aus
zerrütteten Familien kommen oder Schwierigkeiten haben, eine Wohnung zu finden. Wir
suchen Mietpaten, also Erwachsene, die diese Jugendlichen begleiten. Es geht darum, Jugendlichen bei der Wohnungssuche zu helfen. Gerade Unternehmer müssen Vorreiter sein

für solche Entwicklungen. Wir müssen mehr diese Glocke läuten lassen und sagen: „Das ist ein Ding, das geht nicht. Das können wir nicht akzeptieren." Wenn so ein hoher Prozentsatz der Kinder in Hamburg in Armut lebt, ist das inakzeptabel.

Vieles wird heute auf Lehrer abgewälzt. Eltern sagen: „Die Erziehung muss die Schule machen. Wir ziehen uns da ein bisschen raus." Die Unternehmen sagen: „Die Schulen bringen uns nur noch schlecht ausgebildete Schüler." Das ist natürlich einfach zu sagen, die Schulen müssen dort mehr leisten. Wenn ich dann mit einer befreundeten Lehrerin spreche, die sechzig Jahre alt ist und für meine Begriffe einen richtig guten Job macht, sagt die: „Andreas, Du kannst Dir das nicht vorstellen, ich unterrichte in einem sozial schwachen Gebiet. Ich kann am Montag mit meinen Schülern nichts anfangen, weil sie von Freitag Mittag bis Sonntag Abend entweder nur vor dem Computer gesessen, nur Fernsehen geguckt oder sich ungesund ernährt haben. Die sind nach dem Wochenende völlig platt, aggressiv oder schlafen in der Schule auf dem Tisch ein." Das ist ein Missstand, den ein Lehrer nicht alleine lösen kann. Das sind Themen, die wir nur gesamtgesellschaftlich lösen können. Das braucht das Engagement von Menschen, die bereit sind, gesellschaftliche Verantwortung zu übernehmen.

▸     Wer treibt das Thema bei der HanseMerkur?

Unser Vorsitzender, der gesamte Vorstand. Im Bereich der Personalführung und – entwicklung gibt es Seminarangebote zu diesem Thema. Die Personalentwickler würden auch alles unterschreiben, was ich hier gesagt habe. Die sind sehr stark orientiert, was Werte, Führung und Vermittlung anbetrifft. Das gleiche gilt für unseren Bereich Unternehmenskommunikation. Hier wird auch der Sozialpreis begleitet und man ist sich einig, dass HanseMerkur diese Werte vorleben muss.

▸     Gibt es auch eine Stelle, die diese Bemühungen strategisch bündelt?

Ja, der Gesamtvorstand. Das haben wir in den Unternehmensleitsätzen geregelt, aber da könnte man meines Erachtens noch mehr machen. *Da kommen wir zu so einem Punkt, dass es, wenn es geregelt ist, auch gelebt werden muss.* Und da kommt der Konflikt mit der Tagesarbeit. Weil sie natürlich auch von anderen Dingen getrieben sind.

▸     Könnten Sie mir spontan ein Beispiel für einen Wertekonflikt nennen?

Ich habe keinen parat. Ich glaube, das ist eine Ausrede. Merke ich jetzt gerade. Es gibt keinen Grund, warum man sich nicht ständig damit beschäftigen soll. Ich glaube der Knackpunkt ist der, dass man unterschiedliche Führungstypen hat. Man hat auch Führungskräfte, die sagen: „Nee, das ist schon auch mal gut, wenn man einen Mitarbeiter rundmacht."

Man erlebt in der Tagesarbeit immer wieder Beispiele, wo man merkt, da wird überhaupt nicht mit offenen Karten gespielt und die Führungsrolle, so wie wir sie eigentlich von der Unternehmensphilosophie her spielen, nicht richtig gelebt. Das ist das Schwierigste, dies ständig weiterzuentwickeln.

▸ Wo sehen Sie noch Potentiale in der Werteentwicklung?

Dem Thema muss immer wieder das Leben eingehaucht werden.

▸ Welche Dos und Don'ts sehen Sie für das werteorientierte Führen?

Erst mal sollte sich die Geschäftsführung selber Gedanken darüber machen, welche Werte das Unternehmen vorleben soll oder welche Werte in der Unternehmensphilosophie verankert werden. Dann muss man in einen Prozess mit der Führungsmannschaft gehen und diese Werte in einem Leitbild festhalten, um in einem nächsten Schritt einen Maßnahmenplan zu entwickeln, wie man das in den Führungsalltag umsetzen kann. Das heißt erst im Board entwickeln mit den Führungskräften diskutieren, verabschieden und durch die Personalentwicklung und die Unternehmenskommunikation in das Unternehmen reinbringen. *Wichtig ist eine kontinuierliche Implementierung, damit das Thema ständig bewegt wird.*

Zum Beispiel könnte man zweimal im Jahr einen Mitarbeiter auszeichnen. Er könnte in der Mitarbeiterzeitung portraitiert werden und sagen, warum das für ihn wichtig ist, dass er in einem Unternehmen mit diesen Werten arbeitet und wie er das selber lebt. Dass man dann zeigt, dass man sich auch nebenbei engagiert, um diese Werte nicht nur hier präsent zu halten.

Ein Don't fällt mir jetzt nicht so schnell ein. Das liegt so weit weg von meinen Vorstellungen, deswegen komme ich gar nicht darauf.

▸ Kann man Ihrer Ansicht nach nur ethisch sein, wenn man Geld verdient?

Nur ein erfolgreiches Unternehmen kann das. Erfolgreich meint, ich muss Kunden gewinnen und Überschüsse erzielen. Nur ein erfolgreiches Unternehmen kann auch sozial sein. Werte leben kann ich immer. Ich kann aber nur sozial sein und zusätzliche Benefits für die Mitarbeiter ausgeben, wenn ich erfolgreich bin. Ich kann diesen *HanseMerkur Preis für Kinderschutz* nur verleihen, wenn das Unternehmen auch erfolgreich ist. Das Geld nehmen wir aus unserem Profit, der eigentlich unseren Kunden zusteht.

▸ Das heißt, die Leistungswerte müssten als erstes abgedeckt sein.

Ja, natürlich, ohne Fleiß und große Leistung geht das gar nicht. Aber da wird immer wieder in Diskussionen behauptet, wenn man ethisch korrekt und mit Werten führt, kann man nicht erfolgreich sein. Das wird unterschwellig mit transportiert. Das ist aber grundlegend falsch. Gerade große Unternehmerpersönlichkeiten, die mit unheimlich viel Engagement, Fleiß, Disziplin und Ehrlichkeit ihre Unternehmen aufgebaut haben, transportieren große Werte und sind oft starke Förderer. Die führen meines Erachtens ihre Unternehmen sehr stark werteorientiert und die Basis hierfür ist der Erfolg als Unternehmer. Es gibt keinen Widerspruch zwischen werteorientierter Führung eines Unternehmens und wirtschaftlichem Erfolg.

▸ Gibt es aus Ihrer Sicht Werte, die gesellschaftlich zukünftig höhere Beachtung
   finden sollten?

Verantwortung für die Gemeinschaft müsste meiner Meinung nach wieder stärker in den Vordergrund rücken. Weg vom egoistischen Denken, hin zu gemeinschaftlicher Verantwortung für das Ganze, für die Gesellschaft. Hierfür ist ein Wertegerüst ganz wichtig, wie z. B. die christlichen Werte. Diese Werte scheinen an Bedeutung zu verlieren. Nichts desto trotz, brauchen gerade junge Leute so ein Wertegerüst, an dem sie sich orientieren können. Nicht umsonst ist es so, dass Leute, die für etwas stehen, gerade von Jugendlichen sehr begeistert angenommen werden.

Ich hatte gerade an den kritisierten Papst* (* Anm.: Papst Benedikt) gedacht. Ich glaube, dass er trotzdem akzeptiert wird in dem Wertegerüst, das er verkörpert und in der Klarheit, in der er Dinge sagt. Man mag das teilen oder nicht. Aber viele sind der Ansicht, dass er zumindest eine Meinung hat. Das bedeutet Orientierung geben.

Da wünschte ich mir, gerade von Unternehmern viel stärkeres Engagement und Aktivitäten in diese Richtung. Das Problem liegt darin, wenn Leute heute wieder bestimmte Werte postulieren und sagen, wir brauchen mehr Ehrlichkeit und Disziplin, dann würde man in eine bestimmte Ecke gestellt werden, die altkonservativ ist. Davor haben viele Menschen Angst. *Häufig fehlen Mut und Innovationskraft, um sich hinzustellen und zu sagen „Nein, das brauchen wir."* Sie merken ja auch, in den Medien wird das nicht so behandelt. Am stärksten wird es daran deutlich, wie bereit jemand ist, Verantwortung zu übernehmen. Wenn man z. B. bei Gewalttaten beobachtet, dass die Leute vorbeigehen und nichts machen. Da fehlt Zivilcourage.

▸ Auf die HanseMerkur bezogen, gibt es da einen Wert, der in fünf bis zehn Jahren
   an Bedeutung gewinnen sollte?

Vor dem Hintergrund der gesellschaftlichen Entwicklungen in Richtung Altersgesellschaft, gewinnt immer mehr an Bedeutung, dass man auch als Arbeitgeber für Werte steht und sich ein Bild gibt. Gerade als Versicherung wird man sonst kaum gute Leute für das Unternehmen gewinnen können. Ich glaube, da muss man neben dem Geld noch weitere Faktoren beachten, um in den nächsten Jahren auch als attraktiver Arbeitgeber anerkannt zu sein. Dazu zählen die Sicherheit des Arbeitsplatzes, dann zusätzliche Benefits und das Image des Unternehmens. Ich arbeite lieber bei einem Unternehmen das sich sozial engagiert. Die Marke ist positiv besetzt.

▸ Welche persönlichen Werte leben Sie?

Die drei, die ich vorhin gesagt habe: Disziplin, Ehrlichkeit, Zuverlässigkeit. Und Zivilcourage. Ein Unternehmer muss Werte vorleben, um auch als Arbeitgeber attraktiv zu sein. Im Wettbewerb um gute, junge Mitarbeiter wird es nicht nur darum gehen, die Mitarbeiter gut zu bezahlen. Sie wollen in einem Unternehmen arbeiten, das für etwas steht, das als Marke einen Namen hat, für das man gerne arbeitet.

▸     Vielen Dank für das Gespräch.

**WertSchätze für den Führungsalltag[1] ...**

**Freiraum**
Es braucht Führungskräfte die Mut machen und einladende Gestaltungsautonomie, damit Mitarbeiter Erfahrungen sammeln können.

**Akzeptanz**
Jeder Mensch hat Fehler und Schwächen. Eine fehlertolerante Arbeitsumgebung trägt dieser Tatsache Rechnung.

**Bewusstsein**
Sich auf Werte besinnen, erfordert Klarheit und wiederkehrende Aufmerksamkeit auf höchster Ebene.
Durch regelmäßige Kommunikation und unterstützende Maßnahmen erhalten Werte Konkretheit.

**Gemeinwohl**
Durch ihre exponierte Person tragen Unternehmer eine besondere Verantwortung. Sie sollten Werte auch über die Unternehmensgrenzen hinweg verwirklichen und gesellschaftliche Pflichten übernehmen.

**Attraktivität**
Menschen arbeiten gern da, wo sie wahrgenommen werden.
Ein Unternehmen ist für Nachwuchskräfte anziehender, wenn es sich neben den Leistungswerten auch für ethische und soziale Werte einsetzt.

---

[1] Diese Werte sind eine Gesprächsreflektion der Autorin. Dabei wurden bewusst spezifische Werte herausgegriffen.

# Resümee und Ausblick

## Steuerbarkeit von Werten

Aus den Gesprächen ist vor allem eins klar geworden: es gibt nicht den einen präferierten Pfad, Wertemanagement gut zu leben. Werteumsetzung bedeutet vielfach ein glaubhaftes und kontinuierliches Vorleben der individuellen Werte und -struktur, das Hineintragen der persönlichen Anker in die Organisation. So werden die Führungskräfte zum authentischen Botschafter ihrer Wertewelt.

Werte entziehen sich größtenteils einer direkten Beeinflussbarkeit und sind dadurch auch nur bedingt steuerbar. Durch eine dauerhafte Hinwendung und Beschäftigung mit Werten auf der Top-Ebene eines Unternehmens kann und muss dennoch langfristig ein kultureller Richtungszeig gefördert und unterstützt werden. Die einfachste und zugleich wirksamste Maßnahme hierfür, ist die inhaltliche Auseinandersetzung mit dem vorhandenen Werteset. Bereits an dieser Stelle gibt es häufig weitreichend unterschiedliche Vorstellungen und Zielsetzungen. Ein Austausch birgt die Chance einer Annäherung und in nicht wenigen Fällen auch eine Wiederbelebung der Werteinhalte. Dieser Prozess startet idealtypisch mit der Entwicklung eines Leitbildes und bedarf in der täglichen Praxis eines kontinuierlichen Wertemanagements.

In den geführten Gesprächen haben sich viele Erkenntnisse aus meiner Beratungs- und Coachingarbeit bestätigt. Andere Aspekte haben sich so nicht wieder gefunden und weitere sind überraschend hinzugekommen. Die für mich wichtigsten Beobachtungen und Erfahrungen aus den Gesprächen habe ich in zehn Kernergebnissen zusammengefasst. Sie folgen dem Dreiklang der Gespräche aus Werteverständnis, Werteumsetzung und Werteperspektiven und sollen dem Leser als Anregung für die Gestaltung eines organisatorischen Wertemanagement dienen.

K. Girbig, *Wertemanagement*, DOI 10.1007/978-3-658-02616-5_20,
© Springer Fachmedien Wiesbaden 2014

## Werteverständnis

### Die Evergreens unter den Werten – einige kehren immer wieder

Werte wie Ehrlichkeit, Offenheit und Klarheit erscheinen in den Gesprächen immer wieder. Auch wenn sie nicht durchgehend explizit angesprochen wurden, so tönen sie doch zum Großteil durch. Sie bilden aus Sicht der Gesprächspartner den Boden für eine vertrauensvolle Beziehung. „Ich sage direkt was ansteht, auch wenn es unangenehm wird." war eine Aussage die häufiger gemacht wurde. Die Mehrzahl meiner Gesprächspartner sah sich den Tugenden der Ehrlichkeit, Klarheit und Offenheit verpflichtet. Die Anwesenheit dieser Werte wird als Voraussetzung für ein gutes Miteinander erlebt. Werden Absprachen beispielsweise nicht eingehalten, so wurde diese Praxis als negativ und verunsichernd beschrieben. In dem Zusammenhang betonten einige Führungskräfte, dass den Mitarbeitern durchaus auch negative Nachrichten zuzumuten seien. Ihre Erfahrungen zeigen, dass Betroffene klare Worte begrüßen und einen schlechten Bescheid deutlich besser verdauen, als den Zustand des Un(ge)wissens auszuhalten.

Fest steht für diese immer wiederkehrenden Werte gibt es einen grundsätzlichen Bedarf. Einen Wunsch danach Vertrauen zu erhalten und – bedenkenlos – schenken zu dürfen. Dennoch: Unternehmen sind politische Konstrukte, in denen nicht immer Alles zu Allen gesagt werden und transparent gemacht werden kann. Der Wunsch danach bleibt offensichtlich tiefgründig bestehen. Eine hundertprozentige Übereinstimmung zwischen Talk und Walk zu erreichen, ist an dieser Stelle allerdings nicht immer machbar und sinnvoll. So ist es beispielsweise nicht hilfreich bei Fusionen oder größeren Umstrukturierungen die komplette Mitarbeiterschaft ständig mit Neuigkeiten unterschiedlicher Informationsreife zu bedenken. Mit diesem gänzlich offenen Vorgehen löst man unter Umständen mehr Verunsicherung aus, als dass man Orientierung stiftet. Auch auf Mitarbeiterebene geraten Wunsch und Wirklichkeit nach allumfassender Offenheit und Ehrlichkeit an Grenzen. Wenn man z. B. an eine durchgehende Gehaltstransparenz im Kollegenkreis denkt, so ist das Interesse an der Vergütung der Anderen sicherlich groß, bei der Offenbarung des eigenen Einkommens hält sich das Groß dann aber doch lieber bedeckt.

Last not least: Die genannten Werte sind branchenübergreifend genannt worden. Dies kann auch ein Hinweis darauf sein, dass diese zu den Ankern gehören, die sozial besonders erwünscht sind und mit einer entsprechenden Außenwirkung korrespondieren.

### Der Unterschied auf den zweiten Blick

Oscar Wilde stellte einmal fest, dass das Durchschnittliche der Welt ihren Bestand gibt und das Außergewöhnliche ihren Wert. Frei übertragen auf Unternehmen können wir von Werten ausgehen, die immer wiederkehren, da sie zum einen grundlegende Bedürfnisse erfüllen und zum anderen gesellschaftlich positiv besetzt sind. Erst durch jene Werte, die an zweiter Stelle genannt werden, differenzieren sich Unternehmenskulturen jedoch und

werden markant. Diese Werte sind zum Teil nicht niedergeschrieben oder stark personen-
gebunden. Sie werden oftmals nicht direkt kommuniziert und können dementsprechend
nicht ausreichend gemanagt werden. Nicht selten besteht aber gleichzeitig die Erwartungshaltung, dass sie gelebt werden.

Diese Werte werden von Personen in exponierten Funktionen und Positionen vertreten
und entsprechen dem individuellen Wertebild. In der jeweiligen Gesprächszusammenfas-
sung – den Wertschätzen – habe ich mich daher bewusst auf diese eher spezifischen und
differenzierenden Werte fokussiert. Wie zu erkennen ist, gibt es hier eine große Vielfalt an
Abstufungen und Nuancierungen in den individuellen Wertesets.


## Die gemeinsame Basis – Kenntnis und Verständnis der Unternehmenswerte auf allen Ebenen

Die Definition von Werten – das WAS – ist in den meisten Unternehmen erfolgt und gut
dokumentiert. Einige meiner Gesprächspartner hatten zu unserem Termin Informations-
broschüren und Leitfäden zur unterstützenden Illustration mitgebracht.

Jedoch sind oft nicht allen Mitarbeitern die Werte des Unternehmens bekannt. Damit
fehlt die Grundlage für die Umsetzung und Identifikation. Der Ausgangspunkt um Wertearbeit nachhaltig zu verankern, ist die Kenntnis und das Verstehen der Leitgrößen im
Unternehmen. Wesentliche Voraussetzung dafür ist die Auseinandersetzung mit den entscheidenden Kernwerten und deren praktischer Bedeutung für jeden Einzelnen. Fehlt diese
inhaltliche Auseinandersetzung, verkommen Werte meist zu lieb- und leblosen Dekorati-
onsstücken in einem Leitbild, weil sie nicht erfahren wurden.

In der Überzahl der Firmen waren Wertesets vorhanden, die bereits zum Amtseintritt
meiner Gesprächspartner galten oder zentral vorgegeben wurden. Eine kleine Gruppe war
gerade dabei diese im engsten Führungskreis zu besprechen und zu entwickeln. Diejenigen,
die sich gerade oder erst kürzlich intensiv in dem Verständigungsprozess auf einer gemeinsame Basis befanden, berichteten unisono davon, dass es sich bei diesem fundamentalen
Schritt um eine zeitintensive, aber auch lohnenswerte Auseinandersetzung handelt. Vor
der Einigung auf ein gemeinsames Fundament steht das Ringen und die Erkundung, was
diese Schlagwörter für den Einzelnen überhaupt bedeuten. Über den gemeinsamen Dialog
passiert Wertearbeit, eine Annäherung durch intensive Kommunikation und Abgleich der
Wertebilder.

Teilnehmer dieses wesentlichen Gedanken- und Erarbeitungsprozesses sind in erster
Linie Mitglieder der obersten Führungsebene. Hier berichtet ein Dialogpartner lebhaft davon, dass es bei einigen Werten leichter war, andere Werte hingegen intensive Diskussionen
erforderten, da sie bei den Führungskräften mit unterschiedlichen Bedeutungen und Verhalten hinterlegt waren. In sozialen Einrichtungen wurden etwa Werte wie Nächstenliebe
und Menschenwürde eher als nicht erklärungsbedürftige Grundtugenden gesehen, während der Wert der Führung stärkerer inhaltlicher Auseinandersetzung bedurfte. Einzelne
Gesprächspartner schilderten, dass in zweiter Linie auch die Mitarbeiter zur inhaltlichen

Ergänzung und Entwicklung der Werte einbezogen werden und wurden. Wie in einem Fall konkret beschrieben, setzen sich die Mitarbeiter mit den Unternehmenswerten auseinander und spiegeln ihr inhaltliches Verständnis wieder nach oben. Das hat zwei Vorteile: Erstens werden die Mitarbeiter emotionalisiert. Zweitens wird wertvolles Wissen davon, was die Werte im operativen Alltag wirklich bedeuten, genutzt. Allein die inhaltliche Auseinandersetzung mit den Kernwerten hat aus Sicht der Führungskräfte eine Sensibilisierung für werteorientiertes Verhalten im Arbeitsalltag zur Folge.

Grundsätzlich gilt: Es sollte nur eine übersichtliche Zahl an Werten als richtungsweisende Orientierungsgröße gelten. Diese müssen in knappen Sätzen beschrieben sein und sollten einen konkreten Arbeitsbezug haben. Darüber hinaus hilft die Diskussion der Werte in Bezug auf unterschiedliche Arbeitssituationen oder Beispiele, diese zu verinnerlichen. In meiner Beratungspraxis habe ich Mitarbeiter unterschiedlicher Unternehmen im Arbeitsalltag oder in Workshops an die Unternehmenswerte appellieren hören – dem wohl besten Beispiel, dass eine gemeinsame Basis geschaffen und als Richtmaß genutzt wurde.

## Die wahrgenommene Bedeutsamkeit von Werten steigt mit der Hierarchieebene – Unternehmenslenker wollen Kulturen prägen

Die Relevanz der Werte und die Hebelwirkung einer tiefgreifenden Realisierung sind erkannt. Mit steigender Hierarchie scheint es eine höhere Sensibilität und stärkere Reflektion zu geben. Dafür gibt es eine Reihe unterschiedlicher Gründe:

- Eine Erklärung könnte darin liegen, dass Spitzenleute weniger durch operatives Wirken verändern. Sie hinterlassen durch die Prägung der Kultur ihren individuellen Fußabdruck im Unternehmen. Für Führungskräfte bedeutet dies auch eine neue Rollendefinition oder Ergänzung. In einem Dialog wurde beispielsweise die Rolle des Vordenkers benannt. Damit dieser Rollenaspekt gestärkt wird, sollte sich bewusst Zeit genommen werden.
- Das hohe Interesse ist auch mit dem inhaltlichen Zusammenhang von Werten und Sinn zu erklären. Über die finanziellen Ziele hinaus auch Sinn stiftende Aufgaben zu übernehmen und voranzutreiben, war das Ziel aller Gesprächspartner. Top-Führungskräfte haben in ihrer beruflichen Umwelt auf dem Weg zu ihrer heutigen Position viel erreicht. Entlang der Maslow'schen Bedürfnispyramide sind die basalen Wünsche längst erfüllt. Nun geht es um Individualbedürfnisse und Selbstverwirklichung. Welche Werte sind mir persönlich wichtig? Was möchte ich hinterlassen? Wozu möchte ich beitragen und welchen Sinn hat mein Wirken?
- Ein weiterer Grund ist, dass eine glaubwürdige Wertekultur die Strahl- und Anziehungskraft einer Firma erhöht. Nach innen kann sie den Mitarbeitern Stabilität, Klarheit und Zusammengehörigkeit vermitteln. Dies reduziert die Fluktuation und steigert die Motivation und Leistungsfähigkeit. Prägnant hat ein Gesprächspartner diese Tatsache mit der Aussage auf den Punkt gebracht, dass die Potenziale, die mittels authentisch gelebter

Werte freigesetzt werden können, enorm hoch sind. Nach außen steigert eine glaubwürdige Wertekultur die Attraktivität und kann gezielt eingesetzt werden. So versuchen
erfolgreiche Unternehmen beispielsweise ihre Kultur während des Rekrutierungspro-
zesses für den Bewerber erlebbar zu machen.

Wenn allerdings operative Entscheidungen drängen oder es gilt akute Schieflagen abzu-
wenden, rücken einige Werte aus dem Blickfeld in den Hintergrund und der Rollenaspekt
des operativen Managers wieder in den Vordergrund. Etliche Gesprächspartner waren sich
hier sicher, dass Wertemanagement wesentlich für sie und ihr Unternehmen ist, dass es aber
auch Gefahr läuft in der operativen Hektik unterzugehen.

## Werteumsetzung

### Viele Wege führen nach Rom – die Umsetzung des Wertemanagements unterscheidet sich stark

Die Werteumsetzung erfolgt in den Firmen unterschiedlich stringent, intensiv und unter Zuhilfenahme verschiedener Methoden. Werte können einer Organisation und ihren
Mitgliedern nicht technokratisch verordnet werden. Auch sind sie nicht linear umsetz-
bar. Einmal definiert können sie nicht auf dem direkten Weg „nach unten" durchgegeben
werden. Sie entstehen und werden fühlbar in einem lebendigen Prozess und Miteinander mit vielen Rückkopplungsschleifen. Die Werteverwirklichung und Entfaltung erfolgt
mehrheitlich Top-down. Die Führungsspitze gibt zumeist in Zusammenarbeit mit Exper-
tenvertretern aus Kommunikation und Strategie – immer wieder – die Marschrichtung vor.
Der rote Faden zwischen den strategischen Werten und dem Leben auf individueller Ebene
muss für alle sichtbar sein. Erst diese klare Verbindung zwischen den gesprochenen Werten und dem gelebten Handeln ergibt einen glaubwürdigen Gleichklang zwischen Theorie
und Praxis und setzt Energie frei.
   Wesentlich für einen erfolgreichen Prozess ist neben der Stringenz die Kontinuität des
Vorgehens. Einige Gesprächspartner beschreiben hierzu anschaulich, dass die Mitarbeiter
ihrer Unternehmen immer wieder in institutionalisierten Prozessen zum Thema sensibilisiert werden. Damit geschieht eine dauerhafte Bewusstmachung für die individuelle und
praktische Bedeutsamkeit der Leitwerte. Wertearbeit muss, wenn sie wirksam werden soll,
permanent geschehen. Sie ist nicht als parallele, kulturelle Tätigkeit oder Bemühung zu
verstehen, sondern muss als integraler Bestandteil des Miteinanders erfahren und gelebt
werden. Viele Unternehmen starten mit großer Energie und sehen Kulturarbeit als Projekt. Ernst genommene Wertearbeit ist langfristig ausgerichtet und geschieht beständig am
laufenden Motor. Dementsprechend ist zu beachten, niedrigschwellig, aber stetig an einer
glaubhaften Unternehmenskultur zu arbeiten. In einem Gespräch wurde dieses dauerhafte Engagement bildlich als täglicher Kampf beschrieben. Damit dieser pausenlose Einsatz
kein Kampf Einzelner gegen Windmühlen ist, muss Wertemanagement in der Organisa-

tion integriert sein. Die strukturelle Integration des Wertemanagements von der Planung bis zur Evaluation erhöht die Chancen darauf, dass Talk und Walk Hand in Hand gehen.

Wertemanagement kann nur gelingen, wenn es eine entsprechende Evaluation des Werteverhaltens durch ein regelmäßiges Prüfen gibt. Dafür müssen Prozesse und operative Tools zur Verfügung stehen und eine Ankopplung an geeignete Kommunikations- und Feedbacksysteme gegeben sein.

## Die Führungskraft und ihre Werteprinzipien

So führen, wie man selbst geführt werden möchte – diesen Maßstab setzten sich nicht wenige Gesprächspartner. Das eigene vorbildhafte Leben der Werte wurde fast durchgehend als eine wirkungsvolle und empfehlenswerte Maßnahme in der Werteumsetzung beschrieben. Dafür wurden unterschiedliche Beispiele genannt. In einem Fall war es das Grüßen und Sehen des Anderen als ein konkretes und klares Werteverhalten eines Gesprächspartners, das für alle Führungskräfte und Mitarbeiter direkt sicht- und fühlbar ist. Viele verschrieben sich auch dem respektvollen Umgang miteinander, dem guten Umgangston und der gegenseitigen Achtung, der sich besonders in kritischen Momenten erfahren lässt.

Durch das direkte Vorleben Top-down werden Werte für alle Unternehmensmitglieder sichtbar und erhalten Gestalt. Wer Bodenständigkeit als Tugend in das Unternehmen bringen möchte, sollte nicht mit einer Luxuslimousine vorfahren. Wer Nähe, Kollegialität und Dialog etablieren will, setzt beispielsweise ein positives Signal, wenn er in die Betriebskantine geht und das Vorstandskasino meidet.

Wer Vorbild sein will, muss außerdem sensibel sein für die tägliche Werteumsetzung. Das bedeutet für eine Führungskraft zu registrieren, wenn Werte nicht oder besonders gut gelebt werden. Bei der Frage nach dementsprechenden Erlebnissen fallen zwei Reaktionen auf. Erstens wurde an dieser Stelle durchweg sehr lange nachgedacht bevor geantwortet wurde. Zweitens stellten positive Spitzenerlebnisse eher die Ausnahme dar. Die Ursache dafür kann in einer selektiven Wahrnehmung liegen, die eher auf die Registrierung von Stolpersteinen und deren Beseitigung ausgerichtet ist.

## Le(ä)hmschichten müssen überwunden werden

Wertearbeit gleicht weniger der Fahrt auf einem Speedboot als der auf einem Dampfer. Je größer ein Unternehmen ist, umso langsamer ist die Fahrt – in zweierlei Hinsicht. Einerseits bedarf es großer Schubkraft, um den Dampfer in Gang zu bringen. Andererseits zieht er einmal in Fahrt seinen Kurs und Richtungsänderungen sind schwierig. Umsetzungsarbeit ist also insbesondere am Anfang energieaufwendig und es dauert bis sich sichtbare Erfolge zeigen. Hier gilt laut Entscheider steter Tropfen höhlt den Stein. Selbst wenn auf oberster Ebene klar ist, welche Wertekultur anstrebenswert ist, so muss das Ganze noch erfolgreich kaskadiert werden.

Bei der Durchdringung nach ganz unten ist es relevant, Top-down einen analogen Verstehens-, Verständigungs- und Austauschprozess gezielt anzuregen und zuzulassen. Hier ist es besonders wichtig auszuhalten, dass es ähnliche Diskurse oder Fragen geben wird, wie in der oberen Ebene, was aber keine Infragestellung der Kulturarbeit bedeutet.

Widerstände zeigten sich laut Entscheider vor allem im täglichen Miteinander besonders über Abteilungs- und Standortgrenzen hinweg. Dies betrifft nach Aussagen der Gesprächspartner vorrangig Kooperations- und Kommunikationswerte. In dem Zusammenhang wurde häufig der Wunsch nach mehr gegenseitigem Verständnis und Respekt vor der Arbeit und der Person des Anderen angeführt. Nicht wenige sahen auch den Wert der Gemeinschaft als ausbaufähig. Ein Mangel zeigte sich aus ihrer Sicht darin, dass über Abteilungs- und Standortgrenzen hinweg noch zu wenig übergreifend gedacht und gehandelt wird. Hier ist es die Herausforderung den Wert der Gemeinsamkeit anzuregen und den Blick für das Ganze zu schärfen. Um lokal übergreifende Brücken zu bauen, wurden unterschiedliche Wege gegangen. Genannt wurden an dieser Stelle z. B. gegenseitige Standortbesuche, gemeinsame Feiern und bereichsübergreifende Fachveranstaltungen, in denen Wissen ausgetauscht und Nähe und Wertschätzung aufgebaut wurden.

Bei der hierarchieübergreifenden Umsetzung von Werten fiel der Begriff der Lehmschichten. Der Wirkungskreis des Top-Managements nimmt über die unterschiedlichen Führungsstufen auf Grund der weniger direkten und persönlichen Interaktion ab. Hier muss sichergestellt werden, dass die Botschaften trotzdem bei den Mitarbeitern ankommen und nicht abgeschwächt oder verändert werden. In den Gesprächen wurden unterschiedliche Herangehensweisen hierfür genannt. Zum einen die Auswahl und Förderung der Führungskräfte mit einem ähnlichen Wertegerüst und Führungsstil. Zum anderen der Versuch, Blockaden durch verstärkte direkte Kommunikation zu überwinden, z. B. durch Mitarbeiterversammlungen und Diskussionsforen oder vermehrter Präsenz bei den Mitarbeitern vor Ort.

## Es gibt nicht die eine Unternehmenskultur

Je größer und komplexer ein Unternehmen ist, umso mehr Subkulturen existieren. Subkulturen gilt es im Wertemanagement gesonderte Aufmerksamkeit zu schenken. Hier ist die Frage, wie diese einen sinnvollen Schulterschluss mit oder Kontrapunkt zu den Unternehmenswerten bilden können, zu beantworten. Dabei sind vor allem drei verschiedene Arten von Subkulturen erkennbar:

- Zum einen haben wir personenbedingte Subkulturen. In diesen prägen starke Führungspersönlichkeiten mit ihrer Einstellung, ihrem Verhalten und ihrer Kommunikation nicht selten ganze Unternehmensbereiche.
- Funktionsbedingte Subkulturen beinhalten Wertesets, die ausschließlich für einen Organisationsbereich und dessen Mitglieder gelten. Sie gehen oft einher mit funktionsbezogenen Stereotypen oder „Schubkästen". So messen sich Mitarbeiter der Produktion

an Qualität und Quantität ihrer Arbeit und werden sich dementsprechend ausrichten. Für ein Entwicklungsteam stehen häufig der Grad der Innovation und die technische Raffinesse im Fokus. Seine Arbeitsziele verfolgt die Gruppe typischerweise mit Leidenschaft und Kreativität. Für die Finanzabteilung wiederum muss die Wirtschaftlichkeit der Produktion stimmen.

- Zu ergänzen sind standortbedingte Subkulturen. Fern ab von der Zentrale haben sich zumeist äußerst resistente Kulturen herausgebildet, die auch nach einem Personenwechsel an der Spitze kaum variieren und sich – häufig zum Ärger der Zentrale – nur wenig beeinflussbar zeigen. Im Gegenzug wird die Zentrale häufig als „Elfenbeinturm" wahrgenommen.

Wichtig: Diese Wertekulturen sollten bewusst sein. Sie sind nicht zu negieren und in einigen Fällen auch durchaus nützlich, da sie einen positiven internen Wettbewerb anregen können. Es geht also durchaus um ein Zulassen der Subkulturen, aber alle sollten dennoch ein gemeinsames Grundverständnis über die Unternehmenswerte haben.

## Werteperspektiven

### Ich bin die Firma! – kollektives und individuelles Werteset müssen dauerhaft matchen

In der abschließenden Frage ging es darum, welchen Werten sich die Unternehmer privat verschreiben. Hier wurde deutlich, dass sich die Unternehmenswerte zum ganz überwiegenden Anteil mit den persönlich angestrebten Tugenden im privaten Alltag deckten.

Je nachdem, wie stark das individuelle Werteset mit dem niedergeschriebenen und gelebten Werteset des Unternehmens übereinstimmt, kann man in einem Unternehmen eine Heimat finden oder auch nicht. So ist in der Beratungsbranche klar, dass der Fokus auf dem Set der Leistungswerte liegt. Entsprechend werden auch Personen mit einem hohen Performancefokus angezogen.

Eine prägnante Unternehmenskultur erhöht somit die Chancen Personen zu interessieren, die zur definierten Werteausrichtung des Unternehmens passen.

Im Idealfall gibt es eine große Überschneidung der individuellen und unternehmerischen Werteausrichtung. Da ein Individuum allerdings eine große Anzahl von Ankern besitzt, muss man sich der Verschiedenheit der Wertesets bewusst sein und diesen soweit wie möglich im beruflichen Setting Rechnung tragen. Der Unterschied der Werteausrichtung kann sich auch aus aktuellen Lebensumständen heraus ergeben, die eine temporäre Betonung bestimmter Werteaspekte nahelegen. So kann in einer bestimmten Arbeits- und Lebensphase stärker auf Freiheit oder Familie fokussiert werden.

## Dem Ausgleich Gewicht geben – balancierte Wertesets machen erfolgreich

Für einen dauerhaften Erfolg von Unternehmen ist die Ausbalancierung der Wertequadranten erforderlich. Das bedeutet, dass im Unternehmensalltag Werte aus allen vier Quadranten der folgenden Abbildung verfolgt werden.

In meiner Arbeit mit Führungskräften habe ich häufig eine Konzentration auf Leistungswerte wahrgenommen. Dies allein ist aber nicht genug. Diese Werte benötigen eine Fundierung durch die Werte der anderen drei Quadranten – die Werte der Kommunikation, Kooperation und Moral. Viele Unternehmen fokussieren mit Blick auf kurzfristige Gewinne oder in einer angespannten Lage häufig die Leistungswerte, was nur zu einem Erfolg auf Sicht führt, aber keine Nachhaltigkeit abbildet.

Interessanterweise hat sich dieses Phänomen in den Gesprächen so nicht widergespiegelt. Es wurden meist Werte aus allen vier Quadranten als führungsrelevant benannt. Dies kann auch damit zusammen hängen, dass die Gesprächspartner dem Thema gegenüber aufgeschlossen sind und eine dementsprechende Sensitivität aufweisen. Inwieweit diese Werte jeweils auch tatsächlich in den aufgeführten Unternehmen umgesetzt werden, kann durch diesen kurzen Einblick nicht beurteilt werden und war auch kein Gesprächsfokus. Mit Sicherheit wäre dies aber noch ein interessanter Blickwinkel zur weiteren Ergänzung des Gesamtbildes.

## Wertemanagement in der Zukunft

Die Relevanz des Wertemanagements und seine wahrgenommene Bedeutsamkeit spiegelt sich derzeit noch nicht 1 : 1 in der Umsetzung wieder. Vielfach sind einzelne gute und erfolgreiche Maßnahmen zu beobachten, die mit großem Enthusiasmus und Engagement in den Unternehmen vorangetrieben werden. Der rote Faden im Wertemanagement ist im

Allgemeinen weniger zu erkennen. Dies kann vielfältige Ursachen haben. So ist ein Großteil der Aufmerksamkeit im Tagesgeschäft nach wie vor durch die Beantwortung operativer
Fragen gebunden.

Ein gemeinsames Werteset ist sinnvoll, kann gut verwirklicht kulturprägend sein und
trägt letztlich auch zum dauerhaften wirtschaftlichen Erfolg der Unternehmen bei. Per-
spektivisch werden sich Firmen aber auch den individuellen, persönlichen Wertesets widmen und für eine noch stärkere Ausdifferenzierung der Arbeitsmodelle Sorge tragen müssen. Dies wird insoweit immer drängender als das Unternehmen hochqualifizierte Ar-
beitskräfte anziehen und binden müssen. Diese stark umworbene Gruppe erwartet jedoch
keine vorgestanzten Prozesse mehr, sondern ein Eingehen auf ihre besonderen Bedürfnisse. Dieser Anspruch wird auch durch den derzeitigen gesellschaftlichen Wandel hin
zum Individualismus gefördert. So wird z. B. ein freiheitsbetonter Mensch das Angebot
lieben überall hinreisen zu dürfen, dehnbare Entscheidungs- und Gestaltungsspielräume
zu haben. Das gleiche Arbeitsmodell einer Person anzubieten, die an Konstanz und Beständigkeit orientiert ist, wird auf Ablehnung oder Frustration stoßen.

Eine weitere Herausforderung für den beruflichen Alltag stellt in stärkerem Maß der
Umgang mit stetig wechselnden Anforderungen und instabilen Arbeitssituationen dar. Insoweit werden Werte wie Offenheit und Veränderung, sowohl für Personen als auch für Unternehmen einen starken Bedeutungsschub erhalten. Denn die Veränderungsbereitschaft
und -willigkeit von Kollektiven trägt entscheidend zum gemeinschaftlichen Erfolg und der
Entwicklung bei. Veränderungsbereit ist wiederum nur der, der sich in seinem Arbeitsumfeld aufgehoben und in seiner Person bejaht fühlt. Einen großen Beitrag hierzu können
die Führungskräfte selbst leisten. Dabei sollten sie ihre Rolle nicht als die eines Sinngebers
überinterpretieren. Werte und Sinnerleben kann nicht verordnet werden. Wohl können
und sollten sie aber ihre Mitarbeiter auf dem Weg der Sinnfindung unterstützen und begleiten. Voraussetzung, dass dieser gemeinsame Weg ein guter wird, ist eine Führungskraft,
die sich selbst in ihrem Arbeits- und Lebenskontext klar verortet, die sich ihrer eigenen
Werte bewusst ist und weiß wie und wo sie für sich Sinn findet. Eine Reihe solcher Persönlichkeiten habe ich erfreulicherweise in den geführten Gesprächen näher kennen lernen
dürfen.

# Die Autorin

Katja Girbig, Jahrgang '75, ist Beraterin und Managementcoach in Hamburg. Zuvor arbeitete sie 10 Jahre für die Audi AG und Kienbaum Management Consultants. Der Fokus ihrer Arbeit liegt auf der Begleitung von Menschen und Unternehmen bei der Verwirklichung von Sinn im Arbeitsumfeld. Ihre Expertise ist besonders gefragt, wenn es um die grundlegende Reflektion und Optimierung der individuellen und organisatorischen Ausrichtung geht. Neben Wertecoaching und Werteberatung bietet sie maßgeschneiderte Curricula zu werteorientierter Unternehmensführung und Change Management an.

Professionalität, vertrauensvolle Zusammenarbeit und pragmatisches Herangehen sind die Grundlagen für ihren Erfolg. Zu ihren Klienten zählen Top-Entscheider, mittelständische Familienunternehmen und internationale Konzerne. Sie ist Diplompsychologin, ausgebildete Organisationsentwicklerin und Businesscoach Pro Coach®-Silentium.

www.katja-girbig.de
info@katja-girbig.de

K. Girbig, *Wertemanagement*, DOI 10.1007/978-3-658-02616-5,
© Springer Fachmedien Wiesbaden 2014

The manufacturer's authorised representative in the EU is Springer
Nature Customer Service Centre GmbH, Europaplatz 3, 69115 Heidelberg,
Germany. If you have any concerns regarding our products, please
contact ProductSafety@springernature.com

Printed and bound by CPI Group (UK) Ltd, Croydon, CR0 4YY

23/04/2026

02095636-0007